Das Wunder der Heiligen Nacht

WILLI
HOFFSÜMMER (HG.)

Das Wunder der Heiligen Nacht

Besinnliche Weihnachtsgeschichten zum Vorlesen und Selberlesen

FREIBURG · BASEL · WIEN

MIX
Papier aus verantwor-
tungsvollen Quellen
FSC® C005833

© Verlag Herder GmbH, Freiburg im Breisgau 2020
Alle Rechte vorbehalten
www.herder.de

Umschlagmotive: Depiano/Shutterstock.com, orangeberry/Shutterstock.com
Vignetten Innenteil: Depiano/Shutterstock.com

Satz: Arnold & Domnick, Leipzig
Herstellung: Těšínská Tiskárna, a. s.
Printed in Czech Republic

ISBN 978-3-451-39955-8

Inhaltsverzeichnis

Kapitel 1: Geschichten für 3- bis 7-Jährige 8
Die Legende vom Weihnachtsbaum 9
Das Schnuckeltuch 11
Die Tiere feiern Advent 13
Geschichte vom kleinen Stern 16
Ein kleiner Engel macht sich große Sorgen 20
Der kleine Igel an der Krippe 22
Storchenlegende 24
Der alte Baum war doch zu etwas nütze 26
Warum das schwarze Schaf an der Krippe blieb 28
Der übermütige Komet 30
Eine ganz besondere Weihnachtskrippe 33
Das Jesuskind liebt alle Tiere 35
Der kleinste Engel 37

Kapitel 2: Geschichten für Grundschüler/-innen 40
Die beiden Portale 41
Mutprobe bestanden 42
Marvin sucht das Christkind 44
Schuster Konrad 47
Der unerwartete Mitspieler 49
Unerwarteter Besuch 51
Herzlos (Nikolaus) 54
Nikolaus und der Kaufmann 57
Bachstelze und Kreuzspinne 59
Das schwarze Schaf unter den Hirten 61
Wie ich zu meinem Stern kam 64
Die Ritterburg mit der Zugbrücke 66
Zu etwas nütze sein 69
Mit Geschenken unsere Liebe zeigen 70
Das Gesicht im Spiegel 71

Die Bekehrung des Wilderers Jan 73
Weihnacht in der Rue Bonaparte 76
Der verlorene Engel 79
Ein etwas seltsames Weihnachtsevangelium 81
Ich bin ja nur ein Esel 84
Der Engel mit den leeren Händen 88
Jakob, der kleine Hirtenjunge 89

Kapitel 3: Geschichten für Schüler/-innen weiterführender Schulen 92
Erlebte Predigt 93
Weihnachten und Ostern gehören zusammen 95
Der Bettler 97
Das Unsichtbare sehen 100
Echt Weihnachten 102
Weihnachten ist überall 105
Der Leuchtturmwächter 107
Mehr als ein Geschenk 111
Ein Kind ist uns geboren 113
Die goldene Kette 115
Der Sprayer 119

Kapitel 4: Geschichten für jüngere Erwachsene 122
Alles wird gut 123
Der Schlüssel 126
Das Licht im Fenster 129
Das Fest der Mistkäfer 133
Der Dieb 135
Die Geschichte vom roten Bagger 138
Geburtstag eines Kindes 140
Engelsdienst 141
Liebe Tante Billa! 144
Falsch geparkt 147
Das kleine Mädchen mit den Schwefelhölzchen 149

Der Zulu-Mann	152
Drei Könige lernen teilen	154
Engel gibt es	157
Der bucklige Josef	159
Versöhnung ist möglich	161
Die Klage der Christbäume	165
Flüsterpropaganda	167
Der Nachweihnachtsengel	169
Joe, Mia und Josh	171
Das Wunder (Nikolaus)	173
Nächtliche Zusammenkunft	174

Kapitel 5: Geschichten für ältere Erwachsene 179

Poster mit Schleifchen	180
Das Adventslicht	181
Gehäkelte Topflappen	183
Ich schenke dir eine Stunde meiner Zeit	186
Il Panettone	188
Mit Mann und Wagen	192
Erinnerungen an Lydia	193
Heilig Abend im Straflager	196
Wer glaubt denn schon an Engel?	200
Das richtige Wort	203
Ein Kind bringt es fertig	205
Geburtsstunde	207
Tante Rosemarie	209
Nachdenken Josefs	211
Den Glanz des Sterns weiterschenken	214
Heute ist die Heilige Nacht	217
Der Ochs von Betlehem	219
Weihnachtsleuchten	226
Die schönste Nacht der Rose	230
„Stille Nacht" im Mai	233
Heute ist euch der Retter geboren	235

Kapitel 1:

Geschichten für 3- bis 7-Jährige

(also auch für das 1. und 2. Schuljahr)

Die Legende vom Weihnachtsbaum

Hinführung: Habt ihr schon einmal darüber nachgedacht, warum an Weihnachten ein Tannenbaum in der Stube steht und warum er mit Kerzen geschmückt wird?
Vorlesedauer: ca. 4 Minuten

Ein uralter Mann hat mir diese Geschichte erzählt:

Als der Heiland auf die Welt kam, freuten sich nicht nur Maria und Josef, die Heiligen Drei Könige und die Hirten auf dem Feld. Auch die Tiere und Pflanzen waren glücklich über Jesu Geburt. Nahe beim Stall von Betlehem standen eine stolze Palme, ein alter Ölbaum und eine kleine Tanne. Die Bäume konnten Tag für Tag sehen, wie von überall her Leute kamen, um das Jesuskind zu besuchen. Niemand kam mit leeren Händen. Die Könige aus dem Morgenland brachten Gold und Edelsteine, die Hirten vom Feld legten Früchte und Wolle vor die Krippe, und ein kleiner Hirtenbub trug auf seinen Armen ein schneeweißes Schäfchen.

Da wollten die drei Bäume dem Christkind auch eine Freude machen. Die Palme wisperte: „Ich gebe dem Jesuskind mein schönstes Blatt, das kann Maria als Fächer brauchen, wenn es heiß ist."

„Und ich gebe alle meine Früchte her", rauschte der Ölbaum. „Josef kann sie auspressen und dem Kind die Füßlein damit einsalben."

Da fragte der kleine Tannenbaum ganz schüchtern: „Und ich? Was kann ich dem Christkind schenken?"

Der Ölbaum und die Palme schauten ganz verächtlich auf das Tännchen hinunter: „Du kannst ihm gar nichts geben, du hast keine Früchte, die man essen kann, und deine Äste würden mit ihren spitzen Nadeln seine kleinen Händchen zerstechen." Da wurde der kleine Tannenbaum ganz traurig und ließ seine Äste hängen.

Ein kleiner Engel hatte aber alles gesehen und gehört. Er wollte den Tannenbaum trösten und flüsterte ihm zu: „Du sollst nicht als Einziger traurig sein, wenn alle anderen sich freuen!"

Als die ersten Sterne anfingen zu leuchten, flog der kleine Engel zum Himmel hinauf und holte die kleinsten, die er finden konnte, herunter. Dann steckte er dem Bäumchen die winzigen Sterne auf die dunkelgrünen Äste. Unterdessen war es Nacht geworden, aber der Tannenbaum strahlte und leuchtete hell in der Dunkelheit.

Als der kleine Jesus durch die Stalltür den kleinen Lichterbaum sah, jauchzte er hellauf und streckte seine Ärmchen nach ihm aus. Von weit her kamen die Leute, um das Wunder zu bestaunen, und später erzählten sie ihren Kindern und Kindeskindern davon.

So wurde aus dem bescheidenen Tännchen der Weihnachtsbaum. Er darf immer dabei sein, wenn wir den Geburtstag des Christkinds feiern.

Bloß hat es jetzt keine richtigen Sterne mehr drauf, sondern Kerzen, und die leuchten beinahe so hell wie die Sterne auf dem ersten Weihnachtsbaum.

TRUDI GERSTER

Das Schnuckeltuch

Hinführung: Warum der kleine Raphael dem Kind in der Krippe etwas Besonderes geschenkt hat.
Vorlesedauer: ca. 4 Minuten

In jener Nacht, als das Kind im Stall geboren wurde, schlief Raphael bei den Schafen, die er tagsüber mit seinem Vater und seinen großen Brüdern auf den Feldern gehütet hatte. Es waren nicht ihre eigenen, sondern Schafe des reichen Herrn.

Raphaels Familie war arm, denn der Lohn, den die Hirten bekamen, war gering. So kam es, dass Raphael sich abends oft auf sein Lager legte und hungerte. Damit er den Hunger nicht so spürte, kaute er auf seinem Schnuckeltuch, bis er einschlief.

In jener Nacht, als das Kind im Stall geboren wurde, hatte Raphael zwei dicke Schafe links und rechts von sich auf sein dünnes Strohlager gelegt. Sie wärmten ihn, denn die Nacht war kalt. Raphael hatte schon geschlafen, als Licht und Lärm ihn aufweckten. Seine Brüder liefen aufgeregt durcheinander.

Ephraim, der älteste, stürzte auf Raphael zu und rief: „Der Heiland ist geboren! Die Engel haben es uns gesagt."

Dann griff er ein kleines Lämmchen und rannte los, den Berg hinauf zu den Ställen, wo er das Kind vermutete.

„Ich schenke dem Kind ein Knäuel Wolle", rief Josef und eilte seinem Bruder nach. Raphael sah den Vater, der ein Stückchen Brot in seinem Gewand verschwinden ließ. Er kroch unter den Schafen hervor, griff sein Schnuckeltuch, das ihm während des Schlafens aus der Hand geglitten war, und folgte dem Vater und den Brüdern. Er rannte, so schnell er konnte, doch er verlor die Geschwister mehr und mehr aus den Augen.

Aber Raphael wusste, das Kind konnte nur in dem Stall sein, in dem er einen Ochsen und einen Esel gesehen hatte. Nur in diesem Stall lag noch Stroh, auf das die Mutter ihr Kind legen konnte. Raphael hatte sich selbst heute Mittag ein wenig davon für sein Nachtlager genommen.

Als er den Stall erreichte, sah er seine Brüder, die vor der Krippe, in der das Kind lag, knieten. Ihre Geschenke hatten sie auf den Boden gelegt. Raphael wunderte sich sehr, denn seine Brüder waren raue Gesellen, die sich eher rauften, als dass sie vor einem Kind zu Boden fielen.

„Es muss ein besonderes Kind sein", dachte Raphael und war traurig, dass er nichts mitgebracht hatte. Er war mit leeren Händen den anderen gefolgt.

„Aber nicht mit ganz leeren Händen", überlegte er und schaute auf sein Schnuckeltuch.

Auf Zehenspitzen trat er neben die Krippe, in der das Kind schlief. Vorsichtig, um es nicht zu wecken, legte Raphael neben den Kopf des Kindes seinen einzigen Besitz, sein Schnuckeltuch.

HERIBERT HABERHAUSEN

Die Tiere feiern Advent

Hinführung: Jedes Tier ist gespannt auf den neuen größten König.
Vorlesedauer: ca. 7 Minuten

Auf einem Bauernhof ganz nahe am Walde lebte einst ein Bauer mit seiner Frau und seinen beiden Kindern. Es war ein kalter Winter, sodass die Kinder meist drinnen in der Stube saßen und spielten. Nur manchmal, wenn es nicht so eisig war, gingen sie zum Nachbarsberg rodeln. Hurra, war das lustig, den Berg im Sausetempo hinunterzufahren.

Die Bauersleute hatten auch einen Hund, einen Rauhaardeckel namens Waldi, der nichts lieber tat, als bei jeder Gelegenheit nach draußen zu entwischen. Waldi konnte stundenlang im Freien herumstreunen und seinem Lieblingshobby nachgehen: Knochen suchen. Er suchte Knochen hinter der Scheune, er suchte Knochen im Acker, und er suchte Knochen im Wald. Man weiß ja nie. Heute, drei Tage vor dem ersten Adventssonntag, war er wieder dabei, sich nach Knochen umzusehen. Schnuppernd lief er ums Haus herum, damit er nur ja keinen Winkel übersah.

„Au, was war denn das?" Da hatte ihm doch tatsächlich etwas in die Nase gestochen. Noch einmal hob er vorsichtig seine Schnauze. „Au, schon wieder." Ein grünes stacheliges Ding stand vor ihm. Es roch ganz wie der Wald.

Waldi schaute sich dieses Ding von allen Seiten an. „Wau", bellte er, „hier wohne ich, und niemand darf sich ohne meine Erlaubnis hier aufhalten. Wau", bellte er, jetzt schon ärgerlich, „wau, wau. Wie kommst du hierher, und wer bist du eigentlich, wau?"

„Was, du kennst mich nicht?", sagte da dieses grüne stachelige Ding. „Ich bin ein Adventskranz, und die Bäuerin hat mich hierher gestellt, weil es hier kühl ist und meine Nadeln nicht so schnell abfallen."

„Wau", bellte wieder Waldi, „so, so, ein Adventskranz. Nun, wie ein Kranz schaust du tatsächlich aus, aber ein bisschen groß, um dich auf den Kopf zu setzen."

„Ich bin auch ein Kranz für den größten König, den es jemals gegeben hat."

„Für einen König, so, so." Das interessierte Waldi. Wo ein König ist, da gibt es auch ein Königreich mit großen Küchen und herrlichen Knochen. Waldi hob schnuppernd seine Schnauze, ob er nicht dieses Königreich finden könnte. „Wo wohnt denn dieser König, wau, wau?"

„Ach", sagte der Adventskranz, „vor langer Zeit hat er hier bei uns gelebt. Er ist in einem Stall zur Welt gekommen, ganz arm, obwohl er doch der größte König aller Zeiten ist."

Waldi schüttelte ungläubig den Kopf. Ein König und arm, das gibt's doch gar nicht, und noch dazu der größte König.

Während sie so plauderten, hatten sich unbemerkt ein paar Hühner genähert.

„Go, go, go", füßescharrend und nach Körnern suchend, gesellten sie sich zu den beiden. Mittendrin stolzierte ein wunderschöner Hahn. „Kikeriki", krähte der Hahn, „kikeriki. Ich kenne diesen König. Kikeriki. Ich habe einmal für ihn krähen müssen. Kikeriki", krähte er noch einmal. „Vergiss Jesus nie, kikeriki!"

Einstweilen hatte sich noch jemand angeschlichen. Minka, die Katze, schlich auf Samtpfoten näher. „Miau", sagte sie, „und warum hast du so hübsche Schleifchen in deinen Zweigen?" Das wollte sie jetzt genau wissen, denn sie war auch ein bisschen eitel und schleckte sich ihr Fell mehrmals am Tage glänzend. „Warum ich Schleifchen trage?", sagte der Adventskranz. „Nun, das ist doch ganz leicht. Warum bindet man sich wohl ein Schleifchen in die Haare oder Zweige?"

„Miau", machte die Katze, „jetzt weiß ich's, miau. Du machst dich für jemanden schön", und vorsichtig leckte sie über ihr Fell. „Ganz richtig! Ich mache mich für jemanden schön. Ich mache mich schön für den größten König der Tiere und Menschen.

„Wau", bellte Waldi, „jetzt möchte ich doch endlich wissen, wer dieser König ist", und er sah wieder ein Königreich mit herrlichen Knochen vor Augen.

„Kikeriki", krähte der Hahn, „vergiss Jesus nie!"

Einstweilen war noch jemand dazugekommen. Ein Schaf, besser gesagt ein Lamm, ein junges Schaf, es schaute sich neugierig den Adventskranz von allen Seiten an. Am schönsten waren doch die lila Kerzen.

Auch die Katze hörte auf, sich ihre Pfoten zu putzen, und schaute auf die lila Schleifchen und Kerzen. „Miau, ich weiß jetzt, warum du Schleifchen trägst, aber warum schmückst du dich mit Kerzen?"

„Weil Kerzen Licht geben", sagte der Adventskranz, „und weil der König das größte Licht der Welt ist. Niemand hat mehr Licht und Wärme ausgestrahlt als dieser König. Jedem hat er geholfen, ob er nun ein guter oder schlechter Mensch war. Er hat Kranke geheilt, Traurige getröstet, Hungrigen Brot gegeben und viel von Gott erzählt."

„Mäh", machte das Lamm, „mäh, schenk Liebe wie er. Mäh, schenk Liebe wie er."

Da wurden alle Tiere still vor so einem wunderbaren König. Ganz leise sagte der Adventskranz: „Und Lila ist die Farbe des Wartens auf etwas Wunderbares. Die Farbe Lila sagt uns, dass wir uns vorbereiten auf das Kommen dieses Königs."

„Wau", bellte Waldi, „ja, wie schön, dass dieser wunderbare König zu uns kommen will. Lasst uns ihm eine Freude bereiten! Ich bell für ihn. Wau, wau", machte Waldi. Und die Katze streckte ihre Pfoten aus und machte: „Miau, miau", ganz friedlich neben dem Hund, und das Lamm machte: „Mäh, mäh, schenk Liebe wie er", und die Hühner: „Go, go, go", und mittendrin der Hahn: „Kikeriki, vergiss Jesus nie!" Da entzündete sich eine Kerze am Adventskranz (eine Adventskerze anzünden).

Jemand hatte Licht in die Welt gebracht. Ich weiß nicht, warst du es oder du, oder war es gar der wunderbare König, von dem der Adventskranz erzählt hatte?

Ja, und das Licht, es leuchtete ins Dunkel hinein bis in alle Ecken der Erde. Es leuchtete so hell, fast so hell wie einst, als ein Kind in Betlehem, arm und doch als König, in einem Stall geboren wurde.

ISABELLA VOGL

Geschichte vom kleinen Stern

Hinführung: Der große Betlehemstern hat sich verirrt. Ob der kleine Stern, der von vielen übersehen oder verlacht wird, ihm helfen kann?
Vorlesedauer: ca. 8 Minuten
Hinweis: Besonders gut wirkt diese Geschichte, wenn sie mit Schwarzlicht gespielt wird: Ein großes schwarzes Tuch im Hintergrund spannen; alle Gegenstände aus weißem oder Leuchtpapier ausschneiden und an schwarze Stöcke kleben. Die Kinder sind dabei schwarz angezogen und halten die Gegenstände entsprechend dem Text hoch. Die Vögel, eventuell auch die Schmetterlinge, können die Kinder in die Hand nehmen und auf und ab bewegen, sodass es aussieht, als ob sie flögen. Das Ganze von vorne im dunklen Raum mit Schwarzlicht anstrahlen.

Erzähler(in) (= E): Vor langer Zeit stand einmal ein kleiner Stern am Himmel, der war so winzig, dass die Menschen ihn nur dann sahen, wenn es begann, dunkel zu werden und sie zum Himmel sahen. *(Ein kleiner Stern steht am Himmel)* Denn der kleine Stern war der Erste, der am Abend aufging, und der Letzte, der am Morgen verschwand. Wenn spät in der Nacht alle anderen Sterne nach und nach aufgingen, fiel der kleine Stern kaum noch auf.
(Nach und nach kommen größere, schönere Sterne dazu)
Voller Bewunderung blinzelte der Stern zu seinen Schwestern, denn die blinkten und blitzten. Der kleine Stern konnte sich noch so sehr anstrengen, er blieb klein und unscheinbar. Seine Sternenschwestern sahen seine Bemühungen, aber sie hatten entweder nur Spott für ihn übrig und lachten ihn aus *(Kinderlachen)* oder sie beachteten ihn gar nicht. Darüber wurde der kleine Stern immer trauriger. Da kam ihm eine Idee: Am nächsten Morgen blieb er besonders lange am Himmel stehen; er wartete auf die Sonne.
(Große Sterne verschwinden nach und nach – danach kommt die Sonne)
Kleiner Stern: Sonne, kannst du mir nicht etwas von deinem hellen Licht geben; nur ein wenig, damit ich auch so hell wie meine Schwestern strahle?
Sonne: Ach, kleiner Stern, wenn das so einfach wäre! Aber glaube mir, mein Licht würde dich verbrennen.

E.: Die Sonne zog weiter. *(Wolke kommt)*

Der kleine Stern versteckte sich hinter einer Wolke, *(Sonne geht etwas zur Seite)* er weinte dicke Tränen, die durch die Wolken auf die Erde fielen. Durch das Sonnenlicht und wegen der Tränen entstand ein wunderschöner Regenbogen, der bis auf die Erde reichte. *(Wolke mit Tropfen und Regenbogen kommt)*

Am Abend fand ihn so der Mond. *(Wolken und Sonne gehen weg – Mond kommt)*

Mond: Na, kleiner Stern, was ist denn los?

E.: Der kleine Stern klagte dem Mond sein Leid, und der Mond sagte:

Mond: Ach, kleiner Stern, lass die anderen doch reden und glaube mir, alles im Leben hat seinen Sinn, und auch du wirst deine Bestimmung finden. Du magst wohl klein sein, aber trotzdem kannst du Großes vollbringen. *(Mond geht weg)*

E.: Eines Tages nun passierte etwas Sonderbares. Der kleine Stern war wieder der Erste am Himmel, da schwebten plötzlich lichte Gestalten an ihm vorbei; sie sahen wunderschön aus. *(Engel kommen)* Neugierig fragte der Stern:

Kleiner Stern: Wer seid ihr und wohin fliegt ihr denn?

Engel: Wir sind Engel und wir fliegen zur Erde, nach Betlehem. Da steht ein Stall und da wird ein Kind geboren werden, das heller als die Sonne strahlt, das allen Menschen Liebe und Wärme, Frieden und Hoffnung bringen wird.

E.: Inzwischen waren auch alle anderen Sterne aufgegangen *(große Sterne kommen)* und die Engel sagten zu den Sternen:

Engel: Strahlt ihr Sterne, um mit eurem Licht das Kind zu begrüßen! *(Engel gehen)*

E.: Die großen Sterne funkelten um die Wette. Jeder wollte der hellste sein. Nur der kleine Stern stand etwas abseits, denn er wusste ja, dass er mit den anderen nicht mithalten konnte. So geschah es, dass auch nur der kleine Stern bemerkte, dass sich am Horizont ein riesiger Stern mit einem Schweif näherte. Mühsam bahnte sich der große Stern seinen Weg durch das aufgeregte Funkeln und Glitzern. *(Betlehemstern kommt)*

Immer wieder stoppte er, und es schien so, als ob er die großen Sterne etwas fragte, aber es hörte ihm keiner zu. Dann flog er genau auf den kleinen Stern zu.

Betlehemstern: Ach, kleiner Stern, kannst du mir vielleicht helfen? Ich habe schon die großen Sterne gefragt, aber die sind so mit sich beschäftigt, dass sie mich gar nicht sehen. Ich habe mich verirrt. Ich suche den Ort, an dem ein Kind geboren werden soll, das etwas ganz Besonderes ist, und ich soll Bote, ja Wegweiser für die Menschen sein, damit sie von diesem Kind erfahren.

E.: Da rief der kleine Stern ganz aufgeregt:

Kleiner Stern: Ja, ich weiß den Weg! Die Engel haben es mir erzählt, und ich kann dir den Weg zeigen!

E.: So flog der kleine Stern vor dem großen prächtigen Stern her und zeigte ihm den Weg. Denn er hatte genau aufgepasst, wohin die Engel geflogen waren. Auf der Erde angekommen, erwartete den kleinen Stern etwas Besonderes. Auf dem sonst kargen Wüstenboden, wo es nur Dornen und Gestrüpp gab, blühten plötzlich wunderschöne duftende Rosen.

Rosen: Wir blühen, um das Kind zu begrüßen.

E.: Es war tiefste Nacht, und trotzdem sangen die Vögel, und es klang wie ein Jubelgesang. *(Kinder pfeifen)*

Vögel: Wir singen, um das Kind zu begrüßen!

E: Die Vögel flogen durch die Nacht, und sie versammelten sich um eine kleine Krippe. Auch die Engel kamen angeflogen. *(Vögel fliegen, Krippe wird aufgedeckt und die Engel kommen dazu)*

In der Krippe lag ein Kind, das alles um sich herum anstrahlte. Auch der große und der kleine Stern blieben bei der Krippe stehen. Der große Stern war etwas außer Atem, fast hätte er sich am Himmel verflogen. Aber Gott sei Dank hatte ja der kleine Stern gut aufgepasst, und so hatte er es mit dessen Hilfe rechtzeitig geschafft. Nicht auszudenken, wenn am Ende die Geburt dieses einzigartigen Kindes unbemerkt geblieben wäre! Nun aber stand der große Stern als weit sichtbares Zeichen über der Krippe. – Und der kleine Stern? Er sah nur die strahlenden Augen des Kindes, und er wusste plötzlich: Manchmal muss man still werden, um die Boten Gottes zu sehen. Manchmal muss man im Dunkeln stehen, um wieder über den Glanz der Sterne staunen zu können. Manchmal muss man unsichtbar sein, um sich für andere öffnen zu können; und manchmal muss man am Rande stehen, um das zu sehen, was wirklich wichtig ist. Und so kann auch etwas ganz Kleines plötzlich etwas ganz Großes vollbringen.

Der kleine Stern war überglücklich, und er war stolz – stolz auf sich und auf seine Sternengeschwister, die so wunderschön am Himmel glitzerten.

(Abschlussbild: Sterne oben, Engel und Vögel um die Krippe, Blumen mit Dornen unten)

MONIKA ENDRES

Ein kleiner Engel macht sich große Sorgen

Hinführung: Es gibt auch unter den Tieren welche, die nennen wir frech, einfältig und störrisch. Ob die alle bereit waren, als das Kind in Betlehem geboren wurde?
Vorlesedauer: ca. 3 Minuten

Der kleine Engel Benjamin faltet artig seine Flügel zusammen. Er pocht vorsichtig ans Wolkentor des großen Engels Gabriel. Streng schaut ihm Gabriel entgegen. „Hast du endlich deinen Auftrag erfüllt?", fragt er und zieht die Augenbrauen hoch. „Sind alle Tiere da unten in dem ärmlichen Stall auf das große Fest vorbereitet?"

„Ich hab getan, was ich konnte", flüstert der kleine Engel. „Die munteren Vögel werden ihre Schnäbel nicht zu weit aufsperren, sondern ein leises, sanftes Schlaflied für das Kind zwitschern. Die große Eule wird das Kind nicht erschrecken mit ihren dunklen Flügeln, sondern sich brav auf den Dachbalken setzen und die Nacht mit ihren glühenden Augen ein bisschen heller machen. Die Putzengel haben die frechen Fliegen und Flöhe schon herausgewedelt. Die Schlange hat strengstes Einschleichverbot. Auf die vorwitzigen Mäuse passen die schlauen Dorfkater Mausi und Peter auf. Sie wissen ganz genau: Krallen zeigen – aber Fressverbot!

Nur Ochs und Esel machen mir Sorgen. Dieser einfältige Ochse ist ein missmutiger, langweiliger, dummer Geselle. Er wedelt mir mit seinem eklig schmutzigen Schwanz vor der Nase herum, dass mir ganz schlecht wird. Dann drückt er seinen mächtigen Körper und den Kopf an die Stallwand, dass sich die Balken biegen. Dazu schnaubt er ganz widerlich, dass der Staub aufwirbelt. An dem haben wir keine Hilfe. Und der Esel ist noch schlimmer! Er ist aufsässig und störrisch. Er besteht darauf, dass er nach der schweren Arbeit am Tag wenigstens in der Nacht in Ruhe fressen kann. Der lässt nicht den kleinsten Strohhalm in der Krippe. Und er geht bestimmt nicht vor die Tür, um seine Notdurft zu verrichten. Der Ochse übrigens auch nicht."

„Na, das kann ja heiter werden!", meint Gabriel. „Was sollen wir machen?"

„Ich glaube", wagt der kleine Engel Benjamin schüchtern zu bemerken, „wenn Gott selber auf die Erde kommen will, wird er auch die störrischen Menschen und Tiere, sogar Ochs und Esel, zur Vernunft bringen."

„Warten wir's ab!", sagt Gabriel und faltet die Engelshände zu einem dringenden Stoßgebet. – Und dann geschieht wirklich das Wunder: Die erschöpfte Maria, der müde aussehende Josef und das zitternde hilflose Kind rühren das Herz von Ochs und Esel, und sie treten zur Seite, hauchen ihren Atem vorsichtig über die Krippe, holen immer wieder ein Maul voll frischem Stroh herbei, treten vor die Tür, wenn es sein muss, wedeln die neugierigen Mücken und Fliegen fort, die sich immer wieder hineinwagen – kurz: Sie empfangen das Kind mit aller Liebe und Sorgfalt, deren das Herz eines Ochsen und Esels fähig ist.

„Die Menschen können sich an den Tieren ein Beispiel nehmen", denkt der kleine Engel Benjamin gerührt.

BARBARA CRATZIUS

Der kleine Igel an der Krippe

Hinführung: Jeder und jede kann helfen, auch wenn er oder sie stachelig ist.
Vorlesedauer: ca. 3 Minuten

Mitten im Winter erging für die Menschen in Israel der Befehl des römischen Kaisers, sich in die Steuerlisten eintragen zu lassen. Dazu musste jeder an seinen Geburtsort reisen. Auch Josef und Maria machten sich zu Josefs Geburtsstadt Betlehem auf. Maria war schwanger und ihr Kind sollte schon bald geboren werden. Als sie nach einer tagelangen mühevollen Reise endlich Betlehem erreichten, war nirgends ein Zimmer frei, nur in einem Stall vor der Stadt fanden sie Zuflucht. Die Geburt des Kindes stand kurz bevor.

Auf den Feldern rund um Betlehem lagerten Hirten mit ihren Herden. Es schien eine kalte Nacht wie viele andere zu werden. Plötzlich aber wurden die Hirten von einem hellen Leuchten aufgeschreckt.

Es erschienen ihnen Engel und sie hörten himmlische Musik. Ein Engel rief ihnen zu: „Fürchtet euch nicht, ein Kind ist euch geboren im Stall bei Betlehem."

Auch die Tiere des Waldes und auf den Feldern hörten die Botschaft. Der Engel hatte doch gesagt, das Kind werde die gesamte Schöpfung erretten. So beschlossen die Tiere, es zu suchen. Sie wollten ihm zeigen, wie sehr sie sich über sein Kommen freuten, und ihm Geschenke mitbringen: Federn und Wolle, Nüsse und Getreide, Früchte und Milch, alle hatten etwas Besonderes.

Nur der winzige Igel, der sich immer im Laub verbarg, fand nichts, was er hätte verschenken können. Der kleine Igel fühlte sich sehr traurig, dennoch wollte auch er das Kind sehen und lief hinter den anderen Tieren her. Beim Stall fand er eine kleine Lücke in der Mauer und huschte als Erster hinein.

Da stand er nun ganz alleine vor dem Kind, das in einer Krippe lag, und hatte doch kein Geschenk mitgebracht. Vorsichtig schlich er sich an den kleinen Jungen heran. Wie hübsch er doch war. Wie winzig und hässlich kam sich der kleine Igel dagegen selbst vor. Immer näher schlich er und fand sogar einen Weg, um auf den Rand der Krippe zu klettern. Da saß er nun, während all die anderen Tiere durch die inzwischen offene Türe hereinströmten, und blickte voll Sehnsucht auf das Kind.

Plötzlich hörte der kleine Igel die Worte: „Ich habe auf dich gewartet!" Erschrocken sah er sich um, doch nur die leuchtenden Augen des Jungen, der zu ihm aufsah, sprachen zu ihm:

„Bist du das?", flüsterte der kleine Igel.

„Ja", antwortete das Kind, „ich brauche dich. Du hast so schöne kleine Stacheln, meine Mutter Maria hat nichts, um die Windeln festzustecken. Schenkst du mir welche?"

Alle seine Stacheln hätte der kleine Igel gegeben, nur für diesen Moment des Glücks. Er war erwünscht und willkommen, es gab etwas, das er geben konnte. Wie reich beschenkt fühlte er sich in diesem Augenblick! Das Kind in der Krippe kann jeden gebrauchen, wie klein und stachelig wir auch sein mögen.

QUELLE UNBEKANNT

Storchenlegende

Hinführung: Wir hören, warum die Störche zu Freunden der Menschen geworden sind, besonders die Freunde kleiner Kinder.
Vorlesedauer: ca. 5 Minuten

Eine alte Storchenlegende: Auch eine Storchenmutter im fernen Land Ägypten vernahm die wunderbare Nachricht, dass ein besonderes Kind in Betlehem geboren worden war. Sie hatte – wie alle Storchenmütter – ein zartes und gutes Herz und dachte voller Liebe und Ehrfurcht an das kleine, neugeborene Kind; denn es war ja Gottes Sohn. Und während sie so über das Wunder nachdachte, warf sie ihren Kopf zurück, dass er fast auf den Schwanzfedern lag, und begann mit ihrem langen, roten Schnabel zu klappern. Das ist nämlich die Art und Weise, wie ein Storch zu sprechen pflegt.

„Ich muss nach Betlehem fliegen", sagte die Storchenmutter zu ihren Kleinen, „ich muss das heilige Kind selber sehen!"

Aber bevor sie sich auf den langen Weg machte, sammelte sie zuerst eine Menge Vorrat für ihre Kinder, denn sie war eine gute Storchenmutter. Weiche Aale und zarte Fröschlein trug sie aus den sumpfigen Niederungen am Nil zusammen. Dann tat sie einen kurzen Sprung in die Luft, und dann noch einen, und dann ging's auf zum Flug ins Heilige Land.

Es war ein weiter Weg nach Palästina, aber sie war das Fliegen gewohnt und hat schließlich ihr Ziel erreicht.

„Ist das Heilige Kind hier?", fragte sie, als sie sich auf der steinernen Treppe eines vornehmen Hauses in Betlehem niederließ.

„Nein, es ist nicht hier", antwortete jemand. Da flog sie weiter zu einem anderen Haus, das auch sehr schön war.

„Ist das Jesuskind, der Sohn Gottes, hier?", fragte die Storchenmutter.

Und wieder kam die Antwort: „Nein, es ist nicht hier."

Endlich stelzte sie mit ihren langen, roten Beinen auf die Tür der Herberge zu, bei der Maria und Josef um ein Obdach gebeten hatten.

„Das Kind ist nicht hier", sagte der Herbergsvater, „es war kein Platz da. Das Kind liegt in einer Krippe, drüben im Stall."

Dort fand es die Störchin. Und Maria, seine Mutter, und Josef, sein Pflegevater, waren bei ihm. Kostbare Geschenke lagen auf dem Stroh neben der Krippe: Gold und Weihrauch und Myrrhe, Gaben der Weisen aus dem Morgenlande. Aber die Storchenmutter sah diese schönen Dinge nicht. Mit ihren ernsten Augen blickte sie gespannt in die Krippe.

Immer wieder schaute sie hinein, und ihr Herz wurde von Mitleid bewegt, denn das Kind hatte ein zu raues Bett!

„Hat dieses gesegnete Kindlein denn nicht einmal genügend Kissen und Betttücher?", fragte die Storchenmutter, „seine Schultern sind ja genauso nackt wie die meiner Storchenkinder, wenn sie aus dem Ei schlüpfen! Das Kind braucht eine weiche Decke, um es zuzudecken und warm zu halten!"

Und da streckte der edle Vogel plötzlich seinen Hals aus, und sein Schnabel beugte sich zu seiner Brust und begann, sich die weichsten Federn auszurupfen. Hin und her wanderte der rote Schnabel der Storchenmutter, und jedes Mal, wenn sie sich genug ihrer flaumweichen Federn aus der Brust gerupft hatte, warf sie diese über das bloß daliegende Jesuskind. Das alles dauerte eine ganze Weile, und es war, als wenn das Kind in der Krippe zugeschneit würde von all den weichen Storchenfedern, die zuletzt wie eine warme, schützende Decke über dem neugeborenen Sohn Gottes lagen.

So gab die Storchenmutter dem Jesuskindlein – wie die Hirten und Weisen aus dem Morgenlande – ihr Bestes. Und darum ist der Storch der Freund aller kleinen Kinder.

Die alte Legende erklärt uns, dass die Störche wegen jener Storchenmutter mit dem guten Herzen zu Freunden aller Menschen geworden sind. Überall im Lande mögen die Leute sie gern und sind froh, wenn sie auf ihren Dächern nisten.

M. H. MISEVICIUS

Der alte Baum war doch zu etwas nütze

Hinführung: Wir hören von einem alten Baum, der sterben wollte und dann zu etwas Großem wurde.
Vorlesedauer: ca. 2 ½ Minuten

Auf einer Lichtung in einem Wald stand ein alter, krummer Baum. Sturm und Unwetter hatten ihn gezeichnet. Und alt war er, sehr alt. Er wusste, dass seine Tage gezählt sind. Ein Sturm noch, und sein Stamm würde umknicken wie ein Streichholz.

Er war nicht unglücklich darüber, nein, schließlich hatte er ein langes und gutes Leben gehabt. In seinen besten Jahren trug er so viele Früchte, dass sich seine Äste bis zum Boden bogen. Doch jetzt berührten sie nur dann die Erde, wenn sie abgeknickt waren. Gerne wäre er noch zu etwas nütze gewesen, bevor er endgültig …! „Ach ja", dachte er, „erinnern wird sich wohl keiner an mich und vermissen schon gar nicht."

Eines Tages nun fing ein hektisches Treiben um ihn herum an. Es wurde gehämmert, gesägt, gehobelt und geschliffen. Auf der Lichtung wurde ein Stall gebaut. „Nun, vielleicht können die mich ja brauchen", dachte er, „als Bretter für die Wände; als Balken, die das Dach halten, oder als Türrahmen?"

Er streckte seinen krummen Stamm, so gut er konnte, damit man ihn ja nicht übersah. Aber die Stallwände standen, und keiner hatte ihn geholt; das Dach wurde errichtet, und keiner holte ihn; der Türrahmen wurde eingepasst, und keiner holte ihn. Ja, nicht einmal für die Zaunlatten brauchte man den alten, krummen Baum. Traurig und ohne Kraft stand der Baum da; ja, es schien sogar, als ob sein Stamm noch etwas krummer geworden sei.

Und wirklich: Beim nächsten Sturm knickte der Stamm um, ohne sich auch nur ein bisschen zu wehren! Am anderen Morgen kam ein Mann, begutachtete den umgefallenen Baum, holte eine Säge und trennte den Stamm von Wurzel und Krone. Dann holte er Hammer und Meißel und schnitzte mit kräftiger Hand eine Krippe aus dem alten Baumstamm. Danach trug er die Krippe in den Stall und füllte sie mit duftendem Heu.

Und ratet mal, was noch in diese Krippe gelegt wurde? Eine Frau und ein Mann kamen eines Tages in den Stall und brachten dort ein Kind zur Welt. Und sie legten das Baby genau in diese Krippe. Und man sagte, dieses Kind sei Jesus, der Gottessohn.

Sagt mir, ist es nicht das Schönste, was passieren konnte: Gottes Sohn zu tragen, ihm Geborgenheit, Schutz und Wärme zu geben? So war der alte, krumme Baum schließlich doch noch zu etwas nütze geworden.

MONIKA ENDRES

Warum das schwarze Schaf an der Krippe blieb

Hinführung: Schwarze Schafe werden gerne weggestoßen. Ob es auch anders ausgehen kann?
Vorlesedauer: ca. 4 Minuten

Diese Geschichte kennt kaum jemand. Und das hat seinen Grund: Schwarze Schafe sieht man nachts nämlich schlecht – und in einem dunklen Stall schon gar nicht. Doch das kann manchmal richtig nützlich sein …!

Die Hirten auf dem weiten Feld vor Betlehem mochten Samy, das schwarze Schaf, nicht gern. Obwohl Samy das Einzige und somit eigentlich etwas Besonderes war. Schwarze Wolle brachte keinen guten Preis, weil man sie schlecht färben konnte. Und so musste sich Samy einiges gefallen lassen. Nicht nur die Hirten ließen es meistens links liegen. Auch die weißen Schafe waren nicht besonders nett zu ihm. Sie blökten schlecht über Samy, traten ihm unauffällig gegen seine dünnen Beine, schubsten ihn vom Futtertrog weg und erzählten ihren Jungen, dass es die Bosheit wäre, die ein Schaf schwarz werden lässt. Oder die Dummheit. So blieb Samy ein Einzelgänger und dazu noch ziemlich dünn.

An jenem Abend, als der Engel erschien, schliefen bereits fast alle. Was dann geschah, ist den meisten Menschen bekannt. Was nicht allen bekannt ist: Samy war auch dabei, als die Hirten das Kind im Stall und seine Eltern besuchten und Geschenke brachten – auch weiße, weiche Wolle.

Samy war neugierig, aber er hatte auch ein bisschen Angst. So drückte er sich zwischen dem Ochsen und dem Esel vorbei in eine Ecke des Stalls. Von dort konnte er alles genau beobachten. Vor allem das Christkind. Und einmal blinzelte es ihm sogar zu! Samy war selig.

Irgendwann wurde Maria das Getümmel der Schafe und Hirten zu bunt. Das Kind brauchte dringend Schlaf – und sie selbst vielleicht noch viel mehr – nach all den Strapazen. Also bat Maria kurzerhand alle Gäste, nach Hause zu gehen.

Sie schloss die Tür, stillte das Baby, legte es in die Krippe, kuschelte sich an Josef, löschte die Laterne aus und schlief ein.

Den Samy hatte Maria einfach übersehen. Als auch Ochs und Esel leise schnarchten, pirschte sich Samy vorsichtig bis an die Futterkrippe vor, in der das Christkind lag. Sachte stupste Samy das Baby mit seiner warmen, feuchten Nase an. Es war noch wach und schmiegte sich an Samys flauschigen Kopf. Die kleinen Hände griffen in das weiche Fell – Samy wagte kaum, sich zu bewegen. So hielt er das Kind mit seinem Atem und seiner warmen Wolle kuschelig warm. Bis zum Morgen. Und weil Jesus sich auf Anhieb mit dem schwarzen Schaf so gut verstand, schlossen ihn auch Maria und Josef schnell ins Herz.

Samy durfte bleiben. Er stand ab jetzt neben Ochs und Esel im Stall. Von da an hatte das Christkind ein Herz für schwarze Schafe. Denn oft sind gerade die ja die nettesten.

TILLMANN KUGLER

Der übermütige Komet

Hinführung: Ein Komet ist ein Stern, der besonders hell leuchtet, weil er noch einen Schweif voller Licht hinter sich herzieht. – Wir hören von einem übermütigen Kometen, der auf einmal einen großen Schrecken bekam.
Vorlesedauer: ca. 5 ½ Minuten

In unerschütterlicher Gleichmäßigkeit zogen die Sterne ihre vorgeschriebene Bahn, so wie Gott, der Herr, es bei der Schöpfung angeordnet hatte. Nur ein kleiner Komet konnte sich nicht fügen. Er wich immer wieder vom vorgeschriebenen Wege ab und sauste im Universum herum wie ein Schlittschuhläufer auf der Eisbahn. Schon ein paarmal hatte er deshalb im Himmel für Aufregung gesorgt und hoch und heilig Besserung gelobt. Aber nicht lange, dann fing das ganze Spiel von vorne an. Deshalb wurde der kleine Komet auch der übermütige Komet genannt, denn böse war er ja nicht.

Der liebe Gott beschloss, den übermütigen Kometen mit einem Sonderauftrag zu betrauen, damit er sich etwas beruhigen könne. Die Geburt des Christkindes stand kurz bevor, und so sollte er den Heiligen Drei Königen, die vom Morgenland nach Betlehem reisen wollten, voranziehen und den Weg zeigen. Das war die richtige Aufgabe für den kleinen Kometen, und er konnte seinen Einsatz kaum erwarten.

Endlich war das Christkind geboren. Der kleine Komet bezog also Stellung über dem Morgenland. Dort sprang er so aufgeregt hin und her, dass ihn die drei Weisen wirklich nicht übersehen konnten. Sie hatten bereits ihre Kamele beladen und Gold, Weihrauch und Myrrhe für das Christkind sorgfältig verpackt.

Der kleine Komet zog also brav den Königen voran und wies ihnen den Weg. Aber nach einiger Zeit gefiel ihm die Reise mit den Kamelen nicht mehr. Während die Tiere Schritt für Schritt gemächlich durch den Wüstensand stapften, wurde er ungeduldig wie ein Kind, das herumhüpft, wenn es eine Weile langsam geradeaus gehen muss. So beschleunigte der kleine Komet sein Tempo, schlug einen Zickzackkurs wie ein Blitz und verschwand hinter der nächsten Milchstraße.

Die Heiligen Drei Könige waren etwas verunsichert, als sie den Stern nicht mehr sehen konnten. Doch da tauchte der Komet plötzlich wieder auf, und so ritten sie beruhigt weiter.

Als die Reisegesellschaft in die Nähe von Betlehem kam, hatte der kleine Komet von dieser langweiligen Wanderschaft endgültig genug. Er schlug einen Haken, wetzte seinen Schweif an einer Sternzacke und versteckte sich dahinter. Kein Wunder, dass die Heiligen Drei Könige jetzt in der fremden Gegend nicht mehr zurechtkamen. Und weil sie sich gerade am Palast des Königs Herodes befanden, kehrten sie dort ein. Nun konnte sie der übermütige Komet natürlich nicht mehr sehen, als er hinter der Sternzacke hervorlugte. Er suchte hier und suchte dort, aber die drei Könige blieben verschwunden, und nicht einmal von ihren Kamelen war noch eine Spur zu entdecken.

Herodes erschrak sehr, als er von dem neugeborenen König hörte, dem Christkind, nach dem ihn die drei Weisen gefragt hatten. Er wusste nicht, wo dieser König zu finden sei, und beschloss deshalb, in nächster Zeit alle neugeborenen Knäblein töten zu lassen, denn er wollte seine Herrschaft mit niemandem teilen.

In diesem Moment erwachte das Christkind. Es sah die drei Weisen im Palast des Königs Herodes stehen und wurde sehr traurig, denn es war ihm bekannt, was mit den unschuldigen Knäblein passieren würde.

Der kleine Komet, der nun genau über dem Stall von Betlehem strahlte, wusste jetzt auch, dass er durch seinen Übermut die drei Weisen zum König Herodes geführt hatte. Vor Schreck stand er still, so still, dass sich nicht einmal mehr sein Schweif bewegte. Weil das Christkind aber seine Reue sah, verzieh es dem kleinen Kometen.

Darüber freute er sich über alle Maßen. Er gelobte, nie mehr solche Dummheiten zu machen, und schickte einen ganzen Sternschnuppenregen in die Nacht.

Die Heiligen Drei Könige, die inzwischen den Palast des Herodes verlassen hatten, waren sehr froh, als sie den Stern wieder sahen. So fanden sie doch noch zum Christkind, denn der kleine Komet leuchtete vor Eifer so hell, dass die anderen Sterne buchstäblich neben ihm verblassten. Nicht einmal die Sonne am Tag konnte ihn vertreiben.

Jedes Jahr in der Heiligen Nacht steht er an derselben Stelle und leuchtet mit seinem hellsten Weihnachtslicht. Schaut hinaus, wenn es klar ist! Ihr könnt ihn sehen, wenn ihr die richtigen Augen dafür habt.

JUTTA FELLNER-PICKL

Eine ganz besondere Weihnachtskrippe

Hinführung: Batman, Winnetou und Schlümpfe an der Krippe? Was ist denn da passiert?
Vorlesedauer: ca. 5 Minuten

Mein Großvater ist 92 Jahre alt, aber noch immer einigermaßen gut zu Fuß. Mit seinem Krückstock kann er sich sehr sicher fortbewegen. Zumeist!

Am heutigen Heiligabend auch, nur anders als beabsichtigt. Er stolperte, ob über die Kanten eines Teppichs oder über seine eigenen Füße, ist nicht mehr auszumachen. Spielt auch keine Rolle! Er stürzte, suchte Halt und riss dabei die mit allen Figuren aufgebaute Krippe herunter. Sie stand immer auf einem Sockel, auf dem eine große mit Moos bedeckte Platte lag.

Jetzt nicht mehr! Mein Großvater blieb unverletzt, heil. Alles andere nicht!

Es schepperte furchtbar, als die Figuren im hohen Bogen durch die Luft flogen und auf dem Fußboden landeten, auf den harten Fliesen. In dem großen Scherbenhaufen konnte man nicht mehr unterscheiden, wer was war: Maria und Josef, Hirten und Könige, Schafe und Kamele, Ochs und Esel bildeten ein buntes Mosaikgeflecht.

Mein Großvater rappelte sich auf, schaute sich um und kommentierte die Situation mit: „Oh!" Er war schon immer sehr wortkarg. Mein Vater dagegen war bedeutend redseliger und meinte: „Verdammter Mist!"

Meine beiden Schwestern sagten weder das eine noch das andere. Ann, die Ältere, analysierte die Lage messerscharf und sagte: „Der Stall und der Futtertrog haben überlebt. Alles andere müssen wir ersetzen, wenn wir heute Abend nicht vor einer leeren Krippe sitzen wollen." Sie und meine andere Schwester liefen in ihr Zimmer und schleppten an, was sie hatten.

Auch ich lieferte meinen Beitrag. Zu dritt waren wir erfolgreich. Und wie!

Prinzessin Lillifee war jetzt die Maria, Spiderman Josef, Lukas der Lokomotivführer, ein Indianerhäuptling und Batman waren die Hirten.

Die Weisen aus dem Morgenland kamen von überall her, denn sie waren der König Drosselbart aus dem Märchenland, Winnetou, der Häuptling der Apachen aus der neuen Welt, mit seinem Bruder Old Shatterhand aus der alten Welt. Auch die Tierwelt konnte sich sehen lassen: Vor dem Stall versammelten sich Janoschs Tigerente, der Hase Felix und Pu der Bär. Das bunte Bild vervollständigten die bei Kindern sehr beliebten Figuren als Zaungäste, unter anderem Pumuckel mit roten Haaren, Barbie mit Festtagskleid, Pippi Langstrumpf mit abstehenden Zöpfen und eine Menge Schlümpfe.

Großvater, trotz körperlicher Gebrechen ein geistig sehr vorausdenkender Mann, betrachtete eine Weile von seinem Ohrensessel aus die etwas andere Krippe, wurde dann ungewöhnlich redselig und meinte tiefsinnig: „Nicht schlecht! Sehr modern! Sehr fortschrittlich! Früher haben die Krippenbauer den Hintergrund orientalisch gestaltet, bis moderne Künstler ihn in die alpine Bergwelt, ins hügelige Sauerland oder die flache Lüneburger Heide verlegten und den Menschen damit sagten: Gott ist Mensch geworden, nicht nur in Betlehem, sondern überall auf der Welt, auch in den Herzen aller Menschen, die guten Willens sind."

Er machte eine Pause und meinte dann: „Guten Willens seid ihr. Das habt ihr heute bewiesen. Ihr habt nicht gemeckert, nicht geschimpft, als Übles geschah; aber das Beste daraus gemacht. Gott ist Mensch geworden in euren Herzen."

BERNHARD WACH

Das Jesuskind liebt alle Tiere

Hinführung: An der Krippe sind manchmal viele Tiere versammelt; die Schäfchen, der Esel, der Ochs, das Kamel, manchmal sogar das Pferd und der Elefant. Was meinst du, welches Tier das Kind in der Krippe am meisten lieb hat?
Vorlesedauer: ca. 2 Minuten

In der Vorfreude auf den Heiligen Abend hatten die vier Kinder schon drei Tage vorher die Krippenfiguren aus der untersten Schublade holen dürfen. Nur Maria und Josef und das Kind mussten noch zweimal schlafen. Jetzt standen die Figuren in Reih und Glied: die ernsten Hirten, die prächtigen Könige, der kleine Junge mit dem Apfelkörbchen und das Mädchen mit dem weißen Lamm; daneben all die vielen weißen Schäfchen, der steifbeinige Ochse und das Eselchen mit den langen Ohren und den melancholischen Augen. Dann kamen die großen Tiere: das stolze Pferd, das für Europa an der Krippe steht, das Kamel mit der langen Nase für den Erdteil Asien und der majestätische, breite und glänzende Elefant, der für Afrika wie ein Turm dastand. So sehr der kleine Paul diesen Elefanten auch liebte, er durfte ihn sowie Pferd und Kamel erst ganz weit entfernt vom Stall aufstellen, weil sie erst am Dreikönigstag zur Krippe finden.

Für Leon war das Kamel überhaupt das interessanteste Tier an der Krippe, weil es wochenlang nichts fressen braucht, da es genug Vorräte in seinem Höcker hat, und weil es mit seinen breiten Füßen nicht im Sand einsinkt und vor allem, weil es viel Wasser in seinem langen Hals speichern kann. Hanna schwor auf das Pferd und hätte es am liebsten noch zwei Nächte mit ins Bett genommen. Die kleine Susi griff nach einem Schäfchen, um es lieb zu halten; es war so schön weiß. Gewiss liebte das Kind in der Krippe die Schäfchen am meisten!

Aber da kam Protest! Mama nahm das Eselchen in die Hand: „Ich glaube, Jesus mochte den Esel besonders gern, weil er denen hilft, die viele Lasten zu tragen haben. Und darin ist der Esel ein Meister: Er trägt die schwersten Lasten, obwohl er selten dafür ein gutes Wort bekommt, doch viele

Schläge einstecken muss. Und er rettete die Heilige Familie bei ihrer Flucht nach Ägypten. Später trug er Jesus in Jerusalem zu denen, die ihm mit ihren Palmzweigen zujubelten. Ja, das mag wohl stimmen, dass ihm das geduldige Lasttier besonders am Herzen lag."

Mama stellte es wieder in Reih und Glied und meinte dann: „Ich glaube, Jesus hat alle Tiere gern, selbst den Ochsen, der seinen warmen Atem über das Kind in der Krippe blies. Denn jedes Tier hat ja eine andere Aufgabe – wie wir Menschen auch ..."

QUELLE UNBEKANNT

Der kleinste Engel

Hinführung: Warum gefällt dem Kind in der Krippe die unscheinbare Schachtel des kleinsten Engels am besten?
Vorlesedauer: ca. 7 Minuten

Da war einmal – nach der Zeitrechnung der Menschen ist es viele, viele Jahre her – ein trauriges, unglückliches Engelchen, das im Himmelreich nur als der „kleinste Engel" bekannt war. Er wurde bald zum Schrecken aller Himmelsbewohner. Sein Pfeifen schrillte durch die stillen, goldenen Straßen, dass die Propheten jedes Mal zusammenzuckten und aus ihren Meditationen gerissen wurden. Und bei den Gesangsstunden des Himmelschores sang es so laut und manchmal auch falsch, dass der zarte himmlische Klang völlig gestört wurde.

Hätte man das schlechte Betragen noch übersehen können, so war seine äußere Erscheinung völlig unentschuldbar. Zuerst flüsterte man es sich heimlich zu, aber bald sprachen die Engel und Erzengel es ganz laut aus: „Du siehst überhaupt nicht aus wie ein Engel." Und sie hatten recht. Sein Heiligenschein hatte ganz trübe Flecken an den Stellen, wo er ihn mit seinen kleinen Schmutzhänden festhielt, wenn er rannte. Und er rannte eigentlich immer. Und selbst, wenn er einmal stille stand, der Heiligenschein saß immer irgendwie schief auf dem Kopf oder er fiel ganz herunter und der kleinste Engel musste hinterherlaufen. Alle hielten den Atem an, wenn er wie ein eben flügge gewordener Spatz sich an den äußersten Rand einer Wolke setzte und Anstalten machte zu fliegen. Dann schloss er die Augen, hielt sich mit beiden Händen die sommersprossige Nase zu, zählte bis drei und stürzte sich dann kopfüber hinaus ins All.

Eines Tages wurde er zum Engel des Friedens gerufen. Der kleinste Engel kämmte sich sorgfältig die Haare, bürstete seine Flügel und streifte sich ein fast sauberes Kleid über. Dann machte er sich schweren Herzens auf den Weg.

Beim Engel des Friedens angekommen, machte unser kleiner Engel vergeblich den Versuch, sich unsichtbar zu machen. Da hörte er plötzlich ein herzlich warmes Lachen und wie der Engel des Friedens sagte: „Komm, mein Kleiner, erzähl mir alles."

Der kleinste Engel blinzelte zuerst mit dem einen, dann mit dem anderen Auge hinauf zu dem großen Engel, und plötzlich – er wusste selbst nicht, wie es gekommen war – saß er auf dessen Schoß und erzählte, wie schwer es doch für einen kleinen Jungen sei, wenn er plötzlich ein Engel würde. Der Engel des Friedens nickte und lächelte verständnisvoll.

Dann fragte er den kleinsten Engel, was ihn im Paradies wohl am glücklichsten machen würde. Der dachte eine Weile nach und flüsterte ihm dann ins Ohr: „Wenn ich doch die kleine Schachtel, die zu Hause unter meinem Bett steht, wenn ich die haben könnte!"

„Du bekommst sie", sprach der Engel des Friedens und sandte sofort einen Himmelsboten aus.

In all den zeitlosen Tagen, die nun folgten, wunderten sich alle über die merkwürdige Wandlung, die sich in dem kleinsten Engel vollzogen hatte. Der war restlos glücklich, und sein Betragen war so vorbildlich, dass niemand mehr etwas auszusetzen hatte.

Eines Tages nun kam die Kunde, dass Jesus, der Sohn Gottes, von Maria, der Jungfrau, zu Betlehem geboren werden sollte. Allgemeiner Jubel wurde laut, und alle Himmelsbewohner legten ihre alltäglichen Arbeiten beiseite, um Geschenke für das Gotteskind vorzubereiten.

Nur der kleinste Engel saß auf einer Wolke, den Kopf in die Hände gestützt, und überlegte, aber es fiel ihm nichts Gescheites ein. Die Zeit des großen Wunders war schon bedenklich nahe gerückt, als ihm plötzlich der erlösende Gedanke kam. Und am Tag der Tage holte er sein Geschenk hervor und legte es vor dem Thron Gottes nieder. Da lag sie nun, die kleine, abgegriffene, unscheinbare Schachtel mitten unter den vielen kostbaren Geschenken der Engel des Paradieses.

Als der kleinste Engel all diese Pracht sah, wurde er ganz traurig, denn er glaubte, dass sein Geschenk ganz unwürdig ist. Und am liebsten hätte er es wieder zurückgenommen. Aber dazu war es nun zu spät. Die Hand des göttlichen Kindes bewegte sich bereits über all den Geschenken, senkte sich herab und ruhte unvermittelt auf dem ärmlichen Geschenk des kleinsten Engels. Der kleinste Engel fing an zu zittern, und er schämte sich unter den Augen Gottes und der anderen Himmelsbewohner, weil offen dalag, was er dem Gotteskind zum Geschenk gemacht hatte: einen Schmetterling, drei mittelgroße Kieselsteine aus dem Dach zu Hause und ein abgerissenes Stückchen Leder vom Halsband seines kleinen Hundes. Der kleinste Engel weinte heiße, bittere Tränen. Wie hatte er jemals annehmen können, dass solch unnütze Dinge dem Gotteskind gefallen würden?

Aber plötzlich erhob das göttliche Kind seine Stimme und sagte: „Von allen Geschenken gefällt mir diese Schachtel am besten."

(Frage an die Kinder: Warum gefiel Gott das Geschenk des kleinsten Engels am besten? Weil er alles, was er besaß, wonach er sich lange so sehr gesehnt hatte, was er sehr lieb hatte, dem Kind geschenkt hat.)

Es folgte eine atemlose Stille, und dann begann die Schachtel des kleinsten Engels plötzlich in einem völlig unirdischen Licht zu leuchten. Dieses Licht blendete die anderen Engel. Darum konnte keiner von ihnen sehen, wie dies strahlende Licht sich von seinem Platz vor dem Thron Gottes erhob – nur der kleinste Engel sah es: Er sah, wie das Licht seinen Weg über den Himmel machte und als ein kleiner Stern in der Finsternis draußen leuchtete, sie ein klein wenig heller machte und über einem Stall stehen blieb, in dem ein Kind geboren wurde.

CHRISTOPH HÖTTGES

Kapitel 2:
Geschichten für Grundschüler/-innen

Die beiden Portale

Hinführung: Wer ist groß: Der die anderen neben sich kleiner machen will oder wer seine Freude daran hat, die anderen wachsen zu lassen?
Vorlesedauer: ca. 2 Minuten

Es waren einmal zwei Brüder, es könnten auch zwei Schwestern gewesen sein, die beide davon träumten, berühmt zu werden. Eines Nachts hatten beide denselben Traum: Eine Fee erschien ihnen und führte einen jeden in eine hohe Halle, in der sich zwei Portale befanden. Sie sprach: „Schau dir genau die beiden Portale an, und entscheide dich, durch welche Tür du diese Halle verlassen willst!"

Das eine Portal hatte in der Mitte eine Tür, hoch und prächtig, mit goldenen Beschlägen; fürstlich musste man sich fühlen, wenn man hindurchschritt. Dieser Tür zur Seite waren zwei kleine Türen gegeben, durch die man nur gebückt gehen konnte. Das andere Portal hatte in der Mitte eine kleine Tür und zur Seite die zwei großen, prächtigen Türen. Die beiden Brüder waren in ihrem Traum unsicher und fragten die Fee, was das zu bedeuten habe. „Ganz einfach", antwortete sie, „durch das eine Portal kannst nur du aufrecht schreiten, und alle anderen neben dir müssen gebückt durch die beiden kleinen Türen gehen. Durch das andere Portal kannst nur du gebückt gehen, die Menschen neben dir aber schreiten aufrecht hindurch."

Bis hierher hatten die beiden Brüder denselben Traum. Nur der eine entschied sich dafür, aufrecht und prächtig schreitend durch das mittlere Portal zu gehen, denn er dachte sich: „Mögen doch die anderen den Kopf einziehen und sich klein machen." Der andere entschied sich für die kleine Pforte, denn er sagte sich: „Das will ich keinem neben mir zumuten, dass er wegen mir den Kopf einziehen muss. Denn wer die anderen neben sich klein macht, ist niemals groß." Beide wurden berühmt in dieser Welt.

Als der eine zu Grabe getragen wurde, sagten die Menschen: „Gut, dass es den nicht mehr gibt!" — Als der andere zu Grabe getragen wurde, weinten die Menschen und sprachen: „Schade um diesen aufrechten Menschen!"

NORBERT POSSMANN

Mutprobe bestanden

Hinführung: Könntest du im Supermarkt etwas wegnehmen, ohne es zu bezahlen?
Vorlesedauer: ca. 5 Minuten

In frühen Zeiten, als die „Tante-Emma-Läden" mehr und mehr durch größere Kaufhäuser ersetzt wurden, aber noch nicht Supermärkte waren, geschah in unserem Dorf etwas Ungewöhnliches.

Seit jeher war es bei uns üblich, dass am Heiligabend ein Krippenspiel am Nachmittag auf dem Dorfplatz aufgeführt wurde. Inhaltlich lehnte es sich stark an das Evangelium des Evangelisten Lukas an. Im Gegensatz zu anderen aber wurde es, wie es schon der Heilige Franz von Assisi im Jahr 1223 in der Höhle bei Greccio vorgenommen hatte, von lebendigen Menschen und Tieren aufgeführt. Ochs und Esel wie Schafe gab es genug in unserer ländlichen Gegend. Die Jungfrau Maria und der Heilige Josef wurden von Erwachsenen dargestellt, von Personen, die sich um das Wohl unserer Gemeinde im letzten Jahr verdient gemacht hatten. Die Hirten aber durften Kinder sein, denn es sollte ihnen in erster Linie zum besseren Verständnis von Weihnachten dienen. Die Auswahl nahm traditionsgemäß der Schulsprecher in unserer Volksschule vor.

Ingo, ein Klassenkamerad von ihm, wünschte sich von ganzem Herzen, zu den Auserwählten zu gehören. Dieser schlug ihm auf dem Schulhof vor: „Ich treffe dich mit einigen Nominierten an der ‚Alten Linde' in der Bahnhofsstraße um drei Uhr."

Er war pünktlich zur Stelle, die anderen auch. Rainer sagte zu ihm: „Die Hirten waren mutige Männer. Denn sie mussten ihre Schafe vor Wölfen und anderen wilden Tieren, auch vor Dieben und Räubern schützen. Sie trugen ihren Hirtenstab nicht nur zur Zierde oder um sich darauf zu stützen, sondern um Feinde abzuwehren, besonders aber auch, um giftige Schlangen von ihren Füßen und Beinen fernzuhalten. Darum musst du uns beweisen, dass du Mumm in den Knochen hast, und eine Mutprobe bestehen." Er machte eine Pause. Alle anderen nickten zustimmend. Er forderte ihn auf:

„Geh in den Laden vom alten Schubert und hole eine Tafel Schokolade heraus, ohne sie zu bezahlen!"

Ingo war nicht wohl dabei. Trotzdem tat er es. Er fragte sich: „Gehört überhaupt Mut dazu, einem alten Mann eine Tafel Schokolade zu stehlen?" Zumal die Sache denkbar einfach war. In den hinteren Regalen befanden sich damals die Konserven und die verpackten Lebensmittel, also auch die Süßigkeiten. Der alte Schubert hatte vorn im Laden alle Hände voll zu tun. Mehl und Zucker entnahm er aus den Schubladen an der Theke, Äpfel und Birnen aus den Körben am Eingang.

Bei den hinteren Regalen gab es damals weder Überwachungskamera noch einen Hausdetektiv. Er steckte also seelenruhig das Diebesgut in seine Jackentasche und griff nach einem Schreibheft, das er an der Kasse bezahlte.

Draußen lobten ihn seine Schulkameraden und freuten sich über die Beute, die sie unter sich teilten, vor allem sicherten sie ihm zu, dass er seinen Hirten spielen darf. Darüber war Ingo überglücklich, tief bedrückt aber über seine unrechtmäßige Tat. Immer wieder sagte er sich: „Das war kein Heldenstück! Es gehört kein Mut dazu, einen alten Mann zu bestehlen."

Als er am nächsten Morgen an Schuberts Laden vorbeikam, klopfte sein Herz wie wild. Nach Schulschluss betrat er den Laden, legte Geld auf die Theke und stammelte: „Ich möchte eine Tafel Schokolade bezahlen."

Der alte Mann sah ihn mit seinen gütigen Augen an und meinte: „Ingo, du musst dir doch erst eine nehmen."

„Ich habe sie mir gestern genommen, habe sie gestohlen. Es war eine Mutprobe."

Herr Schubert lächelte und lobte ihn: „Deine Mutprobe hast du bestanden."

Als er den Laden verließ, rief er ihm noch nach: „Vor allem den inneren Frieden mit dir selber gemacht."

HERIBERT HABERHAUSEN

Marvin sucht das Christkind

Hinführung: Kann man heutzutage noch dem Christkind begegnen?
Vorlesedauer: ca. 6 Minuten

Marvin wohnt in einer kleinen Straße in einer großen Stadt. In der Wohnung duftet es heute besonders gut. Marvins Mutter backt Plätzchen für Weihnachten. Sie steht in der Küche und formt lauter Sterne aus Teig. Es ist gemütlich zu Hause. Aber Marvin hat etwas vor.

Er ruft: „Mutti, ich komme gleich wieder." Dann nimmt er seine Jacke und geht los. Draußen schneit es. Das ist das richtige Wetter für Marvins Vorhaben. Will er Schlitten fahren? Will er zu seinen Freunden im Park? Nein, Marvin will das Christkind suchen. Die Leute sagen, bald wird es kommen. Vielleicht ist es schon auf dem Weg zu ihm? Wo soll er es suchen? „Ich werde die Leute fragen", denkt er. Am Kiosk hängen viele Zeitschriften aus. Aus dem kleinen Fenster kommt Wärme. Ein alter Mann sitzt dahinter. „Können Sie mir bitte sagen, wo das Christkind ist?", fragt Marvin. Der alte Mann zeigt auf eine Zeitschrift. Da ist ganz groß ein Engelsgesicht abgebildet. Aber nein, das will Marvin doch nicht. Er geht weiter. An der Haltestelle vor der Post wartet eine Straßenbahn. Marvin läuft an den gelben Wagen entlang ganz nach vorn. Die Tür ist offen. Er springt auf das Trittbrett.

Der freundliche Fahrer fragt: „Na, junger Mann, noch mitfahren?"

„Ich suche das Christkind. Haben Sie es gesehen?", fragt Marvin.

Der Straßenbahnfahrer lacht über das ganze Gesicht. Dann sagt er: „Wie soll es denn aussehen, dein Christkind? Bei mir steigen jeden Tag viele Kinder ein und aus. Wer weiß, vielleicht ist dein Christkind schon dabei gewesen. Aber jetzt muss ich losfahren. Sonst hat die Bahn Verspätung."

Marvin springt vom Trittbrett herunter. Die Straßenbahn klingelt und fährt langsam ab. „Jetzt frage ich die Taxifahrerin da", denkt Marvin. Er geht auf den weißen Wagen zu und klopft an die Scheibe. Die Frau auf dem Fahrersitz dreht die Scheibe herunter und guckt Marvin an. „Guten Tag", sagt Marvin, „haben Sie das Christkind gesehen?"

„Du willst mich wohl auf den Arm nehmen, kleiner Schlingel", erwidert die Frau. Aber da merkt sie, dass es Marvin ernst ist mit seiner Frage. Er sieht sie mit großen Augen erwartungsvoll an. „Ja, Junge", sagt sie, „weißt du denn nicht, dass das Christkind vor langen, langen Jahren gelebt hat! Haben euch das eure Lehrer in der Schule nicht beigebracht?" Die Taxifahrerin will noch etwas sagen. Da kommt ein Fahrgast, und sie muss losfahren.

In dichten Flocken wirbelt der Schnee herunter. Der Bürgersteig ist schon ganz weiß. Über der Straße hängen Lichterketten. Aus dem Kaufhaus tönt Weihnachtsmusik: „... freue dich, Christkind kommt bald." Marvin sieht in die Gesichter der Menschen, die ihm entgegenkommen. Es sind lauter fremde Gesichter, die an ihm vorbeisehen. Viele Leute machen ein ernstes, fast ein wenig mürrisches Gesicht. „Wenn das Christkind kommt", denkt Marvin, „wird es mich gleich erkennen und anreden. Es wird mich bestimmt fröhlich anlachen." Vor einem großen Schaufenster bleibt Marvin stehen. Er sieht eine Schaufensterpuppe in einem langen weißen Kleid mit Flügeln. Es ist ein Mädchen mit blonden Haaren, das einen Schlitten hinter sich herzieht. Auf dem Schlitten liegen viele Päckchen. Sie sind in buntes Weihnachtspapier eingewickelt und mit einer dicken roten Schleife geschmückt.

Der Engel – oder ist das gar kein Engel? – trägt eine kleine goldene Krone auf dem Kopf und einen silbernen Gürtel. Unten am Saum des Kleides funkeln lauter winzige Sterne.

Sieht so das Christkind aus? „Schade, dass die Erwachsenen so wenig über das Christkind wissen", denkt Marvin. Er träumt vor sich hin.

„Hallo, Marvin!", redet ihn plötzlich eine helle Stimme an. Er dreht sich um, da steht Dennis vor ihm, ein Junge aus der Nachbarschaft. Marvin und Dennis haben sich vor ein paar Tagen gestritten. Dennis hat Marvin getreten und gehauen und seine Schultasche kaputt gerissen. Marvin hat Dennis in den Bauch geboxt und hässliche Worte zu ihm gesagt.

Aber jetzt guckt Dennis ihn fröhlich an und sagt: „Ich wollte gerade zu dir, Marvin. Ich schenke dir mein Mickymausbuch mit den tollen Bildern. Hier hast du es." Er gibt Marvin das Buch und fügt hinzu: „Wir wollen doch wieder gute Freunde sein, ja?"

Marvin freut sich mächtig. „Klar", sagt er, „komm, wir gehen zu uns!"

Die beiden laufen um die Ecke. Da sind sie schon bald in Marvins Straße. Die Mutter steht am Fenster und wartet. „Junge, wo warst du nur? Ich bin schon lange fertig mit Backen."

„Mutti, ich habe Dennis mitgebracht. Er hat mir sein Mickymausbuch geschenkt. Guck mal hier! Können wir jetzt die Plätzchen probieren?" Die Mutter ist froh, dass Marvin wieder da ist. Sie bringt den beiden Weihnachtsplätzchen und Orangensaft. Die Jungen sitzen zusammen und lassen es sich schmecken.

Und das Christkind? Hat Marvin es ganz vergessen? Oder ist es doch noch zu ihm gekommen? Was meinst du?

DETLEV BLOCK

Schuster Konrad

Hinführung: Was ihr dem geringsten Menschen tut, das habt ihr mir getan. Das wissen wir von Jesus, aber auch aus der Martinsgeschichte (= im Traum des Martin trägt Jesus den halben Mantel). Wir hören von einem Schuster, der das vergessen hatte.
Vorlesedauer: ca. 4 Minuten

An diesem Morgen war Konrad, der Schuster, schon sehr früh aufgestanden, hatte seine Werkstatt aufgeräumt, den Ofen angezündet und den Tisch gedeckt. Heute wollte er nicht arbeiten. Heute erwartete er einen Gast. Den höchsten Gast, den ihr euch nur denken könnt. Er erwartete Gott selber! Denn in der vorigen Nacht hatte Gott ihn im Traum wissen lassen: Morgen werde ich zu dir kommen. Nun saß Konrad also in der warmen Stube am Tisch und wartete, und sein Herz war voller Freude. Da hörte er draußen Schritte, und schon klopfte es an der Tür. „Da ist er", dachte Konrad, sprang auf und riss die Tür auf.

Aber es war nur der Briefträger, der von der Kälte ganz rot und blau gefrorene Finger hatte und sehnsüchtig nach dem heißen Tee auf dem Ofen schielte. Konrad ließ ihn herein, bewirtete ihn mit einer Tasse Tee und ließ ihn sich aufwärmen. „Danke", sagte der Briefträger, „das hat gutgetan." Und er stapfte wieder in die Kälte hinaus.

Sobald er das Haus verlassen hatte, räumte Konrad schnell die Tassen ab und stellte saubere auf den Tisch. Dann setzte er sich ans Fenster, um seinem Gast entgegenzusehen. Er würde sicher bald kommen. –

Es wurde Mittag, aber von Gott war nichts zu sehen. Plötzlich erblickte er einen kleinen Jungen, und als er genauer hinsah, bemerkte er, dass dem Kleinen die Tränen über die Wangen liefen. Konrad rief ihn zu sich und erfuhr, dass er seine Mutter im Gedränge der Stadt verloren hatte und nun nicht mehr nach Hause finden konnte. Konrad legte einen Zettel auf den Tisch, auf den er schrieb: „Bitte, warte auf mich. Ich bin gleich zurück!" Er ließ seine Tür unverschlossen, nahm den Jungen an die Hand und brachte ihn nach Hause.

Aber der Weg war weiter gewesen, als er gedacht hatte, und so kam er erst heim, als es schon dunkelte. Er erschrak fast, als er sah, dass jemand in seinem Zimmer am Fenster stand. Aber dann tat sein Herz einen Sprung vor Freude. Nun war Gott doch zu ihm gekommen.

Im nächsten Augenblick erkannte er die Frau, die oben bei ihm im Haus wohnte. Sie sah müde und traurig aus. Und er erfuhr, dass sie drei Nächte lang nicht mehr geschlafen hatte, weil ihr kleiner Sohn Petja so krank war, dass sie sich keinen Rat mehr wusste. Er lag so still da, und das Fieber stieg, und er erkannte die Mutter nicht mehr. Die Frau tat Konrad leid. Sie war ganz allein mit dem Jungen, seit ihr Mann verunglückt war. Und so ging er mit. Gemeinsam wickelten sie Petja in feuchte Tücher. Konrad saß am Bett des kranken Kindes, während die Frau ein wenig ruhte.

Als er endlich wieder in seine Stube zurückkehrte, war es weit nach Mitternacht. Müde und über alle Maßen enttäuscht, legte sich Konrad schlafen. Der Tag war vorüber. Gott war nicht gekommen.

Plötzlich hörte er eine Stimme. Es war Gottes Stimme. „Danke", sagte die Stimme, „danke, dass ich mich bei dir aufwärmen durfte – danke, dass du mir den Weg nach Hause zeigtest – danke für deinen Trost und deine Hilfe – ich danke dir, Konrad, dass ich heute dein Gast sein durfte."

MARIA LORENTZ

Der unerwartete Mitspieler

Hinführung: Haben Tiere einen besonderen Sinn für besondere Momente?
Vorlesedauer: ca. 3 Minuten

Als sich am Heiligen Abend die Spieler gerade um die Krippe aufgestellt hatten, um die Geburt des Gotteskindes bildhaft darzustellen, lief ein großer Bernhardinerhund mitten durch den Gang nach vorn und legte sich der Länge nach direkt vor der Krippe nieder. Die Spieler waren zu Tode erschrocken und wichen ängstlich etwas zurück. In den vorderen Bänken entstand Unruhe. Den Hund störte das überhaupt nicht; er schaute die Erschrockenen aus treuherzigen Hundeaugen an, schnaubte gemütlich, ließ seine Zunge weit heraushängen und sich nicht vertreiben.

Der Pfarrer, der das Spiel leitete, reagierte sofort und bezog den Hund gleich in das Spiel mit ein. Er sagte: „Bleibt bitte ganz ruhig! So wie Ochs und Esel zur Weihnachtsgeschichte gehören, hat sich dieser Riesenhund als Vertreter der ganzen Tierwelt eingefunden, um die Schöpfung anschaulich zu machen, die auch auf die Erlösung wartet. Übrigens, gehört jemand von euch dieser Hund?" Niemand meldete sich, keiner kannte ihn. So fuhr der Pfarrer fort: „Freuen wir uns auf die Zeit, die das Kind in der Krippe später verheißen hat, wo der Kampf aller gegen alle vorbei sein wird: auch der Kampf der Tiere gegen den Menschen und die Ausbeutung der Tiere durch den Menschen." Beim nächsten Lied war alle Ängstlichkeit weggesungen; jeder sah seinen Nachbarn freundlich lächelnd an und spürte: So einträchtig mag es im Paradies einmal sein: Friede und Freude. Und kein Engel muss mehr singen: „Fürchtet euch nicht!" Während des Schlussliedes erhob sich der Riese von Hund, streckte sich gemächlich aus, schaute die Spieler noch einmal der Reihe nach an, als müsse er sich von altbekannten Freunden verabschieden, und trabte dann den Gang zurück, um durch die Eingangstür, die einer eilfertig aufhielt, das Gotteshaus zu verlassen. Niemand konnte sagen, wem der Bernhardiner gehörte. Auch die Nachfragen in den kommenden Tagen blieben ohne Erfolg. Bleibt die schöne Erinnerung an das Sinnbild des Paradieses, in dem einmal Gerechtigkeit und Friede unter der ganzen Schöpfung herrschen.

(Es geschah 1949 in der Stadtkirche zu O; mehr Quelle war nicht zu ermitteln.)

NACH ERICH ROTH

Unerwarteter Besuch

Hinführung: Eine liebevolle Begegnung hat immer den längeren Atem.
Vorlesedauer: ca. 7 Minuten

„Morgen kommt Albert wieder in die Schule!", verkündete die Lehrerin und schlug ihre Hände erfreut gegeneinander. „Ich hoffe, dass ihr ihm helft, möglichst schnell wieder in den Schulalltag hineinzufinden. Zwei von euch haben sich übrigens bereit erklärt, Albert beim Nachlernen des Unterrichtsstoffes zu helfen. Das finde ich super!", fügte Frau Nemetz noch hinzu und deutete auf Tobias und Noah. „Die beiden werden sich ganz speziell um Albert kümmern!"

Am nächsten Tag wurde der Bub, der viele Wochen krank gewesen war, aufs Herzlichste begrüßt. Nur Jan hielt sich zurück und blickte etwas verächtlich auf die schmale Gestalt seines Mitschülers, der ein scheues Lächeln auf sein eingefallenes Gesicht zauberte. Jan war das genaue Gegenteil: groß, kräftig, vor Gesundheit strotzend. Der Bub war felsenfest davon überzeugt, dass er sich von keiner Krankheit unterkriegen lassen würde. Albert wirkte auf Jan wie ein Gespenst, das gerade aus dem Grab gestiegen war.

Als der Bub dann an Jan vorbeiging, murmelte dieser spöttisch. „Hallo, Glatzkopf! Wo hast du denn deine blonde Mähne gelassen?"

Alberts Gesicht versteinerte. Er fuhr sich instinktiv über seinen Kopf, dem die schöne Haarpracht durch die vielen Chemotherapien abhandengekommen war. „Wird schon wieder nachwachsen!", flüsterte der Bub und ging unsicheren Schrittes auf seinen Platz. Mit zittrigen Händen packte er seine Schultasche aus und richtete die Hefte und Bücher für die erste Stunde her.

„Du bist ja ein richtiger Tattergreis geworden!", spottete Jan und packte seinen Mitschüler grob am Oberarm. „Von deinen Muskeln kann man auch nicht mehr viel spüren. Du warst einmal ein richtiger Kerl, mit dem man herumbalgen konnte."

„Das geht jetzt nicht mehr", antwortete Albert. „Ich habe fast die Hälfte meines Körpergewichts verloren, aber die Ärzte haben mein Leben gerettet. Nur das zählt für mich. Kannst du das verstehen, Jan?" Der Bub murmelte etwas Undeutliches vor sich hin und verzog sich dann in seine Bankreihe.

Als dann wenig später die Lehrerin erschien, bekam Albert die Gelegenheit, sich vor der ganzen Klasse für die Anteilnahme seiner Mitschüler und für die Besuche im Krankenhaus zu bedanken.

„Fast alle haben gezeigt, dass ich ihnen nicht gleichgültig bin", begann der Bub zu sprechen, „und es hat mich riesig gefreut, wenn jemand von euch angerufen oder mich im Krankenhaus besucht hat. Vielen Dank auch für die kleinen Geschenke, die ihr mir gegeben habt. In meiner gesundheitlichen Verfassung war ich für jedes tröstende Wort dankbar. Ihr habt auch dazu beigetragen – jedenfalls die meisten von euch", korrigierte sich Albert und warf einen traurigen Blick auf seinen Mitschüler Jan, „dass ich wieder in die Schule gehen kann und mir die Ärzte eine gute Chance geben, dass ich die Krankheit endgültig besiegen kann. Ich danke euch für alles!" Danach kehrte Albert auf seinen Platz zurück, begleitet vom Applaus seiner Mitschüler. Nur Jan blickte starr vor sich hin und hob nicht seine Hände.

Zwei Monate später, einen Tag vor dem Heiligen Abend: Dichte Schneeflocken fielen vom Himmel herab und legten sich auf die große Panoramascheibe des Krankenzimmers, in dem Jan neben drei anderen Buben in seinem Bett lag und dem Schneetreiben zuschaute. Jan war an einem gutartigen Geschwulst in seinem Magen operiert worden und musste über die Feiertage im Krankenhaus bleiben. Sein kantiges, sonnengebräuntes Gesicht wirkte fahl und eingefallen und sein sportlich gestählter Körper hatte viel von seiner Kraft verloren. Jan dachte wehmütig an die Zeit zurück, als er stolz auf seine überschäumenden Kräfte sein konnte und er der Meinung war, dass ihm nichts und niemand etwas anhaben konnte. Dann eines Tages die Schmerzen im Bauch ... die Untersuchungen ... und das Urteil. Für Jan war eine Welt zusammengebrochen. Eine Welt, die er bislang immer besiegt hatte. Doch nun hatte ihm sein Körper einen Strich durch seine Rechnung gemacht.

Der Bub blickte hinaus auf die Straße, sah die vielen Lichter der Fahrzeuge und die vielen Menschen, die hastig hin und her liefen – mit riesigen Geschenkpaketen in den Händen. In diesem Jahr würde Jan zum ersten

Mal Weihnachten nicht im vertrauten Kreis seiner Eltern und Verwandten verbringen, sondern hier in diesem Krankenhaus.

Hoffentlich nicht einsam … Nein, Jan war sicher, dass seine Mutter ihn bald besuchen kommen würde. Und schon klopfte es an der Tür. Jan fuhr in seinem Bett auf und starrte auf den Besucher. Niemand anderer als sein Mitschüler Albert stand auf der Schwelle, wischte sich die glitzernden Schneeflocken aus dem Gesicht und kam dann zögernd näher. In der Hand hielt der Bub ein kleines Päckchen, liebevoll in buntes Papier eingewickelt.

„Du!", entfuhr es dem Buben, der völlig überrascht war.

„Ja, ich bin's", lächelte Albert und legte sein Geschenk auf die Bettdecke. „Ich wollte einmal nachschauen, wie es dir denn so geht, Jan. Wir vermissen dich alle in der Schule …"

„Mich?", dehnte Jan, den die leisen Worte seines Mitschülers sehr beschämten.

„Ja natürlich dich", wiederholte Albert und blickte Jan tief in die Augen.

Der Bub spürte plötzlich, wie etwas in seinem Inneren zerriss. Seine Augen füllten sich mit Tränen, und dann ergoss sich ein wahrer Sturzbach über die Wangen des Kranken, der plötzlich spürte, dass etwas Wundersames mit ihm geschah. Unter heftigem Schluchzen stieß Jan dann hervor: „Aber – aber ich habe dich – niemals – niemals im Krankenhaus besucht, Albert …"

„Das macht nichts, Jan", tröstete der Bub seinen Mitschüler. „Wirst sicher deine Gründe gehabt haben. Ich bin dir deswegen keineswegs böse…"

„Ich – ich…"

„Nur ruhig, Jan, alles ist gut. Leg dich entspannt zurück und atme tief durch. Morgen ist ja der Heilige Abend, wie du weißt, und da dachte ich mir, ich sollte dir eine kleine Freude machen. Wenn man den ganzen Tag in seinem Bett liegt, vergeht die Zeit ja überhaupt nicht …"

Im Kopf von Jan drehte sich alles. Er konnte es einfach nicht fassen, dass ausgerechnet Albert Interesse an seinem Schicksal zeigte. Langsam beruhigte sich der Bub, und ein entspanntes Lächeln erschien auf seinem Gesicht. Im schwachen Licht der Notbeleuchtung kam es ihm so vor, als würde sich das Christkind selbst über sein Lager beugen. …

ANTON SCHALLER

Herzlos (Nikolaus)

Hinführung: Manchmal erhält man im Leben eine zweite Chance.
Vorlesedauer: ca. 6 Minuten

Tym krault mit den Fingerspitzen den Nacken seines Hundes Rocko. Sein Blick wandert über den Hafen von Myra. Von seinem Haus aus kann er die Einfahrt sehen und das Anlegen der Schiffe beobachten.

„Einmal", denkt er, „werde ich auch dort ankern mit einem Schiff, das beladen ist mit Kostbarkeiten, die ich mitbringen werde von meiner Reise in ferne Länder." Doch sein Traum wird nicht wahr. Tyms Geschäfte gehen schlecht.

Eines Abends sitzt er wie so oft vor seinem Haus und streichelt seinen Hund, als plötzlich ein Mann vor ihm steht. Der Fremde verbeugt sich leicht und stellt ohne Umschweife seine Frage: „Möchtest du reich werden, sehr reich?"

Tym lacht trocken: „Und ob!"

„Ich kann dich zum wohlhabendsten Mann der Stadt machen."

„Und was", fragt Tym, „ist meine Gegenleistung?" Als gewiefter Kaufmann weiß er, dass alles seinen Preis hat.

Mit abwertender Handbewegung behauptet der Fremde: „Nichts Besonderes! Dein Herz! Tausche es gegen einen Stein! Das ist alles!"

Tym grinst. „Das ist ein gutes Geschäft", denkt er, und ehe es sich der Fremde anders überlegt, willigt er ein.

Von dieser Stunde an laufen Tyms Unternehmungen gut, und sein Reichtum mehrt sich. Nicht mit einem Schiff, mit einer ganzen Flotte läuft er bald in den Hafen ein und bringt Samt und Seide, Gold und Edelsteine mit.

Der Reichtum aber, den er erwirbt, versteinert sein Herz. Ein Lächeln schenkt er bald keinem mehr. Sein kaltes Herz kennt keine Freude, er verliert darum alle Freunde. Mürrisch schleicht Tym durch die Straßen der Stadt.

Auch der Hund spürt diese Kälte. Gestreichelt wird er schon lange nicht mehr. Für seine Freudensprünge bekommt er Fußtritte. Rocko bettelt um

Zuwendung, kratzt vorsichtig mit den Pfoten auf dem Boden. Doch statt Liebe bekommt er Hiebe. Rocko beginnt zu lahmen, weil sein Herz leidet. Doch das Herrchen hat keinen Blick für die Not des Tieres, nur harsche Worte und Schläge.

Eines Abends klopft jemand an die Tür. Ein Kind steht vor Tym und bettelt um Brot.

„Scher dich fort!", schreit er und will die Tür ins Schloss werfen.

In diesem Augenblick tritt der Hund vor und folgt dem Kind. Alle Versuche, Rocko zurückzuhalten, beantwortet dieser zähnefletschend.

Damit ist der letzte Getreue aus Tyms Leben gegangen. Einsamkeit zieht in seine Villa, in der die Freudlosigkeit schon lange wohnt. Von seinem Reichtum kann Tym sich nicht eine Sekunde Glück kaufen.

In dieser Not denkt er häufig an den Bischof Nikolaus. Von ihm hat er viel Gutes gehört. Allen, die sich an ihn wandten, hat der Hirte bisher geholfen. Das wenigstens erzählen die Leute. Tym quält die Frage, ob der Bischof auch sein steinernes Herz heilen kann.

Eines Morgens sagt er sich: „Ich gehe zu Nikolaus!"

Er fürchtet zwar, der Bischof könne auch ihm die Tür zuschlagen, so wie er es mit jedem anderen jahrelang gemacht hat, doch der Bischof nimmt ihn auf. Er führt ihn wie einen Freund in seine Wohnung. Ohne Aufforderung schildert Tym, wie er leichtfertig sein Herz verschenkt hat.

Der Bischof schweigt nach diesen Ausführungen lange, dann sagt er: „Du kannst dir nur selber helfen."

Tym schaut verwundert und wartet auf eine Erklärung.

„Geh in die Häuser", sagt Nikolaus, „und kümmere dich um die Menschen. Hilf ihnen! Aber gib ihnen nicht von deinem Überfluss! Wende dich zu ihnen! Lindere ihre Not und ihre Ängste! So wie du tröstest, wirst du dann auch Trost bekommen!"

Nach einer Pause setzt der Bischof seine Ratschläge fort: „Suche vor allem das Kind, das du abgewiesen hast! Du hast einem Bruder die Tür zugeschlagen." Mit diesen Worten entlässt der Bischof den Kaufmann.

Auf dem Heimweg steht plötzlich der Verführer vor Tym und versperrt den Weg. „Höre nicht auf den Bischof!", warnt er eindringlich. „Dein Herz bekommst du nie wieder! Getauscht ist getauscht! Verschenkst du nun noch dein Hab und Gut, bist du arm obendrein."

Doch Tym wendet sich ab.

Schon am nächsten Tag beginnt er mit seiner neuen Aufgabe. Er geht hinunter zum Hafen, zu den verfallenen Hütten. Hinter jeder Tür, die er öffnet, verbergen sich Hunger, Krankheit und Leid. Tym legt Hand an. Er kauft Nahrung, verbindet Wunden, tröstet Menschen. Von morgens bis abends sorgt er sich um andere und hofft, das Kind zu finden.

Mit jeder guten Tat verkleinert sich der Stein in seiner Brust und vergrößert sich sein Herz.

Eines Abends, Tym kehrt wie immer müde, aber zufrieden heim, sitzen auf der Treppe vor seiner Haustür zwei, nach denen er sich gesehnt hat: das Kind und der Hund. Tym drückt die beiden an sein Herz und weiß, dass er jetzt einen Schatz in seinen Armen hält, der größer ist als alle anderen der Welt.

HERIBERT HABERHAUSEN

Nikolaus und der Kaufmann

Hinführung: Obwohl Nikolaus vor vielen Jahrhunderten lebte, sind seine guten Taten bis heute nicht vergessen.
Vorlesedauer: ca. 3½ Minuten

Vor langer Zeit lebte einmal ein Kaufmann, dem war seine Frau gestorben. Er war darüber so traurig, dass ihm seine Geschäfte gleichgültig wurden. Er saß oft in Kneipen und versuchte, seinen Kummer mit Wein und Schnaps zu ertränken. So verschleuderte er in kurzer Zeit sein gesamtes Geld und wurde ein sehr armer Mann.

Nun hatte der Kaufmann aber drei Töchter. Die sollten bald heiraten. Damals war es üblich, dass die Töchter bei der Hochzeit eine Aussteuer mit in die Ehe nehmen sollten. Und für die Aussteuer seiner Töchter fehlte dem armen Mann nun das Geld. Er kam in seiner Not auf einen seltsamen Gedanken: Er wollte die jüngste seiner Töchter auf dem Sklavenmarkt verkaufen, damit die beiden älteren Töchter eine Aussteuer bekommen konnten.

Davon hörte der Bischof der Stadt, Nikolaus. Er lief zu all seinen Freunden und sammelte Geld. Am Abend hatte er ein ganzes Säckchen voller Goldstücke beisammen. Heimlich schlich er sich in den Garten des Kaufmanns und warf den Beutel durch ein offenes Fenster. Als der Kaufmann am nächsten Tag das Gold fand, dankte er dem Himmel, und bald darauf fand eine prächtige Hochzeit für seine älteste Tochter statt.

Nun aber war das Geld verbraucht. So sammelte der Bischof ein weiteres Mal Gold bei seinen Freunden und warf es wieder heimlich durch ein offenes Fenster in das Haus des Kaufmanns, damit auch die zweite Tochter heiraten konnte.

Und ein drittes Mal sammelte Bischof Nikolaus Geld, um auch der jüngsten Tochter eine Hochzeit zu ermöglichen. Der Kaufmann aber war inzwischen neugierig geworden und wollte wissen, woher das viele Geld kam, und so legte er sich auf die Lauer. Als nun der Bischof nachts in den Garten schlich und das Gold durch das offene Fenster warf, da sprang der Kaufmann aus dem Versteck und packte Nikolaus am Mantel. Dieser schlüpfte aber schnell heraus und lief durch die Dunkelheit davon.

Am nächsten Abend legte sich der Kaufmann den Mantel des Fremden um und ging in die Kneipe. Der Wirt sah ihn erstaunt an und deutete auf den Mantel: „Bist du nun schon so arm geworden, dass du den Mantel des Bischofs stehlen musst?" Da erkannte der Kaufmann, wer ihm in seiner Not dreimal geholfen hatte, und schämte sich. Er lief eilends zum Haus des Bischofs Nikolaus, faltete den Mantel und legte ihn auf die Türschwelle. Doch als hätte Nikolaus den armen Kaufmann erwartet, öffnete er die Türe und bat den Kaufmann zu sich ins Haus. Dem Kaufmann wurde bewusst, was für ein liederliches Leben er geführt hatte und welch ein schlechter Vater er seinen Töchtern gewesen war. Er fiel vor dem Bischof auf die Knie. Doch Nikolaus sagte zu ihm: „Mit Gold und Reichtum kommt viel Unglück in die Welt. Aber ab und zu kann man damit auch helfen und die Not lindern. Danke nicht mir, sondern danke dem, der uns daran erinnert, in unserem Leben die Liebe und Güte walten zu lassen." Und dabei zeigte Nikolaus zum Himmel hinauf.

ALBERT BIESINGER

Bachstelze und Kreuzspinne

Hinführung: Eine sogenannte „Legende" hat einen wahren Kern, z. B. dass das Kind in der Krippe unter dem besonderen Schutz Gottes steht. Aber alles andere hat sich eine fromme Fantasie ausgedacht!
Vorlesedauer: ca. 2 ½ Minuten

Herodes hatte längst bemerkt, dass ihm das rechte Kind entgangen war; deshalb schickte er seine Knechte immer wieder in die Lande, nach ihm zu forschen. Bis in die Wüste kamen sie. Der Schritt von Josef und die Eselsfüße hinterließen im Sand eine deutliche Wegspur. Die Herodesknechte stießen darauf; einer rief: „Schaut hier im Sande! Das ist die Spur eines Mannes, und neben ihm ging ein Esel. Dessen Hufe sind ganz tief eingedrückt, sicher sitzt die Mutter darauf mit dem Knaben, die können nicht mehr weit sein!"

Die Krieger trieben ihre Pferde zu schnellem Laufe an. Da flog hinter Josef und Maria eine Bachstelze zu Boden. Mit schnellem Schwanze wischte sie das Sandweglein zu, dass die Zeichen von Schritt und Tritt verschwanden. Derhalben verloren die Herodesknechte jede Richtung der Fliehenden. Und sie fluchen über den Wind, der die Spur verweht habe.

Gegen Abend entdeckte Josef eine Höhle, die sich in einem Felsen der Wüste vor ihnen aufschloss. Sie begaben sich in das Innere, um hier die Nacht zu verbringen. Es war noch nicht finster.

Kaum war die Familie eingetreten, als außen am Felsen eine Spinne aus einer Spalte krabbelte und über den Eingang der Höhle ein Netz zu weben begann. Auf und ab, kreuz und quer zog sie die Fäden. Wie sie das zarte Werk vollendet hatte, setzte sie sich in die Mitte des Gewebes.

Plötzlich ließ sich in der Nähe Pferdegetrampel vernehmen; grobe Tritte kamen gegen die Höhle, und eine raue Stimme rief: „Dort im Felsenloche könnten sie versteckt sein; ich will schauen geh'n, wartet auf mich!" Mit diesen Worten zog der vorderste Herodesknecht ein langes Messer hervor und näherte sich der Höhle.

Vor dem Eingange blieb er verwundert stehen und rief zurück: „Hier können sie nicht sein; ein Spinnennetz überspannt die ganze Öffnung und ist kein einziger Faden gerissen. Da ist niemand drin!" Wie das die Knechte hörten, zogen sie weiter.

Am Morgen trug Maria das Kind heraus. An einer Seite des Netzes rissen ein paar Fäden; aber die Spinne blieb ruhig sitzen. Wie das Kind sie erblickte, streckte es die Hand aus und zeichnete auf ihren Rücken ein Kreuz. Noch heute trägt die Kreuzspinne dieses Zeichen. Und die Bachstelze? – Noch heute geht ihr Schwanz unermüdlich auf und ab, wie wenn sie gerade das Sandweglein wegwischen wollte.

JAKOB STREIT

Das schwarze Schaf unter den Hirten

Hinführung: Gott schreibt keinen ab.
Vorlesedauer: ca. 6 Minuten

Als damals der Stern mit dem Schweif am Himmel erschien, der die Ankunft des verheißenen Königs, des Messias, die Geburt Jesu verkündete, kamen Engel in das Lager der Hirten bei Gedera, um ihnen diese Neuigkeit zu überbringen. Die Engel sprachen zu den Hirten – und die Hirten verstanden, wie jedermann weiß. Der Himmel forderte die Hirten auf, nach Betlehem zu gehen, und alle erhoben sich. Über ihren Köpfen ertönte es: „Ehre sei Gott in der Höhe und Friede auf Erden und den Menschen ein Wohlgefallen." Die Hirten standen also auf, um sich auf den Weg zu machen. So weit, so gut. Auch Ephraim erhob sich. Jeder der Hirten hielt den Atem an, richtete seine Augen auf sein dunkles Gesicht und einer blickte scheu von einem zum anderen.

Ihr müsst wissen, Ephraim war das schwarze Schaf unter den Hirten. Er war kein guter Mensch. Er log und betrog. Er sündigte. Bei der Herde, zu Hause, in der Familie, unter den Zelten. Wenn irgendwo etwas Schlimmes geschah, dann seufzten die Hirten nur „Ephraim" – und jeder wusste Bescheid.

Wenn in diesem Augenblick etwas sicher war, dann das, dass Ephraim nicht vor das Antlitz des menschgeborenen Königs treten durfte. Die Menschen liebten ihn nicht, wenn sie ihn nicht sogar hassten. Und sie hatten Angst vor ihm. So sagten sie auch kein Wort, als Ephraim sich ihnen anschloss. Der eine und der andere schüttelte seinen Kopf.

Die erste Schwierigkeit ergab sich vor dem Stall von Betlehem. Dort standen mehrere Engel, wie man sie heute noch in den Krippen unter dem Weihnachtsbaum sieht, und ließen die Besucher hinein. Einer nach dem anderen bekam sein göttliches Zeichen, um zum Kind zu kommen. Bisher war noch niemand zurückgewiesen worden. Was würde aber mit Ephraim geschehen? Engel wissen doch alles! Und so kam es auch: Einer der Engel sah dem Hirten mit dem finsteren Gesicht streng in die Augen und wies ihn dann gebieterisch nach hinten:

„Kehre um!", bedeutete die Gebärde. Einen Augenblick herrschte Schweigen. Ephraim hatte den Kopf gesenkt; dann drehte er sich langsam um, stieß noch zwei Männer zur Seite und verschwand in der Dunkelheit; wie es schien, genau unter dem Stern von Betlehem. Die übrigen traten ein, fielen auf die Knie und verharrten lange in dieser Stellung, Worte des Gebetes suchend. Ihr Haupt berührte beinahe den harten Lehmboden.

Endlich hoben die Hirten den Kopf, um das Kind zu betrachten. Doch die Krippe war leer ... Wo war das Kind? War alles nur ein verführerischer Traum? Die entsetzten Augen der Hirten suchten verzweifelt im Dämmerschein des Stalles. Es war nicht da. Das Kind war fort – verschwunden? Die Hirten blickten sich ratlos an. Merkwürdig nur, Maria und Josef, die anderen Besucher und die inzwischen eingetroffenen Könige blickten andächtig in die leere Krippe. Es konnte nicht anders sein, die Krippe erschien nur den Augen der Hirten leer. Aber warum? Was hatten sie verschuldet, dass ihnen das höchste Glück, den Erlöser der Welt zu sehen, nicht gewährt wurde? Und wie war es überhaupt möglich, dass er für die einen dort lag und sich den anderen nicht zeigte? Verlegen neigten sie sich vor der Krippe und wandten sich dann der Tür zu. Eine unbekannte Leere breitete sich in ihren Herzen aus und eine unendliche Enttäuschung. Sie waren eben nur Hirten, so dachte der eine oder andere, und eben keine Könige.

In diesem Augenblick sahen sie, umrahmt von der Tür, ihr schwarzes Schaf, den Hirten Ephraim, mit dem Neugeborenen auf dem Arm. Beide kehrten in den Stall zurück. Ein Engel begleitete die beiden, und als sie an den Hirten vorbeikamen, meinte er: „Er hätte hier gefehlt, dieser Hirte. Warum sollte gerade Ephraim nicht Jesus aufsuchen, wenn ihr anderen gekommen seid? Vielleicht sagtet ihr euch: ‚Diese Freude ist für ihn nicht bestimmt.' Der Geist Gottes aber sagt zu mir: ‚Sie ist auch für ihn gedacht, vielleicht gerade für ihn.' So musste Jesus gehen, um Ephraim zu holen. Ich, sein Schutzengel, habe ihn begleitet. Es hätte mir leid getan, wenn wir uns verfehlt hätten. Auch wir Engel müssen umlernen in der neuen Zeitrechnung. Nun geht gemeinsam heim. Der Friede des Herrn sei mit euch."

Der Engel nahm das Jesuskind aus den Armen des Ephraim und legte es zurück in die Krippe. Niemand außer den Hirten hatte etwas bemerkt. Und die Hirten kehrten wieder um zu ihren Herden, priesen und lobten Gott für alles, was sie gehört, gesehen und erlebt hatten.

Der eine erzählte es dem anderen weiter. Und ich erzähle es euch: Gott sucht jeden einzelnen Menschen, auch wenn die anderen ihn schon lange abgeschrieben haben. So ist das eben und nicht nur zur Weihnachtszeit.

UWE SEIDEL

Wie ich zu meinem Stern kam

Hinführung: Wenn du einen Stern geschenkt bekämst, würdest du ihn annehmen?
Vorlesedauer: ca. 3 Minuten

Das sonderbarste Geschenk meines Lebens, das überallhin mich begleitet, bekam ich während meines Zivildienstes im Seniorenheim geschenkt. Ich hatte Spätdienst und räumte in den einzelnen Zimmern das Abendessen ab. Bei Frau König vergoss ich dummerweise den Tee und musste den Boden aufwischen.

Frau König war eine sehr liebe Frau, aber im Stationszimmer hatte ich so nebenbei gehört, dass sie immer schwächer werde. Lange würde das nicht mehr gehen. Vielleicht nahm ich mir deshalb mehr Zeit für sie. Sie bat darum, an das Fenster gefahren zu werden, damit sie den Himmel betrachten könne. Ich tat ihr diesen Gefallen und setzte mich neben sie. Da begann sie zu erzählen:

„Als Kind saß ich oft mit meinem Großvater abends vor dem Haus und betrachtete den Sternenhimmel. Großvater kannte alle Sterne mit Namen; er zeigte mir zu den verschiedenen Jahreszeiten, wo die Sterne standen. Für mich waren das damals die schönsten Stunden des Tages. Der Blick zum Himmel ließ mich den knurrenden Magen vergessen, meine weinende Mutter, die Enge in der Stube und das sorgenvolle Gesicht meines Vaters, der wieder keine Arbeit gefunden hatte.

Eines Abends sprach Großvater ganz ernst mit mir. Er sagte: ‚Schau, ich bin sehr alt und sehne mich danach, endlich hinter die Sterne schauen zu dürfen und dort die Großmutter wieder zu sehen. Ich merke, dass es bald so weit ist. Deshalb möchte ich, dass du *meinen* Stern übernimmst. Ich habe ihn mir als Kind ausgesucht und immer, wenn die Erde mir zu schwer wurde, habe ich zum Himmel geschaut, meinen Stern gesucht und bin einfach eine Weile bei seinem Licht geblieben. Es war Gottes Licht am Himmel für mich. Das hat mir sehr vieles leichter gemacht, zu wissen, dieses Licht ist immer da. Dir soll es auch so gehen. Nimm meinen Stern und schaue immer zum Himmel auf, wenn dich hier auf Erden etwas niederdrückt. Bleib eine Weile bei unserem Stern, atme tief durch und glaube mir, es wird dir guttun.' Da zeigte mir Opa sein Himmelslicht. Es war zum Norden hin der Stern, der beim Großen Bären in der Höhe des Polarsternes stand. Opa hatte ihn einfach ‚meiner' genannt. Und so wurde dieser Stern auch ‚meiner'. Immer, wenn ich es sehr schwer hatte, ging ich an das Fenster oder vor das Haus und schaute nach meinem Stern. Oft war der Himmel verhangen, aber ich wusste, hinter den Wolken war sein Licht. Und allein das Wissen, dass er da ist, genügte mir.

Jetzt bin ich selbst eine Oma und möchte auch hinter die Sterne schauen. Ich habe kein Enkelkind, das mein Himmelslicht übernimmt. Willst du meinen Stern?"

Etwas verlegen ob dieses sonderbaren Geschenkes, sagte ich „Ja". So bekam ich etwas geschenkt, das mir niemand nehmen kann; eigentlich das schönste Geschenk meines Lebens. Ein Stern am Himmel war „meiner".

NORBERT POSSMANN

Die Ritterburg mit der Zugbrücke

Hinführung: „Das Christkind war immer an meiner Seite", behauptet einer, der Menschen Spaß bereitet hat.
Vorlesedauer: ca. 6 Minuten
Vorwort: Es gibt einen Briefwechsel von 1897 zwischen dem Kind Virginia O-Hanlon und Francis P. Church, dem Chefredakteur der Zeitung „Sun". Das Kind hatte den Zeitungsmann gefragt: „Gibt es ein Christkind?" Die Antwort wurde über ein halbes Jahrhundert lang – bis zur Einstellung der Zeitung 1950 – alle Jahre wieder auf der Titelseite der Zeitung abgedruckt. Daran knüpft Hanns Dieter Hüsch an, der Kabarettist vom Niederrhein, und findet eine eigene Antwort:

Liebe Virginia! Du bringst mich ja völlig durcheinander. Mich, den Kabarettisten, den sogenannten Aufgeklärten, der sich sonst über so vieles lustig macht. Natürlich gibt es das Christkind! Aber ja! Es kann nur nicht überall sein.

Stell dir doch mal vor, wie groß die Welt ist und wie viele Kinder es überall gibt und wie weit und wie lang das Christkind dann jedes Mal unterwegs sein muss, um bei allen Kindern, bei allen Menschen, bei allen Menschenkindern, wenn auch nur ganz kurz, zu Gast zu sein. Oft natürlich auch völlig unsichtbar. Ja sicher, denn überleg doch mal, wenn wir das Christkind alle auch noch sehen könnten, wenn es plötzlich neben uns auf der Bank säße und wenn wir mit ihm sprechen könnten. Ja dann würden wir es, wie ich uns kenne, doch gar nicht mehr nach Hause lassen. Oder?

Dann müsste es doch immer mit uns spielen und uns die schönsten Geschichten von Himmel und Erde erzählen. Das geht ja leider nicht. Und gerade vor und an und auch noch nach Weihnachten hat ja das Christkind am meisten zu tun, denn es gibt ja, wie gesagt, nicht nur Köln auf der Welt, sondern auch noch viele, viele andere Städte und Dörfer in anderen Ländern und an anderen Flüssen.

Und wenn du es nicht siehst, liebe Virginia, weil das Christkind eben auch seinen „Stress" hat, genauso wie wir, dann heißt das aber noch lange nicht, dass es das Christkind nicht gibt. Ich sehe dich ja auch nicht jeden Tag und weiß doch, dass es dich gibt. Aber das Christkind sieht uns beide immer, das ist eben der feine Unterschied. Es sieht uns immer. Ganz bestimmt sogar in dem Augenblick, in dem du meinen Brief liest, dann guckt das Christkind dir über die Schulter und amüsiert sich ein bisschen darüber, was ich dir geschrieben habe.

Dieser alte Spinner, denkt es dann sicher. Macht nix. Das Christkind und ich, wir telefonieren manchmal miteinander. Und das geht so: Ich bleibe stehen und gucke an den Himmel oder auch wenn ich irgendwo sitze, gucke ich nach oben und rede einfach mit dem Christkind. Und das Christkind freut sich dann und wünscht mir alles Gute. Manchmal sagt es auch ganz deutlich: Mach weiter so! Und manchmal sagt es auch: Find ich nicht so gut! Und in der Weihnachtszeit gibt es das Christkind, wie soll ich sagen, natürlich doppelt und dreifach, weil es dann Geburtstag hat, und weil wir dann singen:

„Welt ging verloren, Christ ward geboren, freue dich, o Christenheit!" Und das macht Mut und gibt Trost. Und was tröstet, liebe Virginia, das gibt es auch.

Einmal stand in meiner Heimatstadt, in meiner Kindheitsstadt Moers am Niederrhein, im ersten Spielwarengeschäft am Platze eine Ritterburg mit Zugbrücke und Wassergraben. Und diese große Ritterburg musste ich unbedingt haben. Sechs Wochen lang drückte ich an der großen dicken Schaufensterscheibe meine Nase platt. Diese Burg war eine Wolke. Und am Heiligen Abend gingen mein Vater und ich nachmittags immer noch mal ein Stündchen in die Stadt, damit meine Mutter in aller Ruhe die Bescherung vorbereiten konnte. Ich zog meinen Vater natürlich sofort wieder zu dem Spielwarenladen und siehe da, die Burg war weg! Was jetzt? Und mein Vater sagte, dass das Christkind möglicherweise mit der Burg vielleicht zu uns geflogen sein könnte. Und dann sind wir wie die Irren nach Hause gerast. Und meine Mutter sagte, sie habe zwar nichts gesehen, aber ein Poltern gehört. Und plötzlich läutete ein Glöckchen, und mein Vater kam ganz atemlos in die Küche und sagte, er habe das Christkind ganz wirklich gesehen. Es wäre ganz dicht an ihm vorbeigeflogen und wäre wunderschön.

Und unter dem silbernen Baum stand wahrhaftig meine Ritterburg! Und es wurde ein Wahnsinnsheiligabend!

Liebe Virginia! Die Geschichte mit der Ritterburg ist jetzt 39 Jahre her. Damals war ich genauso alt wie du. Und heute weiß ich, dass mich das Christkind in all den Jahren, den fröhlichen und den traurigen, nie verlassen hat, dass es immer an meiner Seite war.

Ich danke dir für deine Frage. Sie war wichtig. Denn es gibt auch Zeiten, in denen keine Ritterburg unter dem Christbaum steht. Dir und deinen Eltern und Geschwistern: Fröhliche Weihnachten! Und Gottes reichen Segen!

HANS DIETER HÜSCH

Zu etwas nütze sein

Hinführung: Manche meinen, sie seien zu nichts zu gebrauchen. Irrtum! Jeder von uns hat so viele Schätze! Er muss sie nur entdecken!
Vorlesedauer: ca. 1½ Minuten

Es war einmal ein kleiner Baumwollfaden, der hatte Angst, dass er nicht ausreichte, so wie er war. „Für ein Schiffstau bin ich viel zu schwach", sagte er sich, „für einen Pullover zu kurz. Um an andere anzuknüpfen, habe ich zu viele Hemmungen. Für eine Stickerei eigne ich mich auch nicht. Zu nichts bin ich nütze. Ein Versager! Niemand braucht mich. Niemand mag mich und ich mich selbst am wenigsten."

So sprach der kleine Baumwollfaden zu sich, legte eine traurige Musik auf und fühlte sich sehr allein in seinem Selbstmitleid.

Da klopfte ein Klümpchen Wachs an und sagte: „Lass dich doch nicht so hängen, kleiner Baumwollfaden. Ich habe eine Idee: Wir beide tun uns zusammen! Für eine große Weihnachtskerze bist du als Docht zu kurz, und ich habe nicht genug Wachs dafür; doch für ein Teelicht reicht es allemal. Wir beide zusammen werden eine kleine Kerze, die wärmt und es ein bisschen heller macht. Schließlich ist es besser, nur ein kleines Licht anzuzünden, als über die Dunkelheit zu schimpfen."

Da war der kleine Baumwollfaden ganz glücklich und sagte sich: „Dann bin ich also doch zu etwas nütze!" Wer weiß, vielleicht gibt es auf der Welt noch mehr kurze Baumwollfäden, die sich mit einem Klümpchen Wachs zusammentun.

HERMANN-JOSEF COENEN

Mit Geschenken unsere Liebe zeigen

Hinführung: Manche nervt es, im Weihnachtsrummel ein Geschenk zu kaufen. Die folgende Begebenheit zeigt aber, wo auch da Liebe stecken kann.

Vorlesedauer: ca. 1½ Minuten

Auf einer Südseeinsel lauschte ein Schüler aufmerksam seiner Lehrerin, die gerade erklärte: „Die Geschenke an Weihnachten sollten uns an die Liebe Gottes erinnern, der seinen Sohn zu uns gesandt hat. Der Gottessohn ist das größte Geschenk. Mit unseren Geschenken zeigen wir einander, dass wir uns lieben und in Frieden miteinander leben wollen."

Am letzten Schultag vor Weihnachten schenkte der Junge seiner Lehrerin eine Muschel. Nie zuvor hatte sie etwas Schöneres gesehen, das vom Meer angespült worden war.

„Wo hast du denn diese wunderschöne Muschel gefunden?", fragte sie ihren Schüler.

Der Junge erklärte, dass es nur eine Stelle auf der anderen Seite der Insel gäbe, an der man gelegentlich eine solche Muschel finden könne. Etwa zwanzig Kilometer entfernt sei eine kleine, versteckte Bucht; dort würden manchmal Muscheln dieser Art angespült.

„Sie ist einfach zauberhaft", sagte die Lehrerin. „Ich werde sie mein Leben lang bewahren, und sie wird mich immer an dich erinnern. Doch du sollst nicht so weit laufen, nur um mir ein Geschenk zu machen."

„Aber", erwiderte der Junge mit leuchtenden Augen, „der lange Weg ist ein Teil des Geschenks."

AUTOR UNBEKANNT

(vgl. Seite 111 f. Mehr als ein Geschenk)

Das Gesicht im Spiegel

Hinführung: Jeder von uns hat einen Kompass im Kopf. Gott sei Dank!
Vorlesedauer: ca. 5 Minuten

Es war zur Zeit des Advents, ich entsinne mich gut; die Geschäftsviertel der Stadt schimmerten im Glanz der Rauschgoldengel und grünen Girlanden. Und auch in den Schaufenstern sah man die Zeichen des Monats: hier bunte Glaskugeln, dort Schneeflocken aus Watte und breite Spruchbänder mit „Friede den Menschen". Da geschah um Mitternacht ein seltsamer Alarm für die Polizei. Es hieß, in den Räumen eines Spielwarenhauses brenne Licht, es ginge offenbar mit wenig rechten Dingen zu.

Als die Beamten anrückten, sehr leise diesmal, um der Störenfriede leichter habhaft zu werden, da bot sich den Herbeigerufenen ein verwirrendes Bild: Über den Boden kroch ein Knabe von etwa sieben Jahren. Der Junge spielte mit der Uhrwerkeisenbahn, dann mit dem Schaukelpferd, endlich mit den Bären und Löwen aus Filz und Plüsch, spielte in aller Ruhe; denn Friede war um ihn.

Wie hieß der Junge? Wo kam er her? Ein kleines Rätsel. Immerhin steckte die Polizei ihre Waffen ein; doch legten sich die Männer auf die Lauer, sachte und unsichtbar.

Nein, der Junge hatte keine Mitspieler, geschweige denn das, was man in derlei Fällen „Gehilfen" nannte. Aber er hatte sich, das stand fest, tagsüber versteckt gehalten und abends einschließen lassen, um einmal, ein einziges Mal nur, der für ihn oder seine Eltern unerreichbaren Dinge teilhaftig zu werden. Man sah doch, sein Haar war struppig, die Hose trug Flicken. Durfte man den kuriosen Täter stören? Sicherlich! Doch man unterließ es, und eigentlich wussten die Alarmierten kaum, warum sie so handelten. Vielleicht wollte man verborgenen Mitwissern auf die Spur kommen. Oder man war neugierig, wie sich der Knirps gegen den Morgen hin betragen würde. Womöglich hatte man auch das Herz, den armen Genießer nicht vor der Zeit trennen zu wollen von den herrlichen Dingen ... Gleichviel, man wartete. Im Hinterhalt. Und beobachtete.

Da geschah denn etwas, was dem Traum des Kindes leider seinen heimlichen Zauber nahm: Man sah, wie der Junge eine kleine Puppe einsteckte. Er knuddelte sie regelrecht in die Hosentasche, um das Spielzeug mitzunehmen. War er sich des unredlichen Handelns bewusst? Noch zweifelte man und hielt den Atem fest vor der Merkwürdigkeit des Vorgangs. Nunmehr schlich der Junge davon, auf Zehenspitzen, tappte so behutsam, als dürfe er niemanden wecken. Und er ging auf eine Hintertür zu; die Beamten behielten ihn im Auge.

Abermals geschah etwas Eigenartiges: Der Junge lief, ohne das vorher bemerkt zu haben, einem Spiegel entgegen. Ja, einem hohen und breiten Spiegel, in dem er sich plötzlich betrachten musste, ob er wollte oder nicht. Da zuckte er. Seine Knie wankten, der Blick wurde groß und ängstlich. Bald zwei Minuten staunte der Troll sich an. Dann schloss er die Augen, griff in die Tasche, holte die zerknüllte Puppe hervor und brachte sie rasch, schleunigst, ja stürzend dorthin, wo er sie fortgenommen hatte. Und das eben noch verwirrte Gesicht nahm wieder die Ruhe des Friedens an.

In diesem Augenblick kamen die Beamten aus ihrem Versteck hervor und führten den zu Tode erschrockenen Knaben zur Wache. Es stimmte: Der Junge hatte sich einschließen lassen. Ob die Mutter, eine arbeitsame Witwe, ihn strafte, das wissen wir nicht. Wir wissen nur, dass der Inhaber des Spielwarenhauses auf jede Sühne verzichtete und dass er dem Knaben zur kommenden Weihnacht etwas schenkte. Zwar nicht die Puppe, vielmehr etwas fürs Leben: einen großen Spiegel!

NACH HEINZ STEGUWEIT

Die Bekehrung des Wilderers Jan

Hinführung: Wilderer sind ganz wilde Gesellen. Darum der Name. Ob das Weihnachtsfest ihr wildes Herz noch erreichen kann?
Vorlesedauer: ca. 6 Minuten

Lang ist es her. Es war kurz vor der Zeit der Französischen Revolution. Maria Theresia war Königin von Österreich. Da lebte die Witwe Preußlingen mit ihrem einzigen Sohn Jan. Der war ein Wilderer, besaß die erste Doppelflinte im Dorf und schoss in drei Nächten mehr Fasane und Wachteln, als der Vogt innerhalb von drei Monaten auf seinem Tisch zu sehen bekam.

Eines Tages stieß Jan auf einem Streifzug unversehens auf den Vogt. Überrascht und weil er die Nerven verlor, hielt er die Doppelflinte auf den Vogt, obwohl er ihn nie hätte totschießen können. Er war zwar brutal, sah aber im Vogt doch den Vertreter der Kaiserin Maria Theresia.

Der Vogt pfiff; zwei Hunde stoben auf Jan zu. Da fiel ein Schuss, und das erste Tier sank tot hin; dann ein zweiter Schuss, und der zweite Hund verkroch sich winselnd mit einer kaputten Pfote in die Heide. Jan war dann schnurstracks nach Hause gelaufen. Aber die Mutter meinte: „Jan, wildern, Vögte bedrohen und Jagdhunde totschießen, darauf steht vielleicht der Galgen. Mach, dass du fortkommst. Es ist besser im Wald als im Gefängnis!"

Seitdem lebte Jan in den Fichtenwäldern. Von Zeit zu Zeit kam er in aller Eile nach Hause, aber das musste vorsichtig geschehen, denn der Feldwächter war wachsam.

So kam der Winter. Alles lag zugeschneit, die Krähen krächzten vor Elend. Jan schlug immer wieder die Arme kreuzweise über die Schultern, um sein Blut in Bewegung zu halten. Aber es half kaum.

Abends schlich er dem Dorfe zu; er dachte, je näher der Mutter, umso wärmer wird es. Endlich, im Schatten der Kirche, fiel ihm ein, dass Heiligabend war und dann ja die Kirche die ganze Nacht offen stand. So stieß er die Tür vorsichtig auf und horchte hinein. Er sah die dunklen Schatten des Stalles, so groß wie ein Zimmer – mit damals noch riesigen Figuren in Menschengröße. Jan trat näher, bewunderte alles und schaute genau hin.

Da lag der Boden voller Moos und Heu und warmem Stroh. Wie warm solch ein Bett sein musste! Nicht zum Schlafen, natürlich nicht, sondern nur, um sich ein bisschen zu erwärmen, weiter nichts! Jan fühlte die Versuchung: Er nahm den blauen Mantel von König Balthasars Schultern, wickelte sich gut darin ein und kroch ins warme Stroh. Nicht lange, und – er war eingeschlafen.

Plötzlich wurde er aufgeschreckt. Die Kirchtür öffnete sich, und die erste Gruppe von Menschen betrat die Kirche, spärlich beleuchtet durch eine Laterne. Es musste schnell gehen. Jan stürzte das Gestell aus Weiden, das den König Balthasar darstellte, ins Halbdunkel hinten in den Stall und stand nun selber würdevoll an dessen Stelle, mit dem Samtmantel um die Schultern und mit einer Vase in den Händen.

Nach und nach kamen noch mehr Menschen; die Kirche füllte sich, und schließlich sah er rechts vor sich den Vogt, links den Feldwächter und dazwischen sein Mütterchen. Schweiß perlte auf Jans Stirn, die Vase zitterte in seinen Händen. Zum ersten Mal seit langen Monaten, ja vielleicht auch Jahren, murmelte er ein Stoßgebet. Mit seinen Stoppeln, seinem wilden Schnurrbart und dem ungewaschenen Gesicht glich er aber einem König aus Äthiopien.

Seine alte Mutter betete der Reihe nach vom Christkind über Maria und Josef, von den Hirten bis zu den Königen, ein Ave Maria nach dem anderen mit dem Zusatz: „Oh, ihr da im Stall, schaut auf mich und meine Not und bewahrt unseren Jan! Gegrüßet seist du, Maria ..." Jetzt wandte sie sich an Melchior: „Und du, lieber Melchior, Schutzheiliger aller Reisenden und Menschen, die unterwegs sind, wach über unseren Jan! Gegrüßet seist du ... Ja, du vor allem ..."

„Schweig doch oder bete still", murrte der Vogt. Aber die Mutter fuhr fort: „Du vor allem, Sankt Balthasar, wach über unseren Jan; denn du bist so ganz ähnlich unserem Jan! Beschütz unseren Jan vor allen Gefahren im Wald, die da sind: die Ungewitter und Waldhüter und Vögte. Gegrüßet seist du, Maria ..."

Und während der Vogt immer mehr murrte und das Volk auf die Weihnachtsmette wartete, verlor Jan die Nerven. Er warf den Balthasar-Mantel und seine Vase von sich, sprang vorwärts, ging vor dem Vogt in die Knie und rief, beide Hände ihm entgegenstreckend: „Da bind mich nur! Ich kann's nicht länger mehr mit ansehen!"

Erschrecken und Rufen in der Kirche. Die Mutter fiel in Ohnmacht, deren einfältiges Gebet das rohe Herz Jans getroffen hatte.

Der Rest ist kurz erzählt. Vielleicht war es schon der Segen aus der Mitternachtsmesse, der den Vogt günstig stimmte: In der Sakristei verzieh er dem Wilderer großmütig; der Pfarrer nahm ihm die Beichte ab, und die Mutter schloss ihren Jan glücklich in die Arme. Nie gab es eine schönere Weihnacht in diesem Dorf. Nur der Küster brummte, weil Jan den Stall etwas demoliert hatte.

P.E. FLEERACKERS

Weihnacht in der Rue Bonaparte

Hinführung: Wer Gott vertraut, glaubt nicht an Zufälle. Es gibt immer wieder Begebenheiten, in denen Gott wie auf krummen Zeilen gerade schreibt.
Vorlesedauer: ca. 6 Minuten

René, zwölf Jahre alt, verdiente sich in einer kleinen französischen Stadt morgens zwischen fünf und sieben Uhr ein Taschengeld. Er fuhr auf einem rot lackierten Fahrrad dem Bäcker Pierrefeu die Brötchen aus.

Dabei begegnete er jedes Mal auf der Rue Bonaparte einem geschlossenen Trupp deutscher Kriegsgefangener, die tagsüber im Steinbruch Granitwürfel brechen mussten. Wenn der Wind von den Bergen herabstrich, konnte man den hellen Klang der Hämmer hören.

Alle trugen graue, zerschlissene Uniformen. Ihre Gesichter waren schmal und blass. Keiner von ihnen hob den Kopf. Die Leute beachteten sie nicht. Man sprach auch nicht von ihnen. Sie waren einfach nicht vorhanden. Es waren ja auch Feinde. Sie waren doch mit daran schuld, dass der älteste Sohn des Bäckers gefallen war, der Friseur nur mehr ein einziges Bein hatte und der Lehrer nur einen Arm.

René hatte sich erst gefürchtet, dann war ihm der Anblick völlig vertraut, und schließlich konnte er nichts Arges an ihnen finden. Er spürte sogar den Wunsch, die bekümmerten Gesichter irgendwie aufzuheitern. Sie sahen doch deshalb so elend aus, weil sie Hunger hatten. Und Hunger war etwas Schreckliches, ärger als jede Krankheit. Hunger war nicht zu heilen. Hunger blieb. Gewiss hatten sie seit Monaten kein frisches Gebäck mehr gesehen. Dabei gab es jetzt wieder richtige weiße Semmeln, die man, weil sie rund wie Kugeln waren, Boulettes nannte.

Wie es zu dem merkwürdigen Unfall kam, konnte hinterher niemand mehr genau sagen. Jedenfalls, am Morgen des 24. Dezember stürzte René plötzlich kopfüber vom Rad und überschlug sich. Dabei kullerten die dreiundachtzig Semmeln, wie Meister Pierrefeu nachträglich feststellte, über das harte Pflaster. Da lagen die Boulettes, und da kamen die Männer. René erinnerte sich noch daran, dass keine Semmel, die auf den Boden gefallen war, noch verkauft werden durfte. Das war Vorschrift. Weshalb hätte er sich noch bücken sollen? Und ehe die beiden Wachsoldaten, die verschlafen hinter dem Zug einhertrotteten, sahen, was vorging, waren die Semmeln schon wie Schnee in der Sonne verschwunden.

Sein Fahrrad funktionierte noch, obwohl die Hose zerrissen war und er am rechten Knie blutete. So fuhr René zur Bäckerei zurück und rief in die Backstube hinein: „Ich bin gestürzt, Meister, und die Semmeln …" Der Meister ahnte das Unglück und versetzte ihm eine schallende Ohrfeige. René wartete geduldig; er hatte mindestens drei erwartet. Die Angelegenheit schien aber damit erledigt.

Nicht aber für die übrigen Bewohner des Städtchens! Was in der Rue Bonaparte geschehen war, ging wie ein Lauffeuer durch das ganze Städtchen. Eine Stunde später kam die junge Lehrerin Nanette in den Laden: „Ich habe gehört, Pierrefeu, Sie haben einen Korb Semmeln für die Deutschen gespendet. Das soll Ihnen kein Schaden sein. Hier ist das Geld!" Ehe der bestürzte Meister die Angelegenheit richtigstellen konnte, hatte sie den Laden schon wieder verlassen.

Dann trat der Steuerbeamte Gevrey herein und spähte vorsichtig nach allen Seiten. „Auf ein Wort, Meister", flüsterte er, „ich habe genau gesehen, was vor meinem Hause geschehen ist, und finde es richtig, was Sie dem Jungen aufgetragen haben: denn auf diese Weise kann Sie niemand wegen Verrat verklagen (auf Zusammenarbeit mit dem Feind stand Strafe). Es war ein Unfall, nicht mehr und nicht weniger! Sie aber sind dadurch zu Schaden gekommen. So möchte ich denn mein Scherflein beitragen, diesen Schaden zu mindern."

Der Meister bekam einen roten Kopf und wollte etwas erwidern. Aber da schellte es schon wieder, und der Hilfskaplan Dinard stand in der Tür. Er erklärte dem Meister, er habe in der Eile rings um den Pfarrhof eine kleine Sammlung eingeleitet, um den Schaden zu decken, der ihm durch den Unfall seines Brotausträgers entstanden wäre. Es sei vielleicht ein wenig mehr geworden. Aber der Meister werde das Geld schon richtig zu verwenden wissen.

Genug! Jedenfalls hatte der Bäckermeister am Abend dieses denkwürdigen Tages Geld für siebenhundertfünfundneunzig Semmeln in der Lade. Die dreiundachtzig verlorenen weggerechnet, blieben noch siebenhundertzwölf. Was sollte er tun? Er konnte doch nicht diesen Teufelskerl René jeden Morgen in die Rue Bonaparte schicken, um dort mit dem Rad an den Randstein anzufahren und den deutschen Kriegsgefangenen die frischen Bouletten hinzuschütten.

Aber das Geld, das sich bei ihm angesammelt hatte, bedrückte ihn sehr. So ging er denn in die Kaserne und besprach sich mit dem Hauptmann. Der war ein Mann, der das Herz auf dem rechten Fleck hatte.

Von diesem Tage an fuhr der kleine René Fontpillard jedes Mal, ehe er die Kundschaft im Städtchen bediente, mit einem Korb voll frischer Semmeln zum Lager der Deutschen hinaus und freute sich über die Maßen, wenn er sah, wie sich die harten, ernsten Gesichter der Männer verklärten; nicht nur, weil sie sich auf die frischen Semmeln freuten, mehr noch, weil sie spürten, welche Wandlung seit dem weihnachtlichen Geschehnis auf der Rue Bonaparte in den Herzen der Menschen vor sich gegangen war.

KARL SPRINGENSCHMID

Der verlorene Engel

Hinführung: Engel sind Boten Gottes. Selbst ein Engel mit gebrochenen Flügeln kann noch ein „verlängerter Arm Gottes" sein. Wir hören, wie das sogar einem Papp-Engel gelingt.
Vorlesedauer: ca. 5 Minuten

Der Fahrer Leip knöpfte seine Lederjacke zu und sprang von der Laderampe in den Regen. Zwölf mannshohe Dekorationsengel aus Presspappe hätte er abladen müssen, aber es fehlte einer!

„Bringen Sie gefälligst den zwölften Engel her!", schrie der Vertreter des Chefs, ein dürres Männchen im weißen Mantel. „Sie schädigen das Geschäft. Das werden Sie vor dem Chef zu verantworten haben!"

Leip wandte sich ab. Das Geschäft mit Weihnachten hatte er nie gemocht. Ja, es war natürlich alberne Gefühlsduselei gewesen, aber er mochte die einzelnen Engel nicht wie Sträflinge anketten. Jetzt fehlte einer. Unterwegs verloren. Inzwischen war die Polizei benachrichtigt. Die Firma wollte nicht auch noch einen Prozess wegen Verkehrsgefährdung an den Hals bekommen. Auch das noch: Die Polizei sollte einen verlorenen Engel suchen. Der ungewöhnliche Auftrag ging an die Streifenwagen. „Jawohl, einen Weihnachtsengel suchen, Größe 1,90 Meter", wurde den Männern noch einmal bestätigt.

Der Dekorateur, der verständigt wurde, war sauer. Ausgerechnet der große Engel fehlte, der als Blickfang für das Treppenhaus bestimmt war. Nein, so schnell war er vom Atelier nicht nachzuliefern. Es blieb nur die Hoffnung, dass der Engel in verwendbarem Zustand gefunden würde.

Der Kosmetikvertreter Schrader wusste nichts von einem verlorenen Engel. Er war auf der Heimfahrt und hörte harten Rock, um der gefährlichen Müdigkeit entgegenzuwirken. Plötzlich tauchte im Lichtstrahl seiner Scheinwerfer etwas Weißes auf, das wie ein riesiger, auf der Straße hockender Nachtfalter aussah. Schrader trat auf die Bremse. Der Wagen rutschte links ab, dann ein harter, metallischer Schlag. Die linke Tür ließ sich nicht öffnen. Schrader rutschte benommen auf der Sitzbank nach rechts, öffnete die Tür, sprang aus dem Wagen und – stürzte: Glatteis! Seine Hände fuhren wie über Glas, als er sich emporstemmte. Schließlich fand er den sonderbaren Gegenstand auf der Fahrbahn und hob ihn hoch. Er war verhältnismäßig leicht. Er zog ihn in den Lichtkegel seines Autos: Das war ja ein Engel! Ein Engel mit gebrochenen Flügeln! Schrader, dem der Schreck noch in den Gliedern saß, richtete den Engel auf, bog die Flügel zurecht und setzte den Kopf wieder gerade auf die Schultern. Dann dachte er wieder an das unvermutete Glatteis bei plötzlich aufklarender Nacht. Er beschloss, dem Engel einen besonderen Auftrag zu geben; holte einen Lippenstift aus seinen Warenproben und schrieb damit in großen Buchstaben auf das steife, weiße Gewand: Glatteis! Dann stellte er den Engel so auf, dass er mit seinen ausgebreiteten Armen weithin sichtbar war.

Er besichtigte den Schaden an seinem Auto. Der Blechschaden war geringfügig; er konnte den Kotflügel mit den Händen vom Reifen abziehen und weiterfahren.

Der zwölfte, der verlorene Engel erregte einiges Aufsehen. Nicht weniger als neun Kraftfahrer stiegen aus und schrieben dem Engel „Danke!" aufs Kleid. Die Polizei, die ihn fand, ließ ihn für diese Nacht am Straßenrand. Die Tagespresse brachte ihn im Bild und berichtete von dem eigenartigen Vorfall. Und das Warenhaus stellte den mittlerweile einzigartigen Knüller so, wie er war, mit all seiner Bemalung auf.

Fahrer Leip bekam keinen Ärger, lehnte aber auch die Flasche Sekt ab, die ihm die Firma für seinen unfreiwilligen Beitrag zur Geschäftshebung überreichen wollte. Nein, er mochte das Geschäft nicht, das man mit „seinem" Engel machte.

KILIAN MERTENS

Ein etwas seltsames Weihnachtsevangelium

Hinführung: Der Bericht über die Geburt des göttlichen Kindes ist zweitausend Jahre alt. Ein Vater versucht, seinem kleinen Kind die wunderbare Nachricht ins Heute zu übersetzen. Er kann anschließend nur noch staunen.
Vorlesedauer: ca. 7 Minuten

Ralf Dillinger hatte beschlossen, seinem Sohn Markus die Geschichte von der Geburt des Christkindes im Stall von Betlehem zu erzählen. Zwar erschien ihm Markus mit seinen vier Jahren noch ein bisschen jung, um das Heilsgeschehen zu begreifen. Aber da der Junge einen ungewöhnlich großen Gefallen an der Weihnachtskrippe gefunden hatte und Stunden davor zubringen konnte, wobei er hin und wieder eine der Figuren in die Hand nahm und eingehend betrachtete, meinte er, es sei vielleicht doch an der Zeit.

„Setz dich zu mir, Markus", sagte er. „Ich will dir eine Geschichte erzählen. Keine aus dem Märchenbuch, sondern eine, die wahr ist. Hör gut zu: Es war zu der Zeit, als Kaiser Augustus …"

„Was ist ein Kaiser, Papi?", unterbrach ihn der Junge.

„Also, ein Kaiser ist ein Mann, der ganz viel zu sagen und zu bestimmen hat, über viele Leute, die man Untertanen nennt …"

„So wie der Herr Prattke?", fragte Markus. Herr Prattke war der Chef von Herrn Dillinger, und Ralf erzählte manchmal von ihm, wie er dies und jenes anordnete, das ihm nicht recht passte.

„Na ja", sagte Ralf Dillinger lahm. „Ein Kaiser ist schon viel mächtiger als der Herr Prattke."

„Und du, Papi, bist du ein Untertan?"

„So kann man das nicht sagen", wehrte der Vater ab und schüttelte sich beim Gedanken an diese Bezeichnung.

„Also, Kaiser Augustus wollte einmal wissen, wie viele Menschen in seinem Reich lebten, und er beschloss, sie zu zählen. Jeder musste an den

Ort gehen, wo er geboren worden war und sich dort melden. Da ging auch ein Ehepaar, Maria und Josef mit Namen, in die Stadt Betlehem, wo Josefs Eltern zu Hause gewesen waren."

„Maria heißt Frau Klemm, die Mutti manchmal ihre Kleider umändert." Der Vater überhörte den Einwurf und wollte weitererzählen, aber Markus fragte plötzlich: „Wann war denn das, das mit dem Kaiser und dem Zählen?"

„Das ist sehr, sehr lange her."

„Noch bevor Mutti ins Krankenhaus musste?"

„Lange davor. Also weiter. Maria erwartete ein Kind, und der weite Weg nach Betlehem fiel ihr sehr schwer."

„Konnten sie denn nicht mit dem Flugzeug fliegen oder mit der Eisenbahn fahren?"

„Flugzeuge und Eisenbahn gab es damals nicht. Als sie in Betlehem angekommen waren, waren sie sehr, sehr müde und suchten einen Platz in einer Herberge."

„Was ist eine Herberge?"

„So etwas wie ein Hotel", sagte Herr Dillinger und hatte das Gefühl, sich einer unmöglichen Aufgabe unterzogen zu haben. Aber nun hatte er einmal angefangen und musste das auch durchstehen.

„Schließlich durften sie in einem Stall übernachten."

„Was ist ein Stall?"

„So etwas wie eine Garage. Nur sind da keine Autos drin, sondern Tiere, Ochs und Esel."

„Einen Esel kenne ich vom Tischleindeckdich."

„In der Nacht wurde das Kind geboren. Es war ein sehr schönes und liebes Kind, das Christkind, das dir alle Weihnachten die schönen Sachen bringt. Es hat alle Menschen lieb: dich, mich und auch die Leute in Afrika und Amerika. Eben alle."

„Auch die bösen?"

„Ja, auch die bösen. Die besonders, denn es wollte, dass sie wieder gut werden." Uff, das wäre geschafft. Herr Dillinger hatte das Gefühl, einen riesigen Stapel Holz gesägt zu haben, und verzog sich ins Nebenzimmer, um ein bisschen auszuruhen.

Eine Stunde später öffnete er die Tür zum Kinderzimmer, in dem es ungewöhnlich still war. Da saß Markus, hatte seinen Teddy Brummi auf dem Schoß und sagte: „Brummi, ich muss dir eine wahre Geschichte erzählen, hör gut zu! Bevor Mutti ins Krankenhaus musste, wollte ein Kollege von Herrn Prattke seine Untertanen zählen. Alle mussten dorthin gehen, wo ihr Vater zu Hause gewesen war. Sie gingen zu Fuß, weil kein Flugzeug flog und keine Eisenbahn fuhr, wahrscheinlich war Streik. Auch Josef und Maria, wahrscheinlich Frau Klemm, gingen nach Betlehem. Das war schlimm, denn Maria kriegte ein Baby. In Betlehem gab es in der ‚Traube' und im ‚Löwen' keinen Platz mehr. Da mussten sie in einer Garage übernachten, wo ein Ochs und ein Esel wohnten. In der Nacht wurde das Kind geboren. Es war das Christkind, und es hatte alle Leute lieb. Papi und Mutti und auch den Herrn Hufnagel, der immer mit mir schimpft, wenn mein Ball in seinen Garten fällt, und der immer die Zweige von unserem Kirschbaum abschneidet, die zu ihm rüberhängen."

Vater Dillinger, der mit allerlei Skrupel und Bedenken zu kämpfen hatte, als er diese etwas seltsame Weihnachtsgeschichte hörte, wurde es auf einmal froh und leicht ums Herz. Zwar hatte Markus Orte, Zeiten und Namen völlig durcheinandergebracht, aber das, worauf es ankam, die Botschaft, hatte er verstanden.

Aber wie stand es mit ihm, Ralf Dillinger? War es wirklich nötig, dass er und sein Nachbar wegen geringfügiger Lappalien in einer Dauerfehde miteinander lebten? Einer musste einmal den Anfang machen und Frieden schließen. Ralf Dillinger packte einige von den guten Weihnachtsplätzchen, die seine Frau gebacken hatte, in eine Tüte, band ein Schleifchen darum und holte eine Flasche Wein aus dem Keller.

„Komm mit, Markus", sagte er. „Wir gehen zu Herrn Hufnagel und wünschen ihm frohe Festtage."

„Hat dir das das Christkind gesagt?", fragte Markus.

„Da hast du recht", bekräftigte der Vater und läutete ein bisschen zaghaft an der Haustür des Nachbarn, denn aller Anfang ist schwer.

AUTOR UNBEKANNT

Ich bin ja nur ein Esel

Hinführung: Ein Esel erzählt, wie das damals war mit dem Kind in der Krippe.
Vorlesedauer: ca. 8 Minuten

Iah, ich bin der Esel Kasimir. Ich kann mich noch gut erinnern, wie das alles war damals in Nazaret, als die Geschichte begann. Es ist schon lange her, und es war eine schwere Zeit. Es gab noch keine Autos und keine Eisenbahnen, und Flugzeuge gab es schon gar nicht. Alles, was befördert werden sollte, mussten wir Esel tragen. Kisten und Kasten legte man uns auf den Rücken und Säcke und Körbe. Und oft setzte sich obendrauf noch ein Mann oder eine Frau. Ja, es war damals nicht leicht, ein Esel zu sein. Aber ich glaube, ein Esel hat es nie leicht, damals nicht und heute auch nicht. Kurz, eines Tages erschien ein Soldat in Nazaret. Er sah prächtig aus in seiner Uniform, und er ritt auf einem prächtigen Pferd. Ich musste denken: Ein Pferd müsste man sein ... Aber dann wäre ich wohl nie nach Betlehem gekommen. Der Soldat hatte eine Trompete, und in die blies er hinein, dass es laut schallte. Alle Leute liefen zusammen. Als alle da waren, erklärte der Soldat, dass alle Menschen gezählt werden müssten. Der Kaiser in Rom hätte das so angeordnet. Und jeder müsste in seine Vaterstadt gehen, damit festgelegt werden könnte, wie viel Steuern jeder zu zahlen hätte. Der Kaiser brauchte die Steuern für seine Soldaten. Ja, und dann kam Josef zu mir in den Stall. Ein ganz sorgenvolles Gesicht hatte er. „Kasimir", sagte er, „wir müssen wohl nach Betlehem gehen. Da hilft alles nichts. Auch wenn Maria bald ihr Kind bekommt. Was der Kaiser sagt, das muss man befolgen. Da kann man nichts machen."

So wurde ich bepackt. Am Ende setzte sich auch noch Maria auf meinen Rücken, und ab ging der Marsch. Aber so einfach war das alles nicht. Es gab ja – wie gesagt – noch keine Autos damals. Also gab es auch noch keine richtigen Straßen. Über Stock und Stein ging der Weg. Und die Last drückte. Maria ging es immer schlechter. Immer wieder mussten wir anhalten, damit Maria sich ausruhen konnte. Sie trug ja das Kind unter ihrem

Herzen. Es war ein schwerer Weg! Aber in meiner Sorge um Maria vergaß ich oft, wie schwer die Last drückte. Irgendwann sahen wir Betlehem vor uns. Maria wurde es leichter ums Herz, und Josef sagte: „Jetzt haben wir es bald geschafft, Kasimir." Aber da täuschte er sich. (Wie man sich oft täuscht, wenn man meint, man hätte etwas geschafft.) Als wir in die Stadt kamen, da wollte uns keiner aufnehmen. Alle Herbergen waren belegt. Es fand sich kein Raum für Josef und Maria. Wisst ihr, es war schon damals wie heute: An diesem ersten Weihnachtsfest dachten alle nur an das Geld und an das Geschäft und an Geschenke. Aber niemand dachte an den, um dessentwillen alles stattfand. Alle hetzten hin und her, hatten zu tun, hatten Sorgen und Probleme – wie alle sagten –, aber keiner wollte den Retter und Heiland bei sich aufnehmen. Na ja, so sind wir schlussendlich im Stall gelandet. Der war natürlich nicht herrlich. Ihr wisst ja, wie es in so einem Stall voller Heu und Stroh und Spinnweben aussieht. Aber ich fühlte mich in dem Stall gleich wohl. Mir war so etwas ja vertraut – aber Josef und Maria?! Für Maria war es höchste Zeit, dass wir Obdach gefunden hatten, daher blieben wir hier. Maria bekam dort im Stall ihr Kind. Es war ein ganz kleines Kind mit winzig kleinen Fingern und Füßen. Ich wusste gar nicht, was ich dazu sagen sollte. Einerseits war ich stolz, dass ich Maria und das Kind bis hierhin getragen hatte. Andererseits konnte ich mir nicht vorstellen, dass dieses kleine Wesen der Heiland der Welt sein sollte, wie der Engel es Maria angekündigt hatte. Musste ein Heiland nicht groß und stark und mächtig sein, wenn er der ganzen Welt das Heil bringen sollte? Wenn er alle Menschen retten und erlösen sollte aus Angst und Sünde? Aber daran sieht man, dass ich nur ein Esel bin. Maria hat nur gelächelt und zu mir gesagt: „Kasimir, alles fängt klein und bescheiden an. Und weißt du, die kleinen Dinge sind oft wichtiger als die großen und gewaltigen. Auch wenn wir das nicht immer einsehen wollen. Der Finger eines Kindes ist wichtiger als eine gewonnene Schlacht. Und ein kleines bisschen Liebe wiegt mehr als ein ganzer Berg Hass. Ein Gramm Verständnis vermag mehr als ein Kilo Schimpfen. Aber das wirst du noch merken."

Ja, und dann kamen die Hirten. Kalt und verfroren, in ihren abgewetzten Kleidern, mit den zerrissenen Stiefeln kamen sie in den Stall. Ihre Gesichter waren verhärmt und ängstlich, als sie eintraten. Aber als sie das Kind sahen, begannen ihre Augen zu leuchten. Erst sagte keiner von ihnen ein Wort. Aber dann, mit einem Mal, redeten sie alle durcheinander. Und es dauerte eine Weile, ehe ich verstand, was sie berichteten.

Sie hatten in der dunklen, kalten Nacht die Schafe gehütet. Und sie waren – wie schon oft – unzufrieden und verzagt über ihr Schicksal. Wer wollte schon Schafe hüten?! Wer zu nichts anderem mehr taugte, der wurde eben Hirte. So hatten sie in der kalten Nacht gestanden. Nicht mal Schnaps hatten sie dabei, und das Feuer wärmte auch nur wenig. Mit einem Mal sei es taghell geworden, berichteten die Hirten. Ein Engel sei erschienen und habe zu ihnen gesagt: „Fürchtet euch nicht! Ich verkünde euch große Freude, die zu allen Menschen kommen soll. Euch ist heute der Heiland geboren." Und der Engel hatte sie zum Stall nach Betlehem geschickt, zum Kind in der Krippe, zum Heiland der Welt.

Ja, und dann sind all die raubeinigen Gesellen niedergekniet an der Krippe und haben das Kind angebetet. Ich habe das alles nicht verstanden. Diese groben Kerle vor dem kleinen Kind! Und dann sind sie wieder gegangen. Aber anders, als sie gekommen waren – richtig fröhlich. Mir ließ das alles keine Ruhe, ich musste immer wieder daran denken. Und in der Nacht, als Maria und Josef schliefen – das Kind aber war noch wach –, da habe ich das Kind gefragt: „Warum bist du als Kind gekommen, die Welt zu retten? Warum nicht gewaltig und mächtig und groß?"

Da hat das Kind gelächelt wie Maria und gesagt: „Weißt du, Kasimir, es schein nur so, als müsste man groß und mächtig sein, um diese Welt zu verändern. Aber das stimmt nicht. Groß und mächtig sind die Menschen eigentlich nur aus Angst. Aus Angst um sich selbst, aus Angst, im Leben zu kurz zu kommen. In ihren Herzen aber sind alle Menschen Kinder, hilfsbedürftig, auf andere angewiesen und voller Sehnsucht nach Liebe und Verständnis. In ihren Herzen sind alle Menschen klein und liebebedürftig. Und weil alle Angst haben, jemand könnte das merken und es ausnutzen, darum tun alle Menschen groß und gewaltig. Darum kommt es auch immer wieder zu Streit und Krieg unter den Menschen – aus Angst. Damit niemand sieht, wie es in ihren Herzen aussieht, versuchen alle Menschen, groß und überlegen zu erscheinen. Sie wollen andere davon überzeugen, dass sie sicher wären und unabhängig und nicht auf andere und ihre Liebe angewiesen. Und damit werden die Menschen immer einsamer und verlorener. Siehst du, darum bin ich als kleines, schwaches Kind zu den Menschen gekommen, eben als richtiger Mensch. Damit die Menschen erkennen, wie es um sie steht. Damit sie das großartige und gewaltige Getue ablegen und frei werden und Mut bekommen zur Liebe und zum Vertrauen zu sich selbst. Und, Kasimir", setzte das Kind hinzu, „ich werde ebenso schwach und hilflos als Mensch am Kreuz sterben. Aber Gott wird bei mir sein und wird mich halten, damit die Kranken und Einsamen, die Schwachen und Alleingelassenen, die Ängstlichen und die Hilflosen begreifen, dass Gott auch sie lieb hat und festhält und trägt. Weißt du, Kasimir, das ist Weihnachtsfreude."

So ganz habe ich das damals nicht verstanden, das muss ich schon sagen. Aber ich bin ja auch nur ein Esel.

AXEL SCHÖNBERG-ROTHER

Der Engel mit den leeren Händen

Hinführung: Wer etwas Gutes tun will, steht nie mit leeren Händen da.
Vorlesedauer: 1½ Minuten

Im Himmel lebte ein kleiner Engel, der oft einfach übersehen wurde, weil er nicht sehr musikalisch war und auch nicht gut malen konnte. Das machte ihn manchmal traurig.

Eines Tages herrschte auf einmal große Aufregung im Himmel, weil der Erzengel Gabriel allen aufgetragen hatte, sich für die Geburt des göttlichen Kindes eine Überraschung auszudenken. Alle malten und backten schöne Sachen; nur dem kleinen Engel fiel nichts ein.

Dann kam die Heilige Nacht. Alle Engel drängten sich mit ihren schönen Geschenken um das Jesuskind. Nur der kleine Engel dachte verzagt: „Am besten ist, ich verstecke mich, weil ich doch mit leeren Händen dastehe."

Das Kind in der Krippe beachtete kaum die schönen Geschenke der großen Engelschar; es schaute lieber den kleinen Engel an, der mit Tränen in den Augen an der Tür stand. Das gab ihm Mut näher zu treten: Ganz vorsichtig streichelte er die Decke, in die Maria das Kind eingehüllt hatte. Da lächelte das Gotteskind den kleinen Engel an. Sofort stieg dem Engel eine solche Liebe ins Herz, dass er eine Hand erhob und das Kind segnete.

Da wusste der kleine Engel, dass er doch etwas mit seinen ungeschickten Händen tun konnte: streicheln und segnen.

JOSEPH WEISSMANN

Jakob, der kleine Hirtenjunge

Hinführung: Alle bringen dem Kind in der Krippe etwas mit. Ein kleiner Junge malt seine Geschenke in den Sand.
Vorlesedauer: ca. 7 ½ Minuten

Jakob, der schon seit dem frühen Morgen des vergangenen Tages bei den Schafen wachte, hatte sich fest in sein fadenscheiniges Gewand gewickelt, weil ihm die Kälte bis in die Haarspitzen stieg, sodass diese ihm in alle Richtungen wild vom Kopf abstanden. Aber es war nicht nur besonders kalt heute. Seit er auf dem Feld angekommen war und seinen kleinen Bruder beim Hüten abgelöst hatte, wurde Jakob das Gefühl nicht los, dass etwas Aufregendes im Gange war. Deshalb war er eigentlich froh, dass er mit dem Hüten der Schafe an der Reihe war und nicht auf seinem einigermaßen warmen Strohsack in der Hütte lag, in der er zu Hause war.

Vielleicht lag es auch nur an den unzähligen Menschen, die den ganzen Tag über an ihm und seinen Schafen vorbei in das Dorf gezogen waren, um dort nach einer Unterkunft zu fragen. Jakob wunderte sich zwar, woher die alle kamen, aber sein Freund Abi hatte ihm erklärt, dass die Leute auf den Befehl des römischen Kaisers in die Gegend gekommen waren, um sich zählen zu lassen. Das wiederum fand Jakob ziemlich blödsinnig. Einfacher wäre es doch gewesen, wenn der Kaiser seine Soldaten direkt in die Dörfer geschickt hätte, um die Menschen nachzuzählen, die dort lebten. Aber jeder sollte wohl erscheinen, wo er geboren worden war, und so hatte manch einer einen weiten Weg auf sich genommen, um den Kaiser zufriedenzustellen. Betlehem, so hatte Jakob jedenfalls gehört, war bis auf den letzten Schlafplatz überfüllt. In dieser Nacht gab es wohl keine Schlafstätte, die leer geblieben war, mit Ausnahme von Jakobs eigenem Strohsack.

Aufmerksam sah der Junge sich auf dem Feld um, und plötzlich schien es ihm, als wolle es schon wieder Tag werden, denn auf einem kleinen Hügel in nächster Nähe begann es zu leuchten. Erstaunt und vorsichtig, aber trotzdem voller kindlicher Neugier näherte sich Jakob dem Platz, von dem das Leuchten auszugehen schien. Auch die anderen Hirten in der Umgebung hatten dieses Licht wohl bemerkt, und die Mutigen unter ihnen näherten sich dem Hügel, genau wie Jakob. Als sie den Hügel erreichten, sahen sie dort eine strahlend weiße Gestalt, die nur aus Licht zu bestehen schien. Einige wollten schon voller Angst das Weite suchen, als die Lichtgestalt ihre Stimme erhob und sagte: „Fürchtet euch nicht! Von mir geht keine Gefahr aus. Ich bin gekommen, um euch eine Botschaft zu bringen!"

„Welche Botschaft?", entfuhr es Jakob, der doch eigentlich der Jüngste der Hirtenrunde war und sich vielleicht besser zurückgehalten hätte, denn die anderen schauten nicht gerade begeistert zu ihm hinüber.

Das Wesen aus Licht antwortete ihm mit einem Lächeln: „Ich bin ein Engel des Herrn und soll euch die Botschaft vom neugeborenen Kind bringen!"

„Kinder werden doch jeden Tag geboren bei uns, was soll daran Besonderes sein?", fragte ein anderer Hirte.

„Das Kind, von dem ich rede, wird diese Welt retten und es will damit bei euch beginnen!", sagte der Engel. „Es will euer König sein. Folgt dem Stern, der dort am Himmel steht, und ihr werdet das Kind in einem Stall finden. Dort liegt es in einer Futterkrippe, und seine Eltern wachen bei ihm." Und die Hirten folgten seinem ausgestreckten Finger, bis sie den Stern am Firmament entdeckten, den sie zuvor gar nicht bemerkt hatten.

Als sie ihre Blicke wieder vom Himmelszelt lösten, war der Engel verschwunden. Unter ihnen begann eine große Diskussion, ob sie wirklich dem Stern folgen sollten. Doch einen König brauchten sie eigentlich nicht, der römische Kaiser und sein Statthalter, König Herodes, machten ihnen das Leben schwer genug. Jakob jedoch wollte nicht mehr warten, wie die anderen sich entscheiden würden. Er rief, ohne lange zu überlegen, seine Schafe zu sich und machte sich auf den Weg. Sollten die anderen doch miteinander bereden, was sie wollten. Er wollte auf Gottes Engel hören und nach dem Kind suchen. Außerdem war der Stern inzwischen so strahlend hell am Himmel aufgegangen, dass er den Weg gar nicht verlieren konnte. So schritt er mutig aus und er merkte, dass ihm bei der zügigen Wanderung auch bald gar nicht mehr so kalt war wie zuvor. Jakob kam ein Gedanke. Er blieb wie angewurzelt stehen, und seine Schafherde überholte ihn von beiden Seiten. Ein neugeborenes Königskind wollte er besuchen und hatte doch gar nichts, was er ihm mitbringen konnte! Von den Schafen konnte er keines entbehren, denn die gehörten schließlich nicht ihm und seiner Familie, sondern ihrem Herrn, der sie für das Hüten bezahlte. Von der Herde abzugeben würde bedeuten, dass er seinen Lebensunterhalt verlor, denn nie würde sein Herr glauben, dass eines der Schafe verloren gegangen sei. Sein ärmliches Hirtengewand eignete sich auch nicht dazu, verschenkt zu werden. So hätte sich Jakob fast nicht weitergetraut. Aber mit einem Mal durchfuhr es ihn wie ein Blitz! Er konnte doch so schöne Bilder malen – schließlich vertrieb er sich beim Hüten oft die Zeit damit, mit einem Stöckchen in den Sand zu zeichnen. Und sogleich fiel sein Blick auf einen dürren Baum am Wegrand, von dem er ein Reisig abbrach und seinen Weg fortsetzte. Schnell hatte ihn der leuchtende Stern an den Rand des Dorfes Betlehem gebracht und es schien, als bleibe er nun über einem kleinen ärmlichen Stall stehen.

Jakob fasst sich ein Herz und trat durch die niedrige Tür in den Stall. Dort sah er es sofort, denn ein Leuchten umgab das neugeborene Kind im Futtertrog. Er kniete sich nieder und begann, mit dem Stock ein rundes Bild auf den Sandboden zu malen. In die Mitte zeichnete er das Kind und darum herum viele Sterne, Schafe und kniende Hirten. Ganz außen am Bildrand erschienen Strich für Strich ein paar Lichtgestalten gleich dem Engel, der den Hirten die Botschaft vom Kind gebracht hatte. Und diese Engel schienen lauthals zu singen. Über der Krippe erschienen sie nun wirklich und sangen von Gottes Friede auf der Erde, und das Kind lächelte, als hätte es Jakobs Bild wirklich sehen können. Als endlich die anderen Hirten kamen, strich Maria, die Mutter des Kindes, Jakob sanft über das Haar, sodass es nun nicht mehr wie wild von seinem Kopf abstand, und Josef, der Vater, lächelte ihm freundlich zu.

Jakob war sicher, dass er Zeuge einer großen Sache geworden war und dass dieses Kind wie ein König für diese Welt sein würde. All das konnte man auch auf seinem Bild sehen, das den Sand vor dem Futtertrog mehr zierte, als es alle Bilder dieser Welt gekonnt hätten.

ANJA OLLMERT

Kapitel 3:
Geschichten für Schüler/-innen weiterführender Schulen

Erlebte Predigt

Hinführung: Wer im Leben tief gefallen ist, darf bei Gott immer wieder aufstehen.
Vorlesedauer: ca. 5 Minuten

Thomas Schiller stammt aus einem „guten katholischen Haus". Schon vor seinem Abitur stand für ihn fest, dass er einmal Theologie studieren und Priester werden würde. Nach der Weihe feierte er in seiner Gemeinde die Heimatprimiz, seine erste heilige Messe an dem Altar, an dem er schon in vielen Gottesdiensten als Messdiener gekniet oder gestanden hatte.

Neben den üblichen Kirchenbesuchern waren auch Geistliche aus anderen Gemeinden, einige seiner Mitschüler, die komplette Verwandtschaft, vor allem seine überaus glücklichen und stolzen Eltern gekommen. Diese hatten ihm zur Feier des Tages einen Kelch und eine Patene, die Hostienschale, geschenkt. Den Primizsegen, den ersten Segen eines Neugeweihten, von dem besondere Gnadenwirkung ausgehen soll, erteilte er nicht nur allgemein, sondern jedem Anwesenden persönlich, zuerst seiner Mutter und seinem Vater.

Der junge Priester freute sich auf seine Arbeit in irgendeiner Pfarrei, in die Gott ihn senden werde. Mit Eifer wollte er sich besonders der Jugendarbeit widmen sowie den Alten und Sterbenden beistehen.

Gottes Wege sind unergründlich. Der Ausfall des Pfarrers in einer Justizvollzugsanstalt zwang die Obrigkeit, ihn kurzzeitig erst einmal dort einzusetzen. Kurz vor Weihnachten erhielt er die Nachricht von seiner außergewöhnlichen Betätigungsstelle. Noch nie hatte der so behütete Sohn mit Kriminellen, gar Schwerverbrechern zu tun gehabt, noch weniger wusste er, wie man mit ihnen umgeht, welche Sprache sie verstehen. Während seines Studiums hatte es niemals eine Vorlesung oder ein Seminar zu dieser Thematik gegeben. Völlig verzweifelt begab er sich an seinen Einsatzort. Sein Seelenschmerz war darum sehr groß, weil er seinen Vorgänger, der im Koma lag, nicht um Rat fragen konnte.

Seinen Antrittsgottesdienst sollte er am 25. Dezember, am ersten Weihnachtstag also, in der Gefängniskapelle halten. Vor diesem lag er die ganze Nacht wach und bat den Allmächtigen um Hilfe. Doch der Vater im Himmel schwieg, erteilte ihm zunächst keinen väterlichen Rat.

Ohne ein Konzept, ohne passende Worte auf einem Stück Papier schritt er in die Kapelle, die zu seinem Entsetzen gut gefüllt war. Antreten hieß es also vor so vielen Knastbrüdern. Aufgeregt, um göttlichen Beistand flehend, stolperte er über die erste Stufe und fiel der Länge nach auf den Boden. Dort verweilte er einen kurzen Augenblick, hörte, wie die Stille sich in schallendes Gelächter verwandelte. Dann rappelte er sich auf, trat an das Lesepult und sagte mit fester Stimme:

„Meine lieben Mitbrüder, ich wollte heute meine erste Predigt halten, nun habe ich sie auch gezeigt." Das Gelächter brach abrupt ab. Es wurde mucksmäuschenstill im Kirchenraum. „Ihr habt gesehen, dass man, wenn man gefallen ist, wieder aufstehen kann. Jesus Christus hat einmal gesagt, nicht die Gesunden bedürfen des Arztes, sondern die Kranken. Das gilt auch für den Neugeborenen, dessen Fest wir heute begehen. Der Erlöser ist nicht in die Welt gekommen für die Gerechten. Einen Retter brauchen die, die gefallen sind, die Gestrauchelten und die Sünder, auch die, die mit dem Gesetz in Konflikt geraten sind. Ihr alle könnt aufstehen und neu anfangen. Ihr habt dabei einen mächtigen Partner an eurer Seite, der für euch in die Welt gekommen ist, und ihr könnt sicher sein, im Himmelreich wird über einen reuigen Sünder mehr Freude sein als über neunundneunzig Gerechte." Dann faltete er seine Hände und sprach das Vaterunser. Jeder, der das Gebet noch konnte, stimmte ein.

BERNHARD WACH

Weihnachten und Ostern gehören zusammen

Hinführung: Glaubst du, dass es Wunder gibt?
Vorlesedauer: ca. 5 Minuten

Kurz vor Weihnachten betrat in Detroit eine 9-Jährige eine Apotheke. Der Pharmazeut schaute sie erstaunt an, denn sein Sortiment gehört nun mal nicht in Kinderhände. Trotzdem fragte er höflich: „Gnädiges Fräulein, was kann ich für dich tun?"

Sie kramte in ihrer Manteltasche, legte Geld auf den Ladentisch und sagte dann mit bittender Stimme: „Ich möchte ein Wunder kaufen."

Der Apotheker lächelte, hielt den Vorgang für einen niedlichen Witz und meinte: „Wunder verkaufen wir hier nicht. Vielleicht gehst du zu einem Pfarrer in seine Kirche. Der ist eher dafür zuständig."

Die Kleine sah ihn ernst an und sagte dann: „Sie verkaufen hier doch Dinge, die die Menschen wieder gesund machen. Stimmt! Oder?" Der Arzneikundige nickte. Das Mädchen fuhr fort: „Ich habe gehört, wie Daddy zu meiner Mum sagte: ‚Wenn Tom das nächste Weihnachten überleben soll, kann ihm nur noch ein Wunder helfen.' Tom ist mein Bruder und erst fünf Jahre alt und wird doch bald sterben. Darum bin ich hier, um ein Wunder zu kaufen." Sie zeigte auf das Geld, das sie mit der Hand auf dem Ladentische ausbreitete. „Ich habe mein Sparschwein geschlachtet. Das ist alles, was ich habe."

„Wie viel ist es denn?", fragte der Mann, der hinter ihr stand.

Die Kleine drehte sich um und forderte den Fremden auf: „Zählen Sie es selbst!"

Dieser stellte fest: „Vier Dollar und fünfzig Cent! Dafür kann man schon ein Wunder kaufen. Oder was meinen Sie, Mr. Johnson?"

Der Apotheker nickte zustimmend, denn er kannte den Fremden. Er war der Chefarzt des Städtischen Hospitals. „Du gibst mir jetzt deine Adresse und ich komme in den nächsten Tagen bei euch vorbei, um zu sehen, was ich für deinen Bruder tun kann."

Am Heiligabend schellte es bei den Boys. Als die Mutter die Tür öffnete, sagte ein freundlicher Herr: „Mein Name ist Smith. Ich habe Ihrer Tochter versprochen, mir Ihren Sohn einmal anzusehen." Die Frau bat ihn herein. Der Doktor öffnete seine Arzttasche und untersuchte den Jungen kurz. Dann sagte er: „Ihr Sohn muss dringend operiert werden. Ich lasse Ihnen nach den Feiertagen einen Termin in meinem Krankenhaus zukommen."

Mr. Boy wehrte ab und stotterte: „Wir danken Ihnen sehr. Aber wir haben nicht das Geld für einen solchen Eingriff."

Mr. Smith schmunzelte gönnerhaft und erklärte: „Die Operation ist schon bezahlt. Das hat Ihre Tochter erledigt." Die Eltern sahen sich mit großen Augen an, als der Mediziner ihr Haus verließ.

Mitte Januar bekamen sie ein Schreiben, in dem ihnen ein Operationstermin Anfang Februar angeboten wurde. Die Überglücklichen fielen sich weinend in die Arme, glaubten jetzt fest an ein Weihnachtswunder.

„Alles ist gut verlaufen", sagte der Doktor zu den auf dem Flur wartenden Eltern. „Ihr Sohn liegt jetzt auf der Intensivstation und wir müssen warten, bis er aufwacht. Wenn er die Augen aufschlägt, hat er es geschafft, ist er über den Berg. Jetzt liegt alles in Gottes Hand. Wir haben unser Menschenmöglichstes getan."

Fortan saßen Vater und Mutter abwechselnd am Bett ihres Sohnes, schickten tausend Gebete für seine Genesung zum Himmel. Dann endlich! Am Ostermorgen sah er sie mit großen Augen an. Er lebte!

Jetzt wussten sie: Die Liebe ihrer Tochter hat ihm das Leben geschenkt. Sie erfuhren am eigenen Leib, Weihnachten und Ostern gehören zusammen. Durch die Geburt Jesu und seine Auferstehung ist uns Christen auch ein anderes, ein neues Leben verheißen worden.

BERNHARD WACH

Der Bettler

Hinführung: Es gibt Vorurteile. Haben wir uns dabei schon selbst ertappt?
Vorlesedauer: ca. 5½ Minuten

Sanft schwebten die Schneeflocken zur Erde nieder. Unzählige Sterne glühten am samtschwarzen Himmel. Die Menschen, die durch die beliebte Fußgängerzone stapften, genossen die heimelige Atmosphäre, die durch die vielen bunten Lichter erzeugt wurde. Musik und Glockenklang wurden vom milden Abendwind durch die Straßen getragen. Der Geruch von Keksen, Krapfen und Lebkuchen machte so manchen Leuten Appetit, die sich dann an einem der vielen Verkaufsstände etwas Leckeres besorgten.

Lars und Dennis, die beiden Freunde, kamen gerade vom Gitarre-Unterricht und ließen sich mit der Menge mittreiben. „Schau, dort drüben sitzt ein Bettler!", rief Lars und deutete auf eine bärtige Gestalt, die seltsam verrenkt auf den Stufen eines Kaufhauses kauerte. Bekleidet war der arme Mann nur mit einem zerschlissenen Mantel, der viele Flecken aufwies.

„Der hat ja nur ein Bein!", stellte Dennis bedauernd fest, doch sein Freund machte eine verächtliche Handbewegung: „Unsinn! Der Kerl hat zwei gesunde Füße so wie wir!"

„Aber du siehst doch …"

„Das ist der Trick, Dennis! Der Mann hat sich so hingesetzt, dass es nur so aussieht, als hätte er das zweite Bein verloren. Damit die Leute Mitleid haben und ihr Geld springen lassen …"

„Das glaube ich nicht!", schüttelte Dennis seinen Kopf und wischte sich einige Schneeflocken aus dem Gesicht.

„Mensch, hast du noch nie was von der Bettelmafia gehört?"

„Von der Bettelmafia?"

„Ja, da werden Leute aus armen Ländern von ihren Bossen herangekarrt, in die Fußgängerzonen der großen Städte gesetzt und sollen für entsprechende Einnahmen sorgen. Gerade vor Weihnachten ist das ein Riesen-

geschäft. Die Leute haben eben mehr Mitleid mit Verkrüppelten oder mit Frauen, die ihre kleinen Kinder in den Armen halten. Dabei ist das alles nur Theater. Die angeblich Verletzten sind gesund und munter, und die Kinder gehören sehr oft gar nicht diesen Frauen. Hinter allem steht der Boss, der abends abkassiert."

„Unglaublich! Wer hat dir denn das erzählt?"

„Mein Onkel! Der ist bei der Polizei", gab Lars Auskunft und fuhr fort: „Der Boss bekommt natürlich das meiste Geld, die Bettler nur ein Almosen. Und manchmal kommt es vor, dass diese Leute von ihrem Boss geschlagen werden, wenn sie nicht genug erbettelt haben!"

„Das ist ja wohl die Höhe", fauchte Dennis und schlug die Fäuste gegeneinander. „Und trotzdem behaupte ich, dass dieser Mann dort drüben nur ein Bein hat!"

„Wir können uns ja davon überzeugen!", grinste Lars und nahm seinen Rucksack von der Schulter.

„Was hast du vor?", wollte sein Freund wissen und sah wenig später, wie Lars einen Chinaböller aus dem Inneren hervorholte.

„Du – du willst doch nicht ..."

„Genau das werde ich machen! Du wirst sehen, wie schnell der Mann auf seinen Beinen steht!"

„Also, ich weiß nicht ..." Dennis verzog sein Gesicht. Doch Lars war nicht mehr zu bremsen. Er schlich sich von hinten an den Bettler heran, entzündete den Böller und warf ihn über den Kopf des armen Mannes. Der Feuerwerkskörper landete Funken sprühend am Boden. Jeden Moment konnte er explodieren. Der Bettler stieß einen Schrei aus, kämpfte sich mühsam in die Höhe und humpelte voller Panik ein paar Schritte zur Seite.

Der Böller zündete knallend. Ein paar Leute lachten. Doch Lars und Dennis lachten nicht.

Die beiden Freunde standen betreten da und starrten auf den armen Mann, der tatsächlich nur ein Bein hatte und sichtlich geschockt war. Seine Lippen bebten, seine Augen flackerten und spiegelten die nackte Angst wider. Lars und Dennis senkten beschämt die Köpfe. Sie schlichen wie geprügelte Hunde davon.

Ein Stück weiter hielten die beiden Freunde an. „Jetzt hast du's gesehen!", schimpfte Dennis. „Dein Onkel hat die Wahrheit auch nicht mit dem Löffel gefressen! Der Mann ist tatsächlich arm und ich schäme mich für dich, dass du ihn so erschreckt hast!"

„Dabei hätte ich schwören können ..."

„Ich schlage vor, dass wir wieder zurückgehen ..."

„Bist du verrückt?"

„Wieso? Ich finde, wir sind ihm eine Kleinigkeit schuldig. Wie viel Geld hast du denn dabei?"

Kurze Zeit darauf leerten die beiden Freunde ihre Geldtaschen in den schäbigen Hut des armen Mannes, der wieder auf seinem alten Platz saß. Dabei blickte der Bettler schweigend auf die beiden Jungen. Erkannte er sie wirklich nicht oder wollte er nichts sagen? In seinen wässrigen Augen konnten Lars und Dennis jedenfalls eine große Dankbarkeit erkennen. Und die beiden Freunde spürten, wie es ihnen warm ums Herz wurde. Vom Stadtturm her erklangen die Trompeten. Lars wischte sich eine Träne aus den Augenwinkeln. Das Gesicht des armen Mannes würde er nie vergessen ...

ANTON SCHALLER

Das Unsichtbare sehen

Hinführung: Es gibt mehr, als man sehen kann. Das haben wir doch schon gelernt: Man sieht nur mit dem Herzen gut!
Vorlesedauer: ca. 4 Minuten

Liebe Nichte,
du fragst mich, ob es das Christkind wirklich gibt? Du schreibst, deine Freunde behaupten, es sei eine Erfindung der Erwachsenen, um einmal im Jahr ein wenig Romantik und Sentimentalität aufkommen zu lassen.

Ich versichere dir, liebe Nichte, deine Freunde irren, und es wäre um uns Menschen schlecht bestellt, wenn sie sich nicht irren würden. Es gibt das Christkind, aber es hat keine lockigen Haare auf dem Kopf und kein immerwährendes Lächeln im Gesicht. Nein, es ist Gottes Sohn, den du nur mit deinem Herzen findest.

Ich weiß, wir Menschen haben uns mehr und mehr daran gewöhnt, nur das zu glauben, was wir sehen und anfassen können oder was wir erforscht haben. Die Fortschritte der Wissenschaften sind auch zu enorm und verführen zu dieser Denkweise.

Aber es gibt Dinge, die man nicht messen kann, die man nicht anfassen und sehen kann. Und sie sind doch da, man muss sie nur sehen wollen.

Du hast mir erzählt, dass du sehr traurig warst, als im letzten Jahr dein Hund gestorben ist, und der Trost, den dir dein Vater spendete, eine große Hilfe war. Trauer und Trost hast du empfunden. Sie waren da, du konntest sie nicht sehen und doch hast du sie gespürt.

Als du uns im vergangenen Jahr auf unserem Bauernhof besucht hast, spieltest du deiner Tante und mir fast jeden Abend eine Melodie auf deiner Blockflöte vor. Die Flöte ist nur ein Stück Holz mit ein paar Löchern. Deine Melodien aber wärmten unsere Herzen. Auch wenn du das Instrument auseinandernimmst, die Melodien siehst du nicht. Doch waren sie da und erfreuten uns. Wie groß war deine Freude, als ich dir zum Dank beim Abschied eine Klarinette schenkte. Dieses Glück hast du im Herzen empfunden.

Oder denke an die Liebe deiner Eltern. Anfassen und sehen kann man sie nicht. Aber wenn du willst, spürst du sie jeden Tag. So ist es auch mit Gottes Liebe zu uns, seinen Geschöpfen. In seinem Sohn wird sie erkennbar. Aber nur, wenn du dich zur Krippe hingezogen fühlst, du musst an das Christkind glauben.

Das Christkind ist also nicht, wie deine Freunde sagen, eine sentimentale Erfindung, sondern Gottes Sehnsucht nach uns Menschen, seine immerwährend ausgestreckte Hand, die wir ergreifen dürfen. Darum wird man dieses Fest immer feiern, denn es beweist Gottes Liebe zu uns, zu jedem Einzelnen von uns.

HERIBERT HABERHAUSEN

Echt Weihnachten

Hinführung: Hängt dir auch die weihnachtliche Feier zu Hause aus dem Hals raus? Dann bitte zuhören!
Vorlesedauer: ca. 7 Minuten

„Spreche ich eigentlich chinesisch?", rief Lisa und warf sich wütend in den Sessel. „Ich habe doch schon tausendmal erklärt, dass ich keine Lust auf den Gottesdienst mit Oma habe." Sie beobachtete missmutig ihre Mutter, die sich gedankenverloren vor dem Spiegel drehte und die neue Waschbärjacke an sich bewunderte. Dieter strich langsam über das weiche Fell der Jacke und warf einen Blick auf das Spiegelbild der Frau, der halb Besitzerstolz und halb Sinnlichkeit war. Lisa hasste Dieter. Besonders heute. Er war der kleine miese Eindringling, Störenfried, Widerling. Dieter war Mutters neuer Freund. Es war seine Idee, dass alle mit Oma in den Weihnachtsgottesdienst gingen. So war es ausgemacht worden, so hatte er bestimmt. Nach Bescherung und Abendessen.

„Tu bloß nicht so auf Familie!", fauchte Lisa Dieter eisig an und drehte sich schnell weg.

„Schatz, komm, wir wollen Mama nicht warten lassen", rief Mutter aus der Diele nach Dieter. Sie versuchte Lisa gar nicht zu überreden, doch noch mitzugehen. Sie hatte einfach Lisas „Nein" widerspruchslos angenommen. Lisa fühlte, wie ihr heiße Tränen den Hals hinaufkrochen und die Kehle zuschnürten. Sie antwortete nicht auf das gedankenlose „Tschüss, Kind" ihrer Mutter und ignorierte das seichte „Bis dann" von Dieter. Regungslos blieb sie im Sessel sitzen und schaute auf die Kerzen, deren Flammen zuckend den ungleichen Kampf gegen die Zeit kämpften, um dann doch zu erlöschen. Lisa ließ dem Schmerz freien Lauf. Und nachdem alle Enttäuschung, Hass, Eifersucht, Verzweiflung und Einsamkeit zumindest für den Augenblick hinausgespült waren, musste Lisa bitter lächeln: Heiligabend war das also! Weihnachten, Friede, Freude, Eierkuchen … und sie? Sie saß allein im dunklen Wohnzimmer und heulte. Dabei hatte sie sich schon immer ein anderes Fest gewünscht, ohne diesen Geschenkezwang und Gefühlsduselei. Irgendwie alternativ feiern, eine Party statt Bescherung oder ins Kino oder vielleicht ein Popkonzert, dessen Erlös - ja das wäre eine tolle Weihnachtsidee – den armen Menschen in der Welt zugute käme. Das wäre echt Weihnachten…

Lisa hasste diesen Konsumrummel, diese Heuchelei an Weihnachten. Sie hasste Dieter und die blöde Waschbärjacke, die er ihrer Mutter geschenkt hatte. Sie hasste auch Omas Weihnachtsplätzchen, die bloß fett machten, und all diesen Firlefanz mit Engeln und Kerzen und Kugeln und Tannen, überhaupt Tannen, war der Wald nicht ohnehin schon kaputt?! Wieder begann sie zu weinen. Von unten, vom ersten Stock, hörte man jetzt laute Musik, viele Stimmen, Klavier. „Wer macht denn hier diesen verdammten Krach?", brüllte Lisa wutentbrannt und rannte in den Hausflur. Ja, die Musik kam von unten. Die Hertlings waren es. Mitten in der Nacht dieses Gejohle, dachte Lisa böse und lehnte sich übers Treppengeländer. Im Erdgeschoss ging die Haustür auf, und ein kalter Hauch der winterlichen Nacht schlüpfte blitzschnell in den Flur. „Zack!", machte es hinter Lisas Rücken. Die Wohnungstür war zugefallen. „Oh, Mist!", rief Lisa entsetzt. Mutter, Oma und Dieter würden frühestens in einer Stunde kommen. Und sie war im kalten Hausflur, an Heiligabend allein und ausgesperrt…

Von unten drangen laute Klaviermusik und viele Stimmen zu Lisa herauf. Weihnachtslieder, die Hertlings sangen Weihnachtslieder… Halt! Lisas Gesicht erhellte sich. Frau Hertling hatte doch den Zweitschlüssel. Mutter hatte ihr ihn vor langer Zeit mal gegeben. Für den Notfall. Ohne zu überlegen, sprang Lisa die wenigen Stufen hinunter. Vor der Tür der Nachbarn zögerte sie kurz, drückte dann beherzt den Knopf. Zuerst passierte lange nichts. Dann endlich kam Jan, der Älteste der vier Hertling – Kinder. „Hallo, Entschuldigung, ich …", begann Lisa zögernd. Jan lächelte sie freundlich an. „Also, die Tür oben… ich meine, könnte ich den Schlüssel von uns haben?"

„Jan, wer ist das?", rief Frau Hertling und kam schon an die Tür. „Ach Lisa, frohes Fest, was gibt's denn an Heiligabend?"

Rasch erläuterte Lisa die Situation. Alles kam ihr jetzt irgendwie peinlich vor, und sie begann im kalten Hausflur furchtbar zu frieren. „Allein an Heiligabend? Das darf aber nicht …" Frau Hertling öffnete die Tür weit und zog Lisa in die warme Wohnung.

„Und frieren tut's Kind auch ...", erklärte Frau Hertling allen im Wohnzimmer, die ihre vom Singen geröteten Gesichter auf das bibbernde Mädchen richteten.

Irgendjemand legte Lisa blitzschnell einen Wollschall um, und noch bevor sie „Danke" sagen konnte, saß sie schon auf dem Sofa zwischen Oma Hertling, der vierjährigen Daniela und der Türkin vom Erdgeschoss. „Kommen auch singen?", strahlte die dicke Frau mit Kopftuch sie an. Lisa sah, dass ihr Mann, der sonst so mürrisch war, lächelnd die Hand seiner Frau hielt.

„Jetzt das mit Maria und Josef", rief eines der Kinder und schmiegte sich an den Vater, der am Klavier ein neues Weihnachtslied anstimmte. „Und dann ‚Oh Tannenbaum'."

„Nein, lasst Lisa aussuchen!", entschied Mutter Hertling.

„Sag das mit den Engelchen!", wisperte Klein-Daniela und blickte halb bittend, halb kokett aus blauen Kulleraugen.

Lisa starrte in die Runde. Sie waren wirklich fröhlich. Echt. Nicht wie Mutter und Dieter. Klar, sie kannte die Hertlings. Sie stritten auch mal. Die Kinder brüllten oft herum, die Oma war widerborstig und launisch. Und die Türken unten, die jetzt so einträchtig beieinander saßen, da flogen auch Fetzen. Aber wo ist das nicht so? Aber jetzt saßen sie eben alle zusammen hier und sangen und waren echt fröhlich. Fröhliche Weihnachten.

„Singt ihr schon den ganzen Abend?", fragte Lisa ungläubig.

„Nee, wir haben die Geschichte von Jesus gehört, aus der Bibel", erklärte Daniela mit stolzer Piepsstimme.

„Und gut gegessen", fügte Oma hinzu.

„Und Bescherung?"

„Wir hatten diesmal alle zusammengelegt", sagte Jan, als er Lisas suchenden Blick sah, denn nirgends konnte man Geschenke entdecken. „Für eine Geschirrspülmaschine, damit Mama es leichter hat." Frau Hertling schaute zu Jan und bekam glänzende Augen. Oma schob Lisa und der Türkin den Lebkuchenteller hin. „Eigentlich hasse ich Weihnachtsgebäck", dachte Lisa flüchtig, lehnte sich wohlig zurück und biss zufrieden in ein dickes Lebkuchenherz.

VERA NOVELLI

Weihnachten ist überall

Hinführung: Es gibt Engel. Manchmal stehen sie direkt hinter einem.
Vorlesedauer: ca. 2 Minuten

Wie immer an den letzten Tagen vor Weihnachten bilden sich vor den Kassen der Kaufhäuser lange Menschenschlangen. Sie bestehen in erster Linie aus jenen Mitbürgern, denen auf den letzten Drücker einfällt, dass sie noch ein Geschenk brauchen. Sie haben es alle eilig, schauen missmutig, wenn vor ihnen sich jemand aufhält, der sie aufhält, der ihren Last-Minute-Kauf verzögert.

An der Kasse fünf stand eine solche Person. Eine ältere Dame hielt ihr Portmonee in ihren zittrigen Händen und zählte ihr Geld. Ihre Kleidung ließ darauf schließen, dass sie nicht gerade in Geld schwamm.

Obwohl sie ausschließlich Sonderangebote und herabgesetzte Ware genommen hatte, ihr Bares reichte nicht, das Ausgesuchte zu bezahlen. Karten hatte sie nicht. Ein Teil der Waren musste aussortiert werden, der Endbetrag storniert werden. Jedermann war klar, das dauerte seine Zeit, weil die Kassiererin einen Vorgesetzen rufen musste.

Die hinter ihr Wartenden wurden missmutig, einige murrten still vor sich hin. Einer rief laut: „Nun machen Sie schon! Ich möchte Heiligabend zu Hause verbringen." Dieser oder jene stimmten ihm zu, einige applaudierten sogar, andere baten ihn, sich zu mäßigen.

Ein älterer Herr, der unmittelbar hinter der alten Dame stand, griff nach ihrer Geldbörse. Er sagte tadelnd: „Sie müssen einmal die alten Rechnungen ausmisten, entwertete Fahrkarten wegwerfen, Ihre Geldscheine sortieren." Dann gab er ihr das Portmonee zurück, lächelte und meinte: „Sehen Sie doch noch einmal genau nach! Ganz hinten steckt noch ein Zwanzig-Euro-Schein."

„Ganz unmöglich!", entrüstete sich die alte Dame.

„Doch, doch", beharrte der ältere Herr, „schauen Sie nur! Es reicht, um Ihre Ware zu bezahlen und vielleicht können Sie sich noch einen Wunsch erfüllen."

Die Augen der Frau leuchteten, sie sagte nur: „Danke! Vielen Dank!"

Der ältere Herr erwiderte: „Weihnachten ist immer und überall."

HERIBERT HABERHAUSEN

Der Leuchtturmwächter

Hinführung: Der alte Leuchtturmwächter Sam ist traurig. Seit der Leuchtturm auf seiner Insel nicht mehr leuchten darf, ist er ohne Aufgabe. Aber er will seinen Leuchtturm nicht verlassen. Es ist sein Zuhause. Ausgerechnet kurz vor Heiligabend trifft der Leuchtturmwächter auf ein ungewöhnliches Mädchen, das wieder Licht in sein Dunkel bringt.
Vorlesedauer: ca. 8 Minuten

Sam wacht über das Meer seit hundert Jahren, was natürlich nicht stimmt, aber Sam hat vergessen, wann er auf den Leuchtturm gekommen ist. Er ist schon immer da gewesen. Erst mit Agathe, dann nur noch mit Matz, aber der ist jetzt auch weg. Ein Hundeleben lang hat er gegen die Möwen gekläfft, am Ende lagen sie gleichauf. Der Wind ist noch da. Und nachts leuchten die Sterne. Die Sterne mag Sam lieber als den Wind, sie machen nicht so ein Aufheben.

Die Insel ist klein, eigentlich nur ein großer Stein, der auf der einen Seite sanft ausläuft. Dort liegt sein Boot. Eine Bank gibt es auch. Gegen Abend, wenn der Wind nachgelassen hat, sind Agathe und er dort oft gesessen und haben sich an den Händen gehalten. Gesagt haben sie nie viel, aber das brauchten sie auch nicht. „Hier ist zu Hause", hat Agathe geseufzt, und es war ein wohliges Seufzen, und Sam hat genickt und dann ist er aufgestanden, um nach den Krebsen zu sehen, denn zu viel Romantik tut auch nicht gut.

Alle sechs Wochen rudert Sam ans Festland und kauft Bohnen und Haferflocken und manchmal ein bisschen Speck. Dann rudert er zurück, und die Leute haben ihn schon wieder vergessen, weil Sam einer ist, der kommt und geht, ohne viel zu sagen. Der Leuchtturm ist ja auch längst abgeschaltet, seit es den neuen gibt, so ein Stahlgerüst mit Lampe. Ein Turm ist das nicht, und gesteuert wird er von Münderup aus, alles per Computer. Da wacht keiner mehr. „Sam", haben sie zu Sam gesagt, „du kriegst eine Wohnung, da hast du Zentralheizung und Balkonkästen hast du auch, und beim Bäcker kannst du nachmittags Bienenstich holen."

Sam wollte nicht. Sam hat auf den Bienenstich verzichtet, obwohl er Bienenstich sehr gern isst. Aber er findet, einen muss es schon geben, der Licht macht, und das kann ja wohl keineswegs eine Maschine sein. Der Turm ist jetzt eine unbeleuchtete Landmarke. So nennt man das im Behördendeutsch, und es ist Sam streng untersagt, das Licht anzuzünden. Landmarken leuchten nicht.

Sam ist noch nie sentimental gewesen. Sam ist immer Realist gewesen. Jetzt ist er ein enttäuschter Realist, der sich manchmal mit Bienenstich vom Festland tröstet, aber nie mit Alkohol, obwohl die Nächte lang sind. Noch immer. Sam liegt oft wach und lauscht dem Wind und denkt über alles nach.

In einer solchen Nacht hört er auf einmal einen dumpfen Schlag. Es klingt wie ein Boot, das gegen den Fels geworfen wird. Sein Boot hat er wie immer fest vertäut, da ist er gründlich. Immer gewesen. Die See ist kabbelig, also beschließt er runterzusteigen, man weiß nie. Draußen schlägt ihm der Wind ins Gesicht. „Ruhig", murmelt Sam und hält den Strahl der Lampe ins Dunkel. Die Wellen haben Kronen aufgesetzt und leuchten weiß. Unten liegt ein Boot. In dem Boot sitzt ein Kind. Sam kneift die Augen zusammen. Es hat Zöpfe, also wird es ein Mädchen sein. Mehr kann er nicht erkennen. Das Mädchen gehört eindeutig nicht hierher.

Als er näher kommt, sieht er, dass es zittert, deshalb steigt Sam hinunter und hebt es aus dem Boot. Es ist leicht, überraschend leicht, und es lässt sich, ohne zu fragen, in den Leuchtturm bringen. „Die Stufen musst du schon selber gehen", brummt Sam, denn sein Rücken ist auch nicht mehr der Jüngste. Das Mädchen nickt. Es trägt zwei Röcke und eine Hose, darüber einen viel zu großen Anorak. Sam gießt Milch in den Topf und zündet das Gas an. „Woher kommst du?"

Das Mädchen schüttelt den Kopf. Vielleicht spricht es kein Deutsch? „Maria", sagt es. Marias Stimme ist hell und erinnert Sam an etwas. Er kommt nicht drauf, was es ist. Maria trinkt hastig. Milch scheint sie zu mögen. Dann legt sie den Kopf auf den Tisch und schläft ein. Sam sieht das Mädchen an und denkt, dass ein Tisch kein geeigneter Ort für einen erholsamen Schlaf ist, also breitet er eine Decke auf dem Sofa aus, hebt Maria von ihrem Stuhl und legt sie behutsam hin. Mehr gibt es nicht zu tun. Sam legt sich auch wieder hin. Diesmal kommt der Schlaf.

Am Morgen stellt sich heraus, dass das alles kein Traum war. Das Mädchen sitzt am Fenster und sieht aufs Meer. Sam schaut auf das Mädchen. Man müsste es an Land bringen, denkt er. Aber etwas hält ihn davon ab, weil er nicht weiß, wie er das alles erklären soll, und Sam erklärt überhaupt nicht gern. Sie sollte sich waschen. Sie riecht ein bisschen streng. Sam lässt Wasser in die Wanne laufen, holt ein frisches Handtuch und lässt Maria allein.

Dann stellt er den Kessel auf den Herd, gießt Tee auf und überlegt. Wenn ihn nicht alles täuscht, müsste heute der 24. sein. Heiligabend.

Sam macht sich nichts aus dem Heiligabend, er feiert kein Weihnachten. Schon lange nicht mehr. Er wüsste auch nicht, wie. Damals mit Agathe, da haben sie immer einen Tannenbaum ins Fenster gestellt, einen kleinen mit Kerzen. Die haben sie angezündet und sich vorgestellt, dass alle Seeleute die Lichter sehen und sich ein bisschen wie zu Hause fühlen. Allein macht man so etwas nicht. Und ein Leuchtturm, der nicht leuchtet, ist genau genommen sowieso kein Zuhause. Wegen des Mädchens überlegt Sam, kurz noch rüberzufahren an Land und einen Baumkuchen zu kaufen oder was man zu Weihnachten so isst. Er verwirft die Idee wieder. Immerhin hat er das Mädchen nicht eingeladen.

Gegen drei Uhr beschließt er, noch mal nach den Reusen zu sehen. Vielleicht haben sich ein paar fette Krebse darin verirrt. Er zieht das Ölzeug an. Das Mädchen liegt auf dem Sofa und hat die Augen geschlossen. Vielleicht schläft es. Macht nichts, denkt Sam, entweder es wartet oder es ist weg.

Er zieht das Boot ins Wasser und wirft den Motor an. Der Wind ist schneidender geworden. Es wird Schnee geben, vielleicht. Das Boot tuckert zu den Reusen. Sam isst gern Krebse. Auch Fisch, aber lieber Krebs. Früher hat er immer welche für Agathe geholt, und dann ging das Leuchtfeuer an und er wusste: Jetzt musst du nach Hause kommen. Das ist lange her.

Die Dämmerung hat eingesetzt. Eine Reuse noch, dann drehst du um, denkt Sam. Bist nicht mehr der Jüngste, alles geht langsamer, das vergisst du gern. Keine Krebse drin, schade. Er wendet das Boot, da trifft ihn das Licht. Ein starker Strahl fließt über die Wellen. Das Mädchen, denkt Sam und wirft den Motor an. Es muss den Schalter gefunden haben. Er flucht. Sein Boot springt über die Wellen, so schnell fährt er, immer näher kommt er dem Licht. Es erleuchtet das Meer, den Himmel, den Fels und schließlich auch ihn, als sein Boot eintaucht in den Strahl. Der Leuchtturm liegt jetzt vor ihm, und da sieht er die anderen Boote. Unten an seinem Anleger, eins neben dem nächsten. „Wir haben das Licht gesehen", rufen ihm ein paar Männer entgegen, auch Anna aus dem Bäckerladen ist da, selbst der alte Heinrich, dazu Menschen, die er noch nie gesehen hat, Filipinos oder Fidschis. Was ist bloß los, denkt Sam. Er vertäut das Boot, läuft 203 Treppen hoch, aber was heißt laufen, er kommt ja kaum voran, so eng ist es wegen all der Leute. „Was wollt ihr hier?", fragt er ein ums andere Mal. „Wir haben das Licht gesehen", antworten sie. Oben ist es warm, vielleicht etwas wärmer als sonst, aber das mag an den vielen Menschen liegen.

Maria sitzt am Fenster. Sam geht zu ihr, er will ihr erklären, dass es verboten ist zu leuchten, früher mal, da war das anders, aber das ist vorbei. Er will ihr erklären, dass er Ärger bekommen wird und dass sie den Schalter in Ruhe lassen muss. Doch der Schalter steht unverändert in Schlafposition. Da ist nur das Kind, es sitzt am Fenster und leuchtet.

SUSANNE NIEMEYER

Mehr als ein Geschenk

Hinführung: Schenken heißt, einen Teil von sich selbst zu geben. Passt das zu deinem Geschenk, wenn du eins vorhast?
Vorlesedauer: ca. 5 Minuten

Weihnachten ist die Zeit der Geschenke. Wie viele Kinder hat May, fünfzehn Jahre, ein Problem. Er fragt sich, was überreiche ich am Heiligabend meiner Mutter. Sie ist alleinerziehend, denn ihr Mann hat sie verlassen, als er noch ein Kleinkind war. Sie aber kümmert sich rührend um ihren Sohn, schenkt ihm viel Liebe, vielleicht mehr als andere Kinder bekommen. Sicherlich gibt sie sich auch eine gewisse Schuld, dass er ohne Vater aufwachsen muss.

Früher hat er ihr das Übliche geschenkt, gemalte Bilder, gebastelte Dekorationsgegenstände, sogar Laubsägearbeiten. Aber jetzt, 15-jährig, mit eigenem Taschengeld, soll es etwas ganz Besonderes sein, etwas Ausgefallenes, Einmaliges, das auch die ganze Wertschätzung des so geliebten Sohnes zeigt.

Lange sucht er im Internet. Verrücktes und Skurriles wird dort angeboten wie leuchtende Einhornhausschuhe, haltbare Seifenblasen, beschriftetes Toilettenpapier. Aber auch Interessantes und Persönliches wie personalisierte Glasfotos, selbst gestrickte Schals, Glückslose mit persönlicher Widmung. Aber alles sagt Max nicht zu.

Darum beschließt er, sich in der Stadt auf Geschenksuche zu begeben. Mehrere Nachmittage durchstreift er die Kaufhäuser, steht vor Regalen und Warentischen. So sehr er kramt, so sehr er sich müht, so viele Treppen er auch auf- und absteigt – etwas Passendes für seine Mutter findet er nicht, etwas, von dem er überzeugt ist, darüber würde sie sich von ganzem Herzen freuen. Mit hängendem Kopf trabt er jedes Mal enttäuscht heim, seine Träume und Hoffnungen, etwas wirklich Außergewöhnliches zu finden, schwimmen davon.

Wieder einmal enttäuscht heimwärts schlendernd, fällt sein Blick auf ein Schild „echte Sternschnuppen im Angebot" in einem „Eine-Welt-Laden".

Max tritt ein. Sie gefallen ihm. Er sucht eine in Faustgröße aus und kauft sie. Zu Hause bastelt er ein hölzernes Etui in Herzform dazu und legt sie auf ein schwarzes Kissen, das er selbst genäht hat. So gibt er der gekauften Ware eine persönliche Note.

Als er seiner Mutter zur weihnachtlichen Bescherung sein Präsent überreicht, fällt sie ihm gerührt um den Hals und sucht dann gleich den passenden Platz im Wohnzimmer, einen Ehrenplatz. Sie betrachtet es lange und mit dankbaren Blicken.

Großvater, der wie immer Heiligabend bei ihnen weilt, sagt zu ihm, als die Mutter in der Küche das Essen zubereitet: „Ich habe mitbekommen, wie viel Mühe du dir gegeben hast, um ein passendes Geschenk zu finden, deine stundenlange Suche im Internet, das ständige Durchblättern von Katalogen, die häufigen Besuche in Kaufhäusern. Was wäre gewesen, wenn das Geschenk meiner Tochter, deiner Mutter, nicht gefallen hätte? Dann wäre alle Mühe umsonst gewesen?"

„Oh nein, Opa. Sie hätte doch einen Teil des Geschenks bekommen", erklärt Max mit größter Selbstverständlichkeit.

„Einen Teil des Geschenks?", fragt verwundert der Großvater.

„Ja, einen Teil, denn Anstrengung und Mühen gehören auch zu einem Geschenk", meint der Enkel, „ein gutes Geschenk ist mehr, als Geld in einen Briefumschlag zu stecken oder einen Gutschein unter eine Postkarte zu legen oder einfach irgendetwas zu kaufen." Er macht eine Pause, sieht seinen Opa mit ernsten Blicken an. Dann fährt er fort und es kommt aus tiefster Seele: „Schenken heißt sein Herz zu öffnen, dem anderen seine Zuneigung, gar seine Liebe zu zeigen. Ich habe einmal gelesen, schenken heißt, einen Teil von sich selbst zu geben." Der Opa nickt wortlos, aber anerkennend.

BERNHARD WACH

(vgl. S. 70: Mit Geschenken unsere Liebe zeigen)

Ein Kind ist uns geboren

Hinführung: Wir hören eine Legende, die im Kern zeigt, wie es in der Welt sein müsste. Und weil es nicht so ist, müssen wir daran arbeiten.
Vorlesedauer: ca. 4 Minuten

Vor vielen Jahren wanderten drei wundersame Gestalten durch den tiefen Schnee. Es war eine sternenklare Nacht, und das Land lag erstarrt unter einer dicken Schneedecke. Die drei Fremden klopften bei einer kleinen Hütte an. Der Hirtensohn Jorim öffnete ihnen. Freudig bat er sie herein ans wärmende Feuer. Sie stärkten sich an dem einfachen Mahl und begannen zu erzählen:

„Wir sind drei Sterngucker und kommen von weit her. Sonderbares hat uns ein Stern kundgetan: Ein Kind ist geboren, das die Welt durch Liebe verändern wird. Es wird Not, Angst, Ungerechtigkeit und Einsamkeit von den Menschen nehmen. Der Stern zeigt es deutlich und führt uns. Der Weg ist lang und mühsam, aber wir wollen den neuen König begrüßen."

Früh am nächsten Morgen verabschiedeten sich die drei, der Stern führte sie weiter. Jorim blieb zurück, tief beeindruckt von allem, was er gehört hatte. Ein Kind, das die Welt verändern wird? Die Welt wird durch Liebe regiert werden? Viele Fragen schwirrten durch seinen Kopf, und in seinem Herzen wuchs der Wunsch, sich auf den Weg zu machen: „Auch ich muss dieses Kind begrüßen. Der Stern zeigt auch mir den Weg."

Sogleich eilte er ins Dorf und erzählte von seiner Begegnung und der frohen Kunde. Die Freude, die aus ihm strahlte, ergriff auch die anderen. Sie vergaßen die alltägliche Plage und Not, sie begannen zu singen und zu tanzen.

„Da, nimm diese Flöte", sprachen sie zum Abschied. „Das Spiel soll dich und jeden, dem du begegnest, und das Herz des Kindes erfreuen. Erzähl ihm von uns und trage unsere Hoffnungen zu ihm."

Sein Weg führte ihn an einem abgelegenen Haus vorbei. Ein alter Mann stand dort und spaltete Holz. Jorim half ihm und schon bald hatten sie einen Vorrat, der bis weit in den Frühling reichen würde. Auch diesem Mann erzählte er, wohin ihn der Weg führe und welche Hoffnungen er mit sich trage. „Der Winter ist kalt und der Weg sehr weit", sagte der Alte. „Nimm diese wollene Decke mit, wärme dich und das Kind und erzähle ihm auch von mir."

Jorim zog weiter, immer dem Stern nach. Da traf er ein kleines Mädchen. Es hatte sich verirrt und weinte. Jorim tröstete es mit seinem Flötenspiel und half ihm, das Elternhaus zu finden. Glücklich schloss die Mutter ihr Kind in die Arme. Wieder erzählte Jorim von den drei Sterndeutern und dem neugeborenen Kind, das allen Menschen helfen wird. Da gab sie ihm einen Laib frisch gebackenes Früchtebrot. „Nimm von dem Brot und bringe davon auch dem Kind. Sag ihm, dass wir es erwarten", und sie verabschiedeten sich herzlich.

Immer heller leuchtete der Stern, und doch kamen Jorim auf seinem langen Weg manchmal Zweifel. Nicht alle glaubten ihm, oft wurde er sogar ausgelacht. Wenn sich nun die Sterndeuter geirrt hätten? Was sollte er dann auf dem Weg zurück sagen, wie den enttäuschten Leuten begegnen?

Endlich sah er eine armselige Hütte. Der Stern stand über ihr, und sie erstrahlte in einem wunderbaren Licht. Große Freude erfüllte sein Herz.

Zuerst erkannte er die drei Sterndeuter. Neben ihnen waren Hirten, ein Mann und eine Frau, die ein Kind in ihren Armen hielt. Er legte die wollene Decke um die Frau und das Kind, um sie vor der Kälte zu schützen. Dann nahm er das Früchtebrot und verteilte es.

Auf der Flöte spielte er eine Melodie, die vom Elend der Menschen, von ihrer Not, ihrer Einsamkeit erzählte, die aber auch voll war von ihren Hoffnungen. Alle verstanden ihn.

Der Weg zurück erschien ihm leicht, und er spielte so schön wie nie zuvor.

NACH EINER ALTEN WEIHNACHTSLEGENDE

Die goldene Kette

Hinführung: Einer der Sternkundigen aus dem Morgenland tauscht eine Kette aus purem Gold ein in eine unendlich wertvollere Kette.
Vorlesedauer: ca. 8 Minuten

Hallo! Ich hoffe, ihr habt ein wenig Zeit, denn ich möchte euch eine Geschichte erzählen, die ich selbst erlebt habe. Das ist zwar jetzt einige Jahre her, aber dafür ist alles wirklich so passiert.

Es fing damit an, dass ich eine Einladung bekam. Eine entfernte Verwandte, die schon seit Langem in einem anderen Land lebte, erwartete ein Kind. Zum Fest der Geburt war ich eingeladen, ebenso zwei meiner Freunde. Und weil wir noch nie in dem fremden Land gewesen waren, beschlossen wir voller Abenteuerlust, uns auf den Weg zu machen.

Damals, das müsst ihr wissen, gab es noch keine Flugzeuge oder Autobahnen. Daher mussten wir viel Zeit für unsere Reise einplanen. Aber das war kein Problem, wir freuten uns sogar darauf. Denn so bot sich uns die Gelegenheit, unterwegs neue Länder kennenzulernen. Aber etwas anderes beschäftigte uns sehr: Wir machten uns Gedanken darüber, was wir wohl als Geschenk mitnehmen könnten. Meine beiden Freunde hatten sofort eine gute Idee, aber ich überlegte lange. Zu groß und zu schwer darf ein Geschenk nicht sein, das man auf so einer weiten Reise mit sich tragen will.

Da fiel mir nach einigem Überlegen die goldene Kette ein, die schon seit Jahren in unserer Familie immer dem ältesten Sohn gehört. Eine ganz wertvolle goldene Kette aus kostbaren, großen Kettengliedern mit einem seltsamen Schmuckstück dran. Das Schmuckstück sah aus wie zwei gekreuzte Stäbe und war auch aus Gold. Ein Kreuz sozusagen! Keiner aus unserer Familie konnte sich erklären, was das zu bedeuten hatte, denn in unserem Land sah der Schmuck eigentlich ganz anders aus: Wir hatten Herzen, Sterne, ineinander verschlungene Kreise und kleine Tiere aus Gold. Besonders die Tiere fand ich damals schön. Aber ein einfaches Kreuz? Ich wusste nicht, ob das Kind sich darüber freuen würde. Aber immerhin war es aus Gold, und so war es schon ein richtiger Schatz.

Ich hängte mir die Kette um den Hals, und gemeinsam machten wir uns auf den Weg. Durch viele fremde Länder sind wir gereist. Manchmal mussten wir auf freiem Feld übernachten; einmal sind wir sogar zwei Tage in einer Höhle geblieben, weil es in Strömen regnete und wir auf dem aufgeweichten Boden nicht weitergehen konnten. Viele kleine und große Abenteuer haben wir auf der Reise erlebt, aber das Aufregendste war die Geschichte mit der Kette.

Alles begann sehr merkwürdig ... Ein kleines Kind stand plötzlich mitten im Weg und bat mich um eine Gabe. Es war ganz abgemagert und hatte sicher seit Wochen schon nicht mehr richtig gegessen. Leider haben wir solche armen Menschen oft getroffen, denn es gab zu der Zeit viel Not und Elend. Doch diesmal merkte ich, wie sich die Kette um meinen Hals löste. Mit der einen Hand konnte ich sie gerade noch fassen, mit der anderen fing ich ein einzelnes Kettenglied auf. Ihr könnt euch vorstellen, was für große Augen das Kind bekam, als es in meiner Hand den goldenen Ring sah. Es dachte wohl, dass ich ihn verschenken wollte, daher strahlte es über das ganze Gesicht, begann vor Freude zu hüpfen und umarmte mich. Als ich den kleinen, ausgemergelten Körper des Kindes in meinen Armen spürte, konnte ich nicht mehr anders. Ich habe ihm das Kettenglied wirklich geschenkt und zugesehen, dass ich schnell weiterkam.

Natürlich war die Kette jetzt zu klein, um sie weiter um den Hals zu tragen. Aber ein neugeborenes Kind hat nicht so einen dicken Hals wie ich, nicht wahr? Die Kette würde schon noch passen.

Aber ein paar Tage später sah ich auf unserem Weg eine Gruppe von Waldarbeitern, die Bäume fällten und zu Brennholz machten. Als wir vorbeizogen, fiel einer der Holzfäller vor Erschöpfung zu Boden. Sofort kam der Vorarbeiter mit der Peitsche in der Hand und schlug auf den armen Mann ein. Meine Hand, in der ich die goldene Kette jetzt trug, steckte in der Manteltasche. Da spürte ich, wie sich auf einmal zwei Glieder der Kette lösten. Ohne zu zögern, gab ich das eine Glied dem Vorarbeiter und kaufte den Mann frei. Das andere drückte ich dem Holzfäller in seine schwieligen Hände. Er starrte mich fassungslos an. „Danke", stammelte er.

„Wenn er das goldene Glied verkauft", dachte ich, „hat er sicher genug Geld, um ein Jahr gut zu leben. Vielleicht kann er sogar noch seine Familie ernähren, so er denn eine hat." Aber ich habe nicht gefragt, sondern bin weitergezogen, bevor jemand unangenehme Fragen stellen konnte.

Die Kette war jetzt eigentlich keine Halskette mehr. Aber vielleicht konnte das Kind, dem ich sie schenken wollte, die Kette wie ein Armband um das Handgelenk tragen?

Aber schon wieder kam mir etwas in die Quere. Eine heruntergekommene Räuberbande lauerte uns auf und umstellte uns, noch bevor wir begriffen hatten, was geschah. Meine beiden Freunde wollten schon zu ihren Waffen greifen und sich zur Wehr setzen, als sich plötzlich die restlichen Kettenglieder alle auf einmal lösten und mir in meine offene Hand kullerten. „Was?", dachte ich, „Verbrecher und Lumpenpack soll ich damit beschenken?" Aber die Kette hatte wohl ihren eigenen Willen, und so bot ich den Räubern an, dass jeder von ihnen ein Stück des Goldes bekommen würde, wenn sie uns gehen ließen. Nun, offensichtlich hatte keiner von ihnen Lust zu kämpfen. So stimmten sie schnell zu und ließen uns in Frieden ziehen, jetzt um eine beträchtliche Summe reicher als zuvor.

Aber mir war gar nicht wohl zumute. Die wertvolle Kette war verschwunden, mir blieb als Geschenk nur noch dieses seltsame Kreuz. Ohne Kette sah es einfach nach gar nichts aus. Sollte ich es überhaupt verschenken? Alle würden vermutlich lachen, denn wer hat schon jemals so ein langweiliges Schmuckstück gesehen?

So kamen wir schließlich an unser Ziel. Durch unsere Abenteuer waren wir nicht rechtzeitig zur Geburt gekommen, aber das war nicht schlimm; es war schön, überhaupt angekommen zu sein. Als ich die ärmliche Unterkunft sah, in der der Vater, die Mutter und das Kind hausten, tat es mir leid um die wertvolle Kette. Die drei hätten das Gold wirklich gebrauchen können: In einem einfachen Stall war das Kind zur Welt gekommen, ganz in der Nähe von Betlehem. Schon viele andere Menschen – hauptsächlich arme Leute, Hirten und Bauern – waren der Einladung gefolgt und hatten das Neugeborene besucht. Meine beiden Freunde knieten ebenfalls vor dem Kind nieder. Der eine schenkte ihm eine Kiste mit Weihrauch, ein ganz seltener und kostbarer Schatz; mein zweiter Reisegefährte gab seine wertvollsten Salben und Düfte her: Myrrhe, Aloë und Kassia. Nur ich stand etwas verlegen vor dem Kind. Meine Kette war ja verloren. Sollte ich nun wirklich das unscheinbare Kreuz hergeben? Immerhin, es war aus reinem Gold, und wenn es auch zusammen mit der Kette mehr wert gewesen war, so war es doch auch jetzt noch wertvoll für die armen Leute. Da beugte auch ich meine Knie und gab dem Kind das goldene Kreuz.

Ihr glaubt gar nicht, was da geschah: Plötzlich sah ich die Welt voller Licht; Musik erfüllte den Stall von so wunderbarer Reinheit, wie ich sie nie wieder vernommen habe. Und dann hörte ich das Kind sprechen. Ja, der kleine, neugeborene Sohn sprach zu mir! Ich hörte seine Stimme in meinen Ohren, auch wenn der Kleine seinen Mund nicht bewegte.

„Danke!", sagte er zu mir uns strahlte mich an.

„Ach!", gab ich leise zurück und wurde ein wenig verlegen: „Eigentlich gehört noch eine Kette dazu, aber die habe ich auf der Reise verloren."

„Nein", sagte das Kind und lächelte, „nichts hast du verloren. Du hast deine Kette aus Gold nur eingetauscht in eine unendlich wertvollere Kette." Es schaute an mir vorbei. Da wendete ich mich um, und mir kamen die Tränen: Ich sah, dass alle, denen ich ein Glied der Kette geschenkt hatte, mir heimlich gefolgt waren und nun das Neugeborene anbeteten. Das abgemagerte Kind war mit seiner ganzen Familie und allen seinen Freunden dort und schaute im Gebet versunken auf die Krippe. Der gemeine Vorarbeiter sah gar nicht mehr so gemein aus und betete genauso wie der arme Holzfäller. Sogar die Räuberbande kniete hinter mir und blickte andächtig auf das Kind. Frieden erfüllte ihre Gesichter.

„Mit den Menschen, die du mir geschenkt hast, werde ich eine Kette durch alle Zeiten bauen", meinte das kleine Kind. „Und hiermit", fuhr es ernst fort und hielt mit beiden Händen das goldene Kreuz fest, „hiermit werde ich dafür sorgen, dass diese Kette bis in den Himmel reicht."

AUTOR UNBEKANNT

Der Sprayer

Hinführung: Weihnachten – Fest der Liebe! Nur eine Worthülse? Ein Herr Noll, einer von der hölzernen Rasse (sprich „Mann"), hat schwer mit sich zu kämpfen.
Vorlesedauer: ca. 7 Minuten

Herr Noll biegt mit dem Auto um die Ecke und hält vor seinem Grundstück. Im Licht der Scheinwerfer bemerkt er einen Jungen, der über das Blumenbeet rennt und von der kleinen Mauer springt. Beim Aufkommen fällt er auf die Knie. Wie von der Tarantel gestochen, stürzt Herr Noll aus seinem Auto und macht sich über den Übeltäter her. Er packt ihn am Kragen, dann nimmt er ihn in den Würgegriff.

„Hol die Polizei!", ruft er seiner Frau zu, und sie greift hastig zum Handy.

„Was machst du auf unserem Grundstück?", kreischt Herr Noll. Als dieser im frühabendlichen Halbdunkel erkennt, dass der Junge die Wand beschmiert hat, gerät er außer sich vor Wut. Er zieht an den Haaren des Jungen, als wolle er sie ausreißen.

„Für den Schaden wirst du aufkommen, und wenn es hundert Jahre dauern sollte!", brüllt er. Dabei drückt er den Hals des Jungen fest zu, dass er kaum Luft bekommt.

Einige Minuten später fährt ein Streifenwagen vor. Zwei Polizisten eilen aus dem Fahrzeug. Herr Noll schildert in wenigen Worten den Sachverhalt, dann führen die beiden Beamten den Sprayer ab. Noch immer außer sich vor Zorn betritt Herr Noll sein Haus und bedient sich an der Bar.

„Wir werden uns den Schaden morgen im Hellen ansehen", versucht die Frau ihren Mann zu beruhigen.

Am nächsten Tag ruft Herr Noll Frau Kleinhorst an. Sie ist eine Freundin, mit der er kegelt und die hier in der Stadt als Jugendrichterin arbeitet. „Versprich mir", bittet er, „dass du die Höchststrafe verhängst! Dieses Beschmieren von Fassaden, Mauern und Brückenbögen muss ein Ende haben! – Ach, noch etwas: Sorge dafür, dass er für den Schaden irgendwie aufkommen muss!"

Frau Kleinhorst will hart durchgreifen. Noch immer aufgebracht, kehrt Herr Noll am Abend heim. Seine Frau bereitet gerade das Abendbrot. Als sich ihr Mann an den Esstisch gesetzt hat, sagt sie, und es klingt fast beiläufig: „In vier Tagen ist Heiligabend. Ich möchte den Jungen einladen, mit uns die Festtage zu verbringen."

Herr Noll lässt die Gabel fallen und schnappt nach Luft wie ein Fisch auf dem Trockenen. „Du willst ... was?"

„Den Jungen einladen. Er soll mit uns den Heiligen Abend verbringen und, wenn er möchte, auch die Feiertage", sagt Frau Noll und hebt wie zur Bestätigung das Messer, mit dem sie gerade die Leberwurst auf das Brot streicht. „Es war gar nicht so einfach, in diese Richtung die ersten Schritte zu unternehmen. Erst musste ich zur Polizei, um den Namen und die Anschrift zu erfragen. Er lebt im Heim in der Karolinenstraße."

„Um Gottes willen, warum bist du überhaupt dorthin gegangen?"

„Ja, weißt du", antwortet die Frau, „in deiner Erregung ist dir gar nicht aufgefallen, wie ruhig der Junge war, als du ihn gewürgt und misshandelt hast."

„Misshandelt?"

„Ja, und der Junge war brav wie ein Lamm. Aber noch mehr staunte ich über das, was er an die Wand geschrieben hat. Das war ein Schrei nach Hilfe."

„Ich habe mir die Schmierereien noch gar nicht angesehen."

„Das weiß ich." Frau Noll stellt einen kleinen Salat und ein paar Brote auf den Tisch. Dann berichtet sie weiter: „Der Junge lebt also in dem Kinderheim in der Karolinenstraße. Er ist vor einem halben Jahr dorthin gekommen. Seine Mutter war Alkoholikerin, sein Vater ist ein Herumtreiber. Wenn die Mutter in der Lage war, den Sohn zu versorgen, dann bekam er auch etwas zu essen. Aber oft ging das Kind hungrig zu Bett oder schmutzig auf die Straße. Der Vater ließ sich manchmal wochenlang nicht sehen, ernährte die Familie nur ungenügend. Freunde und Verwandte halfen, damit nicht das Schlimmste geschah. So wuchs das Kind auf, viel allein und fast ohne Liebe. Und dennoch hat es bitterlich geweint, als es eines Morgens die Mutter tot auf dem Flur fand. Sie war spät in der Nacht betrunken die

Treppe hinuntergestürzt und hatte sich das Genick gebrochen. Der Junge bemerkte das Unglück erst am nächsten Tag. Sie war ihm eine schlechte Mutter, aber dennoch sein einziger Halt auf dieser Welt. Der Vater meldete seinen Sohn gleich nach der Beerdigung in einem Heim an. Mit der Begründung, er habe keine Zeit, sich um die Erziehung des Kindes zu kümmern. Hier lebt der Junge nun seit einem halben Jahr und ist noch nicht einmal vom Vater besucht worden. Der Heimleiter meint, er wird ihn auch nicht Weihnachten zu sich holen."

„Aber dafür müssen wir doch nicht einspringen."

„Müssen nicht. Aber wir sollten es tun. Dieser Junge braucht jemanden. Im Heim hat er kaum Kontakt zu den anderen Jugendlichen. Er verkriecht sich in sein Schneckenhaus. Vielleicht schämt er sich wegen seiner Familie."

Frau Noll trinkt einen Schluck Tee. Dann setzt sie ihren Bericht fort. „Der Heimleiter lässt nicht gern Kinder oder Jugendliche über die Feiertage in irgendwelche Familien gehen. Ich denke, er hat recht. Da erleben die Kinder zwei Tage friedvolles Familienleben und dann werden sie wieder abgeschoben. Das schmerzt. Ich habe ihn überzeugt, dass es bei uns anders ist. Wir wollen uns mit ihm versöhnen."

„Mit einem solchen Schmierfinken?"

„Mit einem solchen Schmierfinken! Wir sagen, Weihnachten ist das Fest der Liebe. Ich frage mich, ob das nicht nur eine Worthülse ist. Wenn wir es ernst meinen mit dem Weihnachtsfest, sollten wir Taten folgen lassen. Denn wenn einer an die Wand schreibt ‚Satt werden ist noch nicht leben!', dann schreit er förmlich nach Liebe."

Frau Noll sieht ihren Mann bittend an: „Du solltest die Einladung aussprechen. Und ich hoffe, der Junge nimmt sie an."

HERIBERT HABERHAUSEN

Kapitel 4:
Geschichten für jüngere Erwachsene

Alles wird gut

Hinführung: Haben wir schon erfahren, dass Gott auf krummen Zeilen gerade schreiben kann?
Vorlesedauer: ca. 6 Minuten

Es war am Tag vor dem Heiligen Abend, also zu dem Zeitpunkt, an dem man allgemein in den letzten Zügen für die Vorbereitung des Weihnachtsfestes liegt, als ich heftige Ohrenschmerzen bekam. Ich war der Verzweiflung nahe. Vor mir stand ein großer Teller voller Lebkuchen, die auf einen Schokoladenüberzug warteten, der bestellte Braten wollte noch vom Metzger abgeholt werden, und die Fenster machten nicht gerade den Eindruck, als könne der Stern von Betlehem durch sie hindurch ins Wohnzimmer leuchten.

Ich kannte den Arzt. Ohne Anmeldung konnte man da gut und gerne zwei Stunden im Wartezimmer verbringen, verzweifelt damit beschäftigt, die abgegriffenen Illustrierten von vorn nach hinten und dann wieder von hinten nach vorn durchzublättern. Was interessierten einen schon die letzten Affären europäischer Königshäuser, wenn man geistig damit beschäftigt war zu überlegen, wie der Christbaumständer am besten zu reparieren sei.

Aber es half alles nichts. Die Schmerzen waren unerträglich. „Besser, dir passiert das heute als morgen", versuchte ich mich selbst zu trösten, aber vergeblich. Entnervt verließ ich das Haus und vergaß in der Eile, mir für die Zeit des Wartens ein Buch einzustecken.

Natürlich sprang die Ampel gerade auf Rot, als ich an der Kreuzung ankam, sodass mir die Straßenbahn vor der Nase wegfuhr. An solchen Tagen geht dann ja bekanntermaßen so ziemlich alles schief. Völlig sinnlos trat ich von einem Bein auf das andere, als könne ich damit eine Verkürzung der Ampelphasen erreichen. Als endlich grün wurde, lief ich ebenso sinnlos los, denn weit und breit war keine Straßenbahn zu sehen. Fast hätte ich dabei ein kleines Mädchen über den Haufen gerannt, das direkt auf mich zugekommen war. Ein breites Lächeln begegnete mir aus dem mongoloiden Gesicht, die scheinbar aus einer anderen Welt kommenden Augen begegneten meinen verzweifelten Blicken, freundlich grüßte mich das fremde Kind: „Hallo, du, wie geht es dir?", so als wollte es mir sagen: „Nun wein mal nicht, das wird schon wieder."

Ich weiß nicht, was mich in diesem Augenblick dazu zwang, „danke, gut" zu sagen. Ich ertappte mich dabei, dass das unbekannte Kind mich dazu gebracht hatte, zurückzulächeln. Dieses geistig behinderte Mädchen hatte für einen Augenblick lang mein Herz berührt. So müsste man leben können, dachte ich unwillkürlich, einen Tag vor Weihnachten stressfrei die Gehetzten ins Gesicht lächelnd fragen: „Hallo, wie geht es dir?"

Aber als ich auf dem Behandlungsstuhl saß, war die Verzweiflung wieder da. Die schmerzhafte Untersuchung, die verlorene Zeit und der dadurch entstandene Druck, was noch alles zu erledigen sei, trieben mir die Tränen in die Augen. Der Arzt sah mich an: „Alles wird wieder gut", sagte er freundlich. Jetzt hätte ich erst richtig losheulen können. Mich beschlich die gleiche Scham, wie bei der Begegnung mit dem behinderten Kind. Ich, die ich mein Leben immer so fest im Griff hatte, die plante und organisierte und zumeist wusste, wo es langging, ich ließ mich von dem breiten Grinsen eines mongoloiden Kindes und der wohlmeinenden Phrase eines Arztes bis ins Herz anrühren. Vielleicht waren es aber auch Kindheitserinnerungen, die, unvermittelt angestoßen, mich bewegten.

Meine Mutter hatte ein Kinderbuch, aus dem sie mir einst Geschichten vorgelesen hatte, wenn ich krank war. Es trug die Worte als Titel, mit denen mein Arzt mich hatte ermutigen wollen: „Alles wird wieder gut." Kleine Happy-End-Geschichten, von einem kleinen Jungen, der abends nicht mehr ins Bett gehen mochte und der erst merkte, nachdem er sich bei strömendem Regen im Wald bis hin zur Erschöpfung verlaufen hatte, wie geborgen er daheim und wie wundervoll sein warmes Bett war – oder von einem willkürlich zerstörten Rosenstrauch, der, aller Gewalt zum Trotz, wieder neue Triebe ansetzte.

„Alles wird wieder gut." Eine tiefe Sehnsucht ergriff mich, heute, als erwachsene Frau, wenigstens gelegentlich dem Leben solch kindliches Vertrauen und den kleinen Katastrophen des Alltags mehr Gelassenheit entgegenzubringen. Nicht ständig sein Leben verplanen, sondern dem Zufälligen mehr Gelegenheit und der Hoffnung mehr Raum geben, dass das, was heute nicht gelungen ist, sich morgen schon richten wird.

Am Abend, nachdem auch der letzte Lebkuchen mit Schokoladenguss überzogen war, begann ich, müde zwar, aber mit heiterer Ruhe, den Christbaum zu schmücken. Aus den Lautsprechern tönten Weihnachtslieder. Bei „Christ, der Retter ist da" horchte ich auf. Vielleicht ist das der Kern von Weihnachten, dachte ich: sich darauf verlassen können, dass der Christus in der eigenen Seele geboren wird; dass es Kräfte gibt, die uns hindurchretten, wenn wir das Gefühl haben, dass uns das Wasser bis zum Halse steht. Hoffen können, dass es jenseits aller Machbarkeiten eine Macht gibt, die uns von innen her leise lächelnd zuflüstert: „Alles wird wieder gut."

CHRISTA SPILLING-NÖKER

Der Schlüssel

Hinführung: Peinlich, wenn einer einen wichtigen Schlüssel verloren hat. Welche Erlösung, ihn zu finden!
Vorlesedauer: ca. 6 Minuten

Endlich! Heute war der 24. Dezember, und ich hatte voller Freude das größte Türchen an meinem Adventskalender aufgerissen. Die Vorfreude auf Weihnachten verursachte bereits ein leises Kribbeln in meinem Bauch, auch wenn das Weihnachtsfest bei uns doch etwas anders verlief als in anderen Familien. Zu allem Überfluss hatte nämlich meine Großmutter an diesem Tag auch noch Geburtstag – als ob Heiligabend nicht schon genügen würde. Also versammelte sich die gesamte Familie, alle Kinder, Onkel und Tanten, in der großen Wohnung meiner Oma am Ende unserer Straße, wo der Gänsebratenduft durch sämtliche Räume zog und der Tannenbaum bis zur Decke reichte. Wir sangen gemeinsam, und wir Kinder sagten Weihnachtsgedichte auf. Die unzähligen Pakete mit den kleinen Namensschildern, die nun bald wieder unter dem Tannenbaum liegen würden, verfolgten mich schon durch die ganze Adventszeit in meinen Träumen.

Während mein Vater bei unserer Oma blieb und den Weihnachtsbaum schmückte, hatte sich meine Mutter ausgerechnet mein kleines Zimmer ausgesucht, um alle Geschenke für die Familie zu verpacken. Ich stand natürlich vor der geschlossenen Tür und hielt sogar den Atem an, um meine Schlussfolgerungen aus dem Rascheln und Knistern des Papiers ziehen zu können oder das undeutliche Gemurmel meiner Mutter besser zu verstehen.

Der Weihnachtswunsch nach einer Puppe mit langen goldblonden Haaren war einfach übergroß in mir. Gerade noch rechtzeitig hatte ich meinen Horchposten verlassen, als meine Mutter mit geheimnisvollem Lächeln aus dem Zimmer trat, die Tür abschloss und den Schlüssel oben auf dem schweren Eichenschrank deponierte.

Nach einiger Zeit waren wir endlich fertig angezogen, nur die Taschen mit den Geschenken mussten noch aus meinem Zimmer geholt werden.

Das war leichter gesagt als getan, denn meine Mutter konnte und konnte hoch oben auf dem Schrank den Schlüssel nicht ertasten. Sie reckte sich auf Zehenspitzen und streckte den Arm so hoch und weit wie möglich, um den Schlüssel zu finden. Als sie endlich das kalte Metall an den Fingern spürte und zugreifen wollte, stieß sie den Schlüssel dabei aus Versehen hinter das riesige schwere Möbelstück, das keine zehn Pferde bewegen konnten.

Wie erstarrt sahen wir uns an. Uns war sofort klar, dass dieses Weihnachtsfest einen ganz anderen Verlauf nehmen würde als in all den Jahren zuvor. Oma und der Rest der Familie warteten bestimmt schon ungeduldig auf uns. Bescheid sagen konnten wir auch nicht, denn damals besaß noch keiner von uns ein Telefon.

Ratlos polierte meine Mutter am Küchentisch die roten Weihnachtsäpfel aus dem Schrebergarten meiner Oma, während ich schluchzend am Fenster stand und auf die verlassene Straße mit den Häusern schaute, durch deren Fenster man die inzwischen hell erleuchteten, feierlich geschmückten Räume sah. Wie zum Hohn erklang unter uns auch noch der Chor der Nachbarn. Ihr „Stille Nacht, heilige Nacht ..." drang bis in die Küche zu uns herauf. Und dann piepste Fiete Kai auch noch „Maria durch ein' Dornwald ging" auf seiner Blockflöte! Hätte die faule Socke nicht wenigstens besser üben können, dachte ich.

Mir schien, als spürte ich auf meiner Haut die Dornen. Dass ich mein Weihnachtsgedicht mühevoll auswendig gelernt hatte, würde nun wohl auch niemanden mehr interessieren.

Aber dann kam mir eine Idee. Mir fiel Fiete Kais Haustürschlüssel ein, der ihm ständig an einem schwarzen Schnürsenkel um den Hals hing. Es war unser allergrößtes Geheimnis, dass dieser Schlüssel auch zu unserer Wohnungstür passte und wir oftmals auf diese Art und Weise die Weihnachtsplätzchen meiner Mutter heimlich vorgekostet hatten. Wenn dieser Schlüssel zu beiden Wohnungen passte, könnte doch auch der Schlüssel von Fiete Kais Kinderzimmer zu meinem passen?

Ich flog die Treppe fast hinunter und bat die Mutter meines Freundes um seinen Zimmerschlüssel. Sie musterte mich sehr verdutzt von Kopf bis

Fuß, aber wohl weil Heiligabend war, lag der Schlüssel plötzlich doch in meiner Hand. Als ich an unserer Tür klingelte, liefen meiner Mutter dicke Tränen über die Wangen und ihre Locken schienen alle Pracht verloren zu haben. Ich aber stürzte in die Wohnung, um im nächsten Moment meine Zimmertür zu öffnen. O, du fröhliche, selige Weihnachtszeit! Überglücklich sollte ich noch an diesem Abend mit Gerlinde, meiner blond gelockten neuen Puppe, vor dem riesengroßen, glitzernden Weihnachtsbaum stehen. Es musste ja keiner wissen, dass ich in Wirklichkeit schon wieder heimlich angefangen hatte, die vielen bunten Schokoladenkringel am Weihnachtsbaum zu zählen …

LISA KRAFT

Das Licht im Fenster

Hinführung: Es gibt Menschen mit einer unvorstellbaren Treue. Ihr Licht brennt nicht nur an Weihnachten.
Vorlesedauer: ca. 8 Minuten

Als ich vor einigen Jahren in die Stadt zog, fühlte ich mich verloren. Ich war es nicht gewohnt, zwischen so vielen Menschen zu leben, von denen niemand grüßt. Meine Wohnung lag im zweiten Stock. Unter mir lebte ein älterer Herr mit Hund, den ich manchmal auf der Straße sah. Neben mir gab es eine Wohngemeinschaft mit wechselnder Besetzung. Im ersten Jahr hängte ich zu Weihnachten einen Schokoladenstern an jede Tür. Ich schrieb einen kurzen Gruß dazu, aber als ich nie etwas darauf hörte, wiederholte ich es im nächsten Jahr nicht. Vor dem Haus verlief eine stark befahrene Straße. Abends staute sich der Verkehr, und manchmal stand ich am Fenster und konnte nicht umhin, die Lichter romantisch zu finden, obwohl es doch nur Autos waren.

Mit der Zeit lernte ich das Viertel kennen. Ich wurde Stammgast in dem portugiesischen Café an der Ecke, und der Mann im Getränkeladen hielt öfter einen kleinen Plausch mit mir. Ich mochte den Park mit seinen fußballspielenden Jungs, und abends gewöhnte ich es mir an, die paar Meter hinunter zur Elbe zu gehen.

Dann kam der Winter. Die blaue Stunde tauchte die Häuserfassaden in unwirkliches Licht. An einem dieser Abende bemerkte ich zum ersten Mal die Kerze. Sie stand im gegenüberliegenden Fenster im dritten Stock. Ich weiß nicht, warum ich sie bis dahin nie wahrgenommen hatte, denn gebrannt haben musste sie auch vorher schon. Ich mochte es, hinüberzugucken wie in ein Puppenhaus. Fremde Menschen bewegten sich in kleinen Zimmern. Sie sahen fern oder versammelten sich um einen Tisch zum Abendbrot. Manche schienen zu streiten, und eine Frau begann immer um sechs Uhr zu bügeln. Die wenigsten hatten Vorhänge, sodass es wie ein lebendiges Gemälde aussah.

Die Kerze brannte den ganzen Abend, manchmal flackerte sie einen Augenblick, als wollte sie zeigen, dass sie echt ist und keine von diesen elektrischen Lichterketten, von denen es auch einige in der Straße gab. Ich ging zu Bett, und es hatte etwas Beruhigendes zu wissen, dass die Kerze weiterhin brannte, auch in der Nacht. Eines Abends sah ich, wie eine alte Frau sie anzündete. Sie benutzte ein Streichholz. Ihr Haar war schlohweiß, und sie hatte sich eine Art Stola oder einen Schal um die Schultern gelegt. Die Kerze brannte stets länger, als ich wach war. Dabei spielte es keine Rolle, ob ich schon um zehn zu Bett ging oder erst nach Mitternacht. Sie erinnerte mich an das Nachtlicht aus Kindertagen, das meine Mutter immer in die Steckdose steckte, damit wir uns nicht fürchteten vor den Monstern der Dunkelheit.

Als der Frühling kam, hörte die alte Frau nicht auf, die Kerze zu entzünden. Sie tat es nur später. Immer wenn die Dämmerung kam. Ich wurde neugierig. Warum tat sie das? Und hatte sie keine Angst vor einem Brand? Denn irgendwann musste die alte Frau schließlich auch schlafen. Einmal stellte ich den Wecker auf halb vier, nur um zu sehen, ob die Kerze tatsächlich noch brannte. Sie tat es. Es war das einzige Licht weit und breit. Ich bemerkte, wie ich begann, abends nach der Flamme zu schauen. Dann ging ich beruhigt ins Bett. Es war ein Gefühl, als passte jemand auf mich auf.

Schließlich kam der Tag, an dem ich all meinen Mut zusammennahm. Es war der letzte Sonntag vor dem Weihnachtsfest, der vierte Advent. Ich legte einige meiner selbst gebackenen Kekse in eine schöne Schachtel, zog meine Strickjacke über und ging hinüber zu ihrem Haus. Dort studierte ich die Namensschilder, und als ich kombiniert hatte, welches zu ihrer Etage gehören musste, klingelte ich. Der Summer ging. Ich stieg die Treppe hoch, und da stand sie: die alte Frau aus dem Fenster. Etwas verlegen erklärte ich ihr, dass ich seit fast einem Jahr die Kerze in ihrem Fenster sähe und mich darüber freute, aber mich auch fragte, was es für eine Bewandtnis damit habe. Sie bat mich hinein.

Sie musste sehr alt sein. Ihr Haar war schlohweiß, und ihr Gang war der Gang alter Leute, die bereits ein paar Zentimeter geschrumpft sind. Aber sie hatte ein reizendes Lächeln und kochte uns Tee. Von den Keksen kostete sie sofort. Ja, sagte sie dann, die Kerze sei für ihren Mann. Und dann begann sie, ihre Geschichte zu erzählen.

Sie war von Amrum. Dort hatte sie als junges Mädchen ihren Mann kennengelernt. Er war Walfänger, einer der letzten, die es zu der Zeit noch gab. Ihr Vater warnte sie, dass es kein leichtes Leben werden würde mit einem Mann, der ein halbes Jahr auf See war, irgendwo zwischen den Lofoten und Spitzbergen im Eismeer. Aber sie hatte ihr Herz verschenkt. Und so heirateten die beiden. Er war ein stattlicher Bursche, erzählte sie, groß und blond, mit kräftigen Armen von der Arbeit an Bord. Er liebte die See, und jedes Mal, wenn er zurückkehrte, erzählte er ihr Geschichten von Meerjungfrauen und Polarlichtern, deren gespenstisches Grün in den langen Nächten über die Wellenkämme flackerte. Er hatte keine Angst vor dem Meer, und sie vertraute ihm, obwohl sie natürlich wusste, dass fast jede Familie schon einen Mann an die See verloren hatte. Es gab einen Brauch, erzählte sie mir, in den ersten Herbstnächten eine Kerze ins Fenster zu stellen, damit die Männer nach Hause fanden. Denn es gab ja noch keinen Strom auf der Insel.

Dann kam das Jahr, in dem die Herbststürme früher begannen als sonst. Die Wellen standen meterhoch, und noch längst waren nicht alle Schiffe zurück. Der Oktober kam und ein viel zu früher Winter begann. Die See fror zu, Eisschollen türmten sich am Strand, und der Ostwind biss in die Wangen. Bis in den April hinein lag Schnee und erst Anfang Mai wagten die ersten Narzissen, ihre Köpfe herauszustrecken. Noch immer kein Boot. Der Sommer kam, und schließlich wurde es wieder Herbst. Die junge Frau zündete nach wie vor jeden Abend ihre Kerze an, damit ihr Liebster heim fände. Ein weiteres Jahr endete. Die anderen Frauen hatten längst ihre Witwentracht angelegt. Sie weigerte sich. Er wird kommen, sagte sie fest. Die Jahre vergingen.

Such dir einen neuen Mann, kann man nichts machen, rieten die Leute, das Leben muss weitergehen. Auch wegen der Kinder. Die brauchen einen Vater. Und sie war doch noch jung genug. Aber sie sagte nur: Ich habe einen Mann.

Irgendwann ging sie nach Hamburg. Die Kinder begannen zu studieren, sie gründeten Familien und die alte Frau bekam Enkel. Später auch Urenkel. „Und seitdem", fragte ich ehrfürchtig, „brennt die Kerze?"

Die alte Frau nickte. „In dieser großen Stadt wäre er doch verloren! Aber so kann er mich finden, wenn er nach Hause kommt." Und dann lächelte sie. Wie ein junges Mädchen, dachte ich.

SUSANNE NIEMEYER

Das Fest der Mistkäfer

Hinführung: Die Krippe im Stall zwingt uns, nach unten zu schauen. Und genau das ist die Richtung, das Geheimnis von Weihnachten zu erfahren.
Vorlesedauer: ca. 3 ½ Minuten

Vor einiger Zeit war ich für einige Tage in Südafrika. Und komischerweise habe ich dort, mitten im südafrikanischen Frühsommer, etwas von Weihnachten verstanden: Weihnachten ist eigentlich das Fest der Mistkäfer ...

An dem Tag waren wir seit fünf Uhr morgens mit dem Ranger des Wildparks unterwegs gewesen, auf der Suche nach Elefanten, Leoparden, Löwen, den „wild dogs". Nach Sonnenaufgang hielten wir irgendwo in der Wildnis, er holte die Thermoskannen mit Kaffee hervor – und zeigte uns so ganz nebenbei den frischen Dung eines Nashorns. Hunderte von Mistkäfern hatten sich um diesen Dunghaufen versammelt und machten daraus kleine Kugeln, die immerhin so groß waren wie sie selbst – um sie dann mühsam über Hunderte von Metern in ihre eigene Behausung zu rollen.

Wer in Afrika ist, will Löwen, Elefanten und Büffel sehen – und eigentlich keine Mistkäfer. Wir wollen das Große, das Spektakuläre. Dem jagen wir hinterher. Auch an Weihnachten.

Aber Weihnachten ist überhaupt nicht spektakulär – ein kleines Kind im erbärmlichen Stall, und gleich nach der Geburt schon auf der Flucht. Am Königshof ist der neugeborene König der Juden nicht zu finden. Sogar die Heiligen Drei Könige laufen erst einmal die falsche Adresse an. Und die Bewohner von Betlehem haben das Ereignis ganz verschlafen. Es sind die Hirten, die Ärmsten der Armen, diejenigen, die durch Nacht und Kälte wachgehalten werden, sich sorgend um ihre Herden, die das Kommen des Gottessohnes mitbekommen.

Weihnachten ist überhaupt nicht spektakulär. Es ist armselig.

Wir haben es spektakulär gemacht – um damit möglicherweise die leise Botschaft, die uns zur Veränderung aufruft, zu übertönen.

Ich habe in diesen Tagen gelernt: Weihnachten hat nichts mit Löwen und Elefanten zu tun, die sich fotogen den Besuchern an der Krippe stellen, sondern viel mehr mit Mistkäfern, die in aller Geduld, Beharrlichkeit und mit Ausdauer ihre Aufgabe erfüllen. Gott inszeniert sich nicht publikumswirksam und spektakulär, sondern eher bescheiden und im Hintergrund. Wir brauchen nicht das Laute, Schöne und Harmonische zu propagieren, sondern wir dürfen all das Kleine, Schützenswerte und Nicht-Spektakuläre leben. Solange wir auf das Große warten, werden wir Gott nicht finden. Wir werden Gott nicht finden, wenn wir nach oben schauen – sondern nur dann, wenn wir nach unten schauen. Vielleicht sogar bei den Mistkäfern ... Damit wird Weihnachten aber auch zu einer Anfrage an mich selbst: Definiere ich mein Leben so, dass es nur lebenswert ist, wenn das Spektakuläre eintrifft – oder finde ich das Staunens- und Liebenswerte auch im erbärmlichen Stall?

Vielleicht sogar in meinem erbärmlichen Stall?

ANDREA SCHWARZ

Der Dieb

> **Hinführung:** Der Dieb mit einer großen Seele.
> **Vorlesedauer:** ca. 5 ½ Minuten

Es war wenige Tage vor dem Heiligen Abend, als ich eines Nachmittags an einer Weihnachtsfeier in einem kleinen Ort in der Nähe von Santiago teilnahm, die von einer mir bekannten Dame veranstaltet wurde. Viele elegant gekleidete Leute standen um mich herum, plauderten, lachten und prosteten einander zu. Platten mit kleinen Speisen wurden gereicht; dazu gab es Sekt und Bier, Eis und Limonade für die Kinder. Durch eine Musikkapelle, die Tanzmusik spielte, wurde die ohnehin frohe Stimmung noch gehoben; die Vorfreude auf den Ball, mit dem das Fest seinen Abschluss finden sollte, breitete sich unter den Gästen bereits jetzt schon aus.

In der Mitte des festlich geschmückten Salons stand ein riesiger Weihnachtsbaum, über und über mit Kugeln und Spielsachen geschmückt: Puppen hingen daran und Laternen, Kasperlefiguren sowie kleine Trommeln und Trompeten. Der Höhepunkt des Abends bestand nämlich darin, dass diese Geschenke an die Waisenkinder des Ortes verteilt wurden. Die Hausherrin gesellte sich hier und da zu den einzelnen Grüppchen und war rundum zufrieden. Morgen würde in der Zeitung das Lob auf die Wohltäterin zu lesen sein und was für eine wundervolle Weihnachtsfeier sie in ihrem Haus den Waisenkindern wieder einmal ausgerichtet habe.

Von einer Ecke aus betrachtete ich das heitere Treiben. Vom Bier bei dem warmen Wetter ein wenig müde geworden, blickte ich gedankenverloren aus einem der Fenster des Salons, die zur Straße gingen. Da bemerkte ich einen kleinen, dunkelhäutigen, mageren Jungen von vielleicht vier bis fünf Jahren in völlig zerlumpten Kleidern. Er presste sein schmutziges Gesicht fest gegen die Scheiben und starrte mit großen, schwarzen Augen sehnsuchtsvoll auf den Baum. In seinem Blick lag eine so tiefe Traurigkeit, als hätten sich bisher nur die Schatten des Elends auf seine junge Seele gelegt.

Inzwischen war der Augenblick gekommen, wo die Geschenke verteilt werden sollten. Einige der vornehmen Damen und Freunde des Hauses

nestelten an den Bändern und Schleifen herum, um die Spielsachen von dem Baum zu nehmen. Die Waisenkinder standen, in ihre blauen Uniformen gekleidet, brav in Zweierreihen aufgestellt, vor dem Baum und warteten aufgeregt auf ein Zeichen der Erzieherin, sich dem Baum nähern und die Gaben in Empfang nehmen zu dürfen. Mit einem Mal entdeckte ich zwischen all den gut gekleideten Kindern den kleinen Jungen, den ich vor dem Fenster gesehen hatte. Er duckte sich zwischen den hellen Sommerkleidern, schlich zum Baum und kletterte mit der Geschwindigkeit eines Affen zur Baumspitze, hangelte sich den dort baumelnden Harlekin herunter und flüchtete zur Tür.

Niemand außer mir hatte ihn in der Aufregung um die Geschenke bemerkt. Kinder und Gäste zerstreuten sich bei dem sonnigen Wetter nach und nach in dem Park, der das Haus umgab. Ich kann heute nicht mehr sagen, was mich getrieben hat, dem kleinen Dieb, der sich durch das Gedränge schob, zu folgen. Aus gemäßigtem Abstand heraus sah ich, dass er den Harlekin überglücklich an sich drückte und die vorhin noch so todtraurigen Augen vor Glück aufleuchteten.

Im Schatten alter Bäume, unter denen sich einige Wege im Park kreuzten, sah ich ein kleines Mädchen von vielleicht sechs Jahren, das im Rollstuhl saß. Ich wusste, dass es die jüngste Tochter der Hausherrin war, die an einer unheilbaren Krankheit litt, das blasse Gesicht schon vom nahenden Tod gezeichnet. Es war ein hübsches Kind, mit langen blonden Haaren und blauen Augen, die in die Ferne zu schweifen schienen; in ihrem weißen, mit Spitzen verzierten Kleid mutete sie wie eine himmlische Erscheinung an. Der Junge blieb wie erstarrt stehen und betrachtete das Mädchen, als sei ihm ein Traumbild erschienen. Wie verzaubert tastete er sich mit behutsamen Schritten zu dem Rollstuhl vor, packte den Harlekin mit beiden Händen, legte ihn auf den Schoß des kranken Kindes und sagte mit spröder Stimme: „Das ist für dich, Engel."

Das Mädchen hielt den Harlekin einen Augenblick mit seinen schmalen, blassen Händen fest, und seine blauen Augen leuchteten kurz auf. Dann flüsterte es: „Nein, du hast ihn geschenkt bekommen, nimm ihn mit. Er gehört dir." Der Knabe nahm das Spielzeug wieder an sich, drehte sich noch einmal nach der Kranken um, winkte ihr kurz zu und rannte davon.

CHRISTA SPILLING-NÖKER

Die Geschichte vom roten Bagger

Hinführung: Hast du schon einmal ein kostbares Geschenk unter dem Weihnachtsbaum nicht richtig beachtet?
Vorlesedauer: ca. 3 ½ Minuten

Ich bin in einem Geschäftshaushalt aufgewachsen, und wir Kinder mussten schon früh kräftig mit anpacken. In der Vorweihnachtszeit ging es jedes Jahr hoch her, und die Hektik verdoppelte sich alle Jahre wieder. Nur an den Adventssonntagen hatte die Familie Vorrang. Es wurde viel gesungen und erzählt. Mein Vater war ein Meister im Geschichtenerzählen, und meine Mutter organisierte mit viel Fantasie und wenig Aufwand den romantischen Rahmen.

In unserem Haus wohnte auch eine Witwe, die durch den Krieg ihren Mann verloren hatte und bei uns untergekommen war. Am Heiligen Abend war sie immer zur Bescherung eingeladen. Nach der Christvesper und einem festlichen Abendessen las Vater das Weihnachtsevangelium vor. Die Zeit bis zur Bescherung wurde mir immer unerträglich lang. Noch ein Lied und noch ein Gebet – endlich war es so weit. Der große Tisch, auf dem die Geschenke lagen, war mit einem Tuch zugedeckt. Als Jüngster durfte ich mit dem Auspacken beginnen. Das erste Geschenk sehe ich heute noch vor mir. Es war ein wunderbarer Werkzeugkasten, den mein Vater selbst geschreinert hatte. Doch bevor ich mich richtig bei meinem Vater bedanken konnte, reichte mir Tante B., die Flüchtlingsfrau aus Ostpreußen, ihr Geschenk. Ein knallroter Plastikbagger. Hohl und schlicht, weder ferngesteuert noch motorisiert, – aber eben knallrot. Dieses billige Ding faszinierte mich derart, dass der von meinem Vater liebevoll gefertigte Werkzeugkasten für den Rest des Abends unbeachtet unter dem Weihnachtsbaum liegen blieb. Tante B. war entzückt über meine Begeisterung. Und ich war für den Rest der Heiligen Nacht Baggerfahrer. Plätzchen und Nüsse wurden von der Schüssel auf den Teller gebaggert. Ich war völlig verliebt in das rote Plastikgehäuse. Wahrscheinlich habe ich das Ding sogar mit ins Bett genommen. Ein paar Tage nach Weihnachten war der Bagger kaputt. Ich hatte ihn zu Schrott gebaggert.

Erst jetzt fiel mir der Werkzeugkasten, das Geschenk meines Vaters wieder ein. Verschämt holte ich ihn unter dem Weihnachtsbaum hervor. Massives Buchenholz, die Ecken fachmännisch gezinkt, jedes Werkzeug war durch eine hölzerne Halterung fixiert, das Ganze sauber lackiert und mit einem Schloss versehen – ein Prachtstück. Jetzt erst wurde mir bewusst, wie viel Zeit Vater zugebracht haben muss, um mich damit zu beschenken. Er ging morgens um 6 Uhr in die Zimmerei und kam abends selten vor 18.00 Uhr nach Hause, um dann gleich wieder im Büro zu verschwinden. Den Kasten musste er nachts gebastelt haben. Ich war ihm so viel wert, dass er die wenigen wohlverdienten Stunden Schlaf für mich geopfert hatte. Und ich hatte dieses kostbare Geschenk nicht beachtet. Mit feuchten Augen und traurigem Herzen schlich ich dann zu meinem Vater und habe mich bedankt. Er sagte nicht viel, strich mir nur zärtlich über den Kopf und ermunterte mich, nun bald mit dem Werkzeug etwas zu basteln. Damit war ich erlöst. Das war wie eine zweite Bescherung.

JÜRGEN METTE

Geburtstag eines Kindes

Hinführung: Ein übersehenes Geburtstagskind weint bitterlich.
Vorlesedauer: ca. 2 Minuten

Marion hat eingeladen und alle sind gekommen. Ihr Bruder Jan mit Frau und seinen beiden erwachsenen Töchtern, ihre Schwester Jutta mit ihrem Mann und ihre Schwägerin, alleinerziehende Mutter eines 18-jährigen Sohnes, der auch mitgekommen ist. Sie sitzen in gemütlicher Familienrunde, essen und plaudern, vor allem loben sie Marions Kochkünste. Nach dem Festschmaus setzen sich alle ins Wohnzimmer, unterhalten sich bei einem Glas Saft, einer Tasse Kaffee, einem guten Tropfen Wein oder einem kühlen Bier und genießen die gesellige Runde. Als man sich verabschiedet, ist man sich einig, es war ein gemütliches Familientreffen.

Die Gäste sind gegangen, der 4-jährige Sohn kommt aus seinem Kinderzimmer mit verweintem Gesicht: „Warum heulst du?", fragt der Vater.

„Ich habe heute Geburtstag", schluchzt Julius, „den wollten wir feiern."

„Das haben wir doch auch", erwidert der Vater, „es waren alle da, wir haben zusammengesessen, erzählt und dabei viel gelacht."

„Die Großen haben miteinander gefeiert, mich hat keiner beachtet. Ihr habt nicht einmal gemerkt, dass ich in mein Zimmer gegangen bin und alleine gespielt habe."

„Leider ist das so", mischt sich die Mutter ein und nimmt ihren Sohn tröstend in den Arm, „und wiederholt sich Millionen Mal."

„Frau, jetzt übertreibst du", protestiert ihr Mann.

„Nein, nein", sagt sie, „es wiederholt sich wirklich Millionen Mal, in Millionen Haushalten, jedes Jahr. Die Menschen feiern Geburtstag so wie wir heute. Jedes Jahr zu Weihnachten, an jedem Heiligabend. Sie feiern bei gutem Essen und reichlich Alkohol und verschwenden keinen Gedanken an das Geburtstagskind. So wie wir heute. Wer denkt schon am Heiligabend daran, dass Jesus, der Retter der Welt, geboren wurde; oder wer will gerettet werden, wenn es einem in gemütlicher Runde gut geht?"

BERNHARD WACH

Engelsdienst

Hinführung: Können wir uns vorstellen, an Heiligabend einem Engel zu begegnen?
Vorlesedauer: ca. 6½ Minuten

Es ist schon ein paar Jahre her, dass ich nach ziemlich anstrengenden Arbeitswochen Heiligabend ins Lipperland fuhr, um meinen Bruder zu besuchen. Schon in der Nacht vom 23. auf den 24. Dezember war es kälter geworden, und am 24. morgens fing es an zu schneien. Von Bielefeld aus waren einige Leute mit mir im Zugabteil zusammen. Wir kamen in ein Gespräch. Von Station zu Station wurden es weniger. Zuletzt waren außer mir nur noch zwei Leute im Abteil, und als die beiden ausstiegen, wandte sich einer noch einmal um und sagte: „Also, wenn der Zug jetzt an der nächsten Station wieder hält, dann müssen Sie schnell aussteigen." Der Zug fuhr weiter. Vorsichtshalber zog ich mir den Mantel an, um zum Aussteigen bereit zu sein, wenn der Zug hielt.

Es dauerte auch nicht lange, da ruckte er plötzlich – und stand. Ich öffnete die Tür – noch immer dichtes Schneetreiben. Ich schaute nach unten – der Zug war ziemlich lang – und dachte: So ein kleiner Bahnhof wird keinen so langen Bahnsteig haben. So kletterte ich herunter, einen Koffer in der Hand, eine Tasche über die Schulter gehängt. Als ich mich ein bisschen zu orientieren versuchte, ruckte der Zug an und fuhr weiter. Falsch ausgestiegen!

Ich schrie.: „Halt! Halt! Hier ist ja gar kein Bahnhof! Ich muss noch mit!" Aber der Zug war schon im Rollen. Ein Aufspringen war unmöglich. Da stand ich nun und sah nur noch die roten Lichter verschwinden.

Was sollte ich jetzt machen? Ich stapfte durch den Schnee, immer an den Gleisen entlang, mit dem Gepäck die Balance haltend und immer noch mit einem Ohr nach hinten hörend, um nicht von einem eventuell kommenden Zug überrollt zu werden. Plötzlich blieb ich wie angewurzelt stehen, denn aus dem Schatten hatte sich eine Gestalt gelöst. Ich erschrak. Was machte um diese Zeit hier ein Mensch?

Ich blieb stehen und rief die Gestalt an. Keine Antwort! Ich begann weiterzugehen, und da bewegte sich der Schatten auch wieder – kam den Bahndamm entlang, und ich wusste ganz bestimmt: In dieser weiten Einsamkeit kommt ein Mensch auf mich zu.

Beim Näherkommen konnte ich ihn erkennen: Ein Mann mit tief ins Gesicht gezogenem Hut und Lodenmantel „Hallo! Wer sind Sie? Ich bin zu früh aus dem Zug gestiegen und laufe jetzt schon eine ganze Zeit an den Schienen entlang. Ich möchte nach H. – können Sie mir helfen?"

Als Antwort brummte er etwas in sich hinein, nahm dann aber meinen Koffer und wir gingen gemeinsam von den Schienen zu einer Straße hin. In meiner Freude, einen helfenden Menschen gefunden zu haben, sprudelte es nur so aus mir heraus: „Wie froh und dankbar bin ich, dass Sie hier waren. Sie schickt mir der Himmel. Ich weiß nicht, ob ich es bis nach H. geschafft hätte, allein, und immer von Schwelle zu Schwelle. Welch ein Glück, dass wir uns getroffen haben!" Mein Begleiter sagte immer noch nichts. Ich wollte sein Schweigen respektieren und sagte auch nichts mehr. Schweigend gingen wir so hintereinander her. Nach ein paar Hundert Metern kamen wir um eine Straßenkurve und dort stand ein Auto. „Ist wohl Ihres!", sagte ich. Er nickte mit dem Kopf. Dann öffnete er den Kofferraum, legte mein Gepäck hinein, und mit einer Handbewegung – wiederum ohne ein Wort zu sagen – öffnete er die Tür zum Beifahrersitz und ließ mich Platz nehmen. Er setzte sich ans Steuer und wir fuhren auf der verschneiten Straße langsam voran.

Plötzlich, ganz unvermittelt, fragte er mich: „Glauben Sie an Engel?" Ich war perplex. Nach so langem Schweigen, nach so viel Zurückhaltung jetzt solch eine Frage. „Ja, schon", erwiderte ich. „An so einem Abend, da ist einem das ja auch viel näher als sonst. Jetzt, wo da und dort – wo überall – die Weihnachtsgeschichte gelesen wird – von den Hirten und den Engeln!" Er unterbrach mich: „Glauben Sie an Engel heute?"

„Ich weiß nicht recht", sagte ich, „Engel heute ... vielleicht so, dass wir sie gar nicht mehr bemerken, weil sie uns nicht mehr in jener Lichtgestalt begegnen wie damals auf den Feldern von Betlehem. Es mag schon sein, dass heute jemand einem Engel begegnet – etwas, was ihn bewahrt – oder was ihn führt, oder…"

Da platzte es aus ihm heraus: „Sie sind heute einer für mich!"

„Ich? Wieso ich?", fragte ich zurück. Und dann erzählte er: „Ich bin heute an die Bahnlinie gefahren, um mit mir Schluss zu machen. Ich hielt es einfach nicht mehr aus. Ich war an einem Tiefpunkt angelangt." Er erzählte mir, was ihn dahin gebracht hatte, und schloss mit den Worten: „Und dann kommen Sie! Rufen mich an, dass ich Ihnen helfen solle! Gerade im richtigen Augenblick für mich." Er schüttelte den Kopf, als könne er nicht glauben, was ihm geschehen sei. „Mir", sagte er, „begegnet am Heiligen Abend ein Engel! Der liebe Gott hat mich nicht alleingelassen!"

Wir haben dann nicht mehr viel geredet. Was gesagt werden musste, war gesagt. Er fuhr mich mit seinem Auto in meine Pension in H., half mir beim Aussteigen, setzte sich wieder hinter das Lenkrad und rief mir zu: „Danke für Ihren Engelsdienst! Danke!" Und fuhr langsam davon. Ich habe ihn nie wieder gesehen.

Aber diesen Heiligen Abend werde ich mein Leben lang nicht vergessen.

WILHELM BARTMANN

Liebe Tante Billa!

Hinweis: Folgender Brief wurde aus einer Mundart („Kölsche Weihnacht") ins Hochdeutsche übersetzt. Diese Berichte leben aber von der Mundart. Darum wäre es richtig, diese Vorlage in die jeweilige Mundart „zu übersetzen" und so vorzutragen.
Hinführung: Gerade in der Hektik vor Weihnachten gibt es Spannungen, die wir jetzt – aus einem gewissen Abstand heraus – mit Schmunzeln zur Kenntnis nehmen dürfen. Wir hören von einem Brief an Tante Sibylle.
Vorlesedauer: ca. 5 Minuten

Liebe Tante Billa,

fröhliche Weihnachten! Auch von der Mutter und vom Vater und von dem Mariechen. Aber, wenn Du es genau wissen willst: Es ist bei uns noch gar nicht heraus, ob wir Heiligabend überhaupt Heiligabend feiern können oder ob wir nicht die ganzen Weihnachtsfestlichkeiten noch in der letzten Sekunde verlegen müssen. Das ist nämlich so: Was sich unsere Krippe nennt, das ist ein Mordsapparat und unheimlich schwer. Das erfordert jedes Jahr eine Menge Umstände, bis wir das Ungetüm aus dem Keller auf die dritte Etage geschleppt haben. Und gestern haben wir uns den ganzen Salat dann eingebrockt: Wir mit alle Mann runter in den Keller, wo wir die Krippe in einem Schrank mit Eingemachtem stehen haben. Der Vater ist auf Briketts geklettert, die Mutter hat sich in die Kartoffelkiste gestellt, damit sie überhaupt an die Krippe herankommt.

Aber der Vater ist auf den Briketts ins Rutschen gekommen, und da hat die Mutter auf einmal ganz allein die Verantwortung für den ganzen Stall von Betlehem gehabt – mit all den Hirten, Schafen, dem Ochs und dem Esel und den Heiligen Drei Königen. Das war zu viel für Mutter, und wir haben uns ganz schön anstrengen müssen, bis wir die Mutter, die Krippe und die ganzen Leute und das ganze Viehzeug wieder aus der Kartoffelkiste heraus hatten.

Das Ende vom Lied: Die Mutter hatte ein paar Schrammen abbekommen, der Stall von Betlehem ist auf einer Seite baufällig, und der einzige Hirt, der hatte den Kopf verloren. Wir haben drei Zentner Kartoffeln durchgewühlt, aber gefunden haben wir nichts mehr. Jetzt ging es los: Der Vater sagt, eine Krippe bloß mit Schafen, ohne Hirt, das ginge nicht. Das wäre gegen jede Tradition. Und ein Hirte ohne Kopf beim Christkind, das ginge überhaupt nicht. Einen neuen Hirten anschaffen, ginge auch nicht, weil die ganzen Figuren aus Gips und uralt wären. Und so was könnte man heute nicht mehr bekommen.

Jetzt sage mir bloß, liebe Tante Billa, wo man zwei Tage vor Weihnachten noch einen neuen Kopf für einen Hirten herbekommt?! Hat Mutter auch gesagt. Also, sagt Mariechen, machen wir eine Krippe bloß mit Tieren, ohne Hirt. Da war die Mutter wieder gegen: Das wäre typisch für die Jugend von heute, die keine Ahnung hat von Ackerbau und Viehzucht. Schafe ohne Hirt, hat die Mutter gesagt, gingen laufen. Und eine Krippe müsste echt sein, sonst wäre das eine Beleidigung für das Christkind.

Also, sagt der Vater, dann köpfen wir einen von den Heiligen Drei Königen, machen den Kopf auf den Hirt, gehen dann am zweiten Weihnachtstag noch einen im Keller suchen, köpfen dann den Hirt mit dem Königskopf, und bis Dreikönige hätten alle wieder den richtigen Kopf aufgeleimt. Hat die Mutter drauf gesagt: Das ginge nicht, weil die Könige eine Krone auf dem Kopf hätten. Und ein Hirt mit einem Kopf mit einer Krone drauf, das wäre unsozial. Sagte der Vater: Das wäre nicht so schlimm, man könnte gut mit Schmirgelpapier die Krone abmachen und dann hätte eben der Hirt mit dem Königskopf eine Glatze.

Die Mutter hat aber Bedenken gehabt: Was passiert, sagt die Mutter, wenn wir in der Kartoffelkiste den richtigen Kopf vom Hirten wiederfinden und der König dann seinen Kopf wiederbekommt, der aber keine Krone mehr hat? – Das wäre wirklich ein Problem, hat der Vater gesagt. Da hat Mariechen gesagt, wir könnten dem König doch gut eine Krone aus Lametta zusammenbasteln.

Haben wir dann auch getan. Das war vielleicht eine schwierige Arbeit! Aber es klappte nicht: Jedes Mal, wenn wir die Tür vom guten Zimmer aufmachen, geht die Krone vom Kopf des Königs fliegen, weil der Kleister nicht hält. Und jetzt ist der Vater so sauer, dass er gesagt hat: Es wird nicht eher bei uns Heiligabend gefeiert, bis das Problem mit dem Kopf gelöst wäre. So wie ich das kenne, kann das noch ein paar Tage dauern, weil die Mutter gesagt hat, der Vater habe zwei linke Hände. Warten wir also einmal ab. Dann wünsche ich Dir auf jeden Fall schon mal frohe Weihnachten und einen schönen Gruß Dein Anton

PS: Gerade haben die sich geeinigt, dass *ich* am ganzen Schlamassel schuld bin, weil ich zu früh „Hau ruck!" gebrüllt habe.

AUTOR UNBEKANNT

Falsch geparkt

Hinführung: Wir hören von den Erfahrungen eines Feuerwehrmanns im Einsatz – in den Tagen vor Weihnachten.
Vorlesedauer: ca. 2 ½ Minuten

Ich klingle bei Bergmann in der zweiten Etage. Summen und Arretieren der Haustüre. Mit dem Tragestuhl des Krankenwagens, der wieder mal in zweiter Reihe abgestellt ist, schleppen wir uns nach oben. Der achte Transport heute. Recht lustlos knallen wir unser Gefährt auf den Treppenabsatz, und dezent liebenswürdig frage ich nach dem Patienten.

„Hier ist unsere Mutter, sie muss unbedingt ins Krankenhaus, das ist die Einweisung; für Sie, meine Herren, noch der Transportschein; der Arzt hat alles aufgeschrieben; er hat mit der Station schon telefoniert; es ist alles abgesprochen …" Menschen, die hektisch und übertrieben freundlich einen Redeschwall auf mich herabduschen, richten meine Nackenhaare auf.

„Ich will gar nicht ins Krankenhaus." Zögerliche Worte der zu Transportierenden.

„Mutter, der Arzt hat gesagt, es ist besser so; das hat alles seine Richtigkeit."

„Aber der Arzt war doch gar nicht hier."

„Können Sie mir bitte sagen, welche Beschwerden vorliegen und ob der Arzt Transporthinweise gegeben hat?", unterbrach ich behutsam den Dialog.

„Hören Sie (natürlich höre ich), meine Mutter ist seit dreizehn Wochen hier, bettlägerig, pflege sie im Gästezimmer, Rückenschmerzen, Arthritis, manchmal Luftnot."

„Hat sich der Zustand verschlechtert und …?"

„Nein", fällt die alte Dame mit den verzweifelt abwinkenden Händen mir ins Wort.

Und der Redeschwall umkesselt wieder meine Fassung: „Also, ich war beim Hausarzt, habe ihm die Beschwerden meiner Mutter beschrieben, und dann hat er mir die Überweisung ins Krankenhaus mitgegeben, und deshalb wird sie jetzt im Marienhospital erwartet."

Ein falsches Lächeln und ein richtiger Geldschein werden mir gleichzeitig angeboten. So viel Güte lehne ich ab.

„Will aber nicht ins Krankenhaus." Fünf schwermütige Worte lehnen sich heute gegen den Transportschein auf, am Tag vor Heiligabend. Morgen feiert Frau Bergmann im zweiten Stock das Fest der Ruhe und des Friedens. Entspannung steht ja schließlich jedem zu. Ist alles für morgen kalt gestellt?

GÜNTER NUTH

Das kleine Mädchen mit den Schwefelhölzchen

Hinführung: Man muss sich die Armut vergangener Zeiten ins Gedächtnis rufen, um dankbar unsere Fortschritte zu genießen; auch wenn ihre Gesetze uns manchmal hetzen.
Vorlesedauer: ca. 7 Minuten

Es war so schrecklich kalt; es schneite, und es fing schon an, ganz dunkel zu werden; es war auch der letzte Abend im Jahr, der Silvesterabend.

In dieser Kälte und in dieser Dunkelheit ging ein armes kleines Mädchen barhäuptig und mit bloßen Füßen auf der Straße; sie hatte ja freilich Pantoffeln angehabt, als sie von Hause wegging, aber was konnte das nützen! Es waren sehr große Pantoffeln, die Mutter hatte sie zuletzt benutzt, so groß waren sie, und die verlor die Kleine, als sie über die Straße eilte, weil zwei Wagen so furchtbar schnell vorüberrollten; der eine Pantoffel war nicht wiederzufinden, und mit dem andern lief ein Junge weg, er sagte, er könnte ihn als Wiege gebrauchen, wenn er selbst Kinder bekäme.

Da ging nun das kleine Mädchen auf den bloßen, kleinen Füßen, die rot und blau vor Kälte waren; in einer alten Schürze trug sie eine Menge Schwefelhölzer, und ein Bund hielt sie in der Hand; den ganzen Tag hindurch hatte ihr niemand etwas abgekauft! Niemand hatte ihr auch nur einen Schilling geschenkt! Hungrig und verfroren ging sie umher und sah so eingeschüchtert aus, die arme Kleine! Die Schneeflocken fielen in ihr langes, blondes Haar, das sich im Nacken so hübsch lockte, aber an den Schmuck dachte sie freilich nicht. Aus allen Fenstern strahlte der Lichterglanz, und dann roch es auf der Straße so herrlich nach Gänsebraten; es war ja Silvesterabend, ja, daran dachte sie. In einem Winkel zwischen zwei Häusern, von denen das eine ein wenig mehr vorsprang als das andere, setzte sie sich hin und kauerte sich ganz zusammen; die kleinen Beine hatte sie unter sich in die Höhe gezogen, aber es fror sie nur noch mehr, und nach Hause zu gehen, wagte sie nicht, sie hatte ja keine Schwefelhölzer verkauft, hatte nicht einen einzigen Schilling bekommen, ihr Vater würde sie schlagen, und kalt war es zu Hause auch, sie hatten nur das Dach gerade über sich, und dadurch pfiff der Wind hinein, obwohl die ärgsten Spalten mit Stroh und Lumpen zugestopft waren.

Ihre kleinen Hände waren fast ganz abgestorben vor Kälte. Ach, ein kleines Streichhölzchen würde guttun! Wenn sie nur den Mut hätte, ein einziges aus dem Bunde herauszuziehen, es an der Wand anzustreichen und die Finger daran zu wärmen! Ratsch! Wie es sprühte, wie es brannte! Es war eine warme, helle Flamme, ganz wie ein kleines Licht, als sie die Hände darüberhielt; es war ein wunderbares Licht, dem kleinen Mädchen war es, als säße es vor einem großen, eisernen Ofen mit blanken Messingkugeln und Messingtrommeln; das Feuer brannte so herrlich und wärmte so gut; nein, was war denn das? – Die Kleine streckte schon die Füße aus, um auch die zu wärmen – da erlosch die Flamme. Der Ofen verschwand, sie saß mit einem kleinen Überrest des abgebrannten Schwefelholzes in der Hand da.

Ein zweites wurde angestrichen, es brannte, es leuchtete, und wo der Schein auf die Mauer fiel, ward sie durchsichtig wie Flor; sie sah gerade in das Zimmer hinein, wo der Tisch gedeckt stand. Ein schimmernd weißes Tischtuch war darüber ausgebreitet, darauf stand feines Porzellan, und herrlich dampfte die gebratene Gans, die mit Äpfeln und Zwetschgen gefüllt war, und was noch prächtiger war, die Gans sprang von der Schüssel herunter und watschelte, ein Messer und eine Gabel im Rücken, durch das Zimmer, direkt auf das arme Mädchen kam sie zu; da erlosch das Streichholz, und es war nur noch die dicke, kalte Mauer zu sehen.

Sie zündete ein neues Streichholz an. Da saß sie unter dem schönsten Christbaum, der war noch größer und noch reicher geschmückt, als wie sie ihn am letzten Weihnachtsfeste bei dem reichen Kaufmann durch die Glastür gesehen hatte; tausend Lichter brannten an den grünen Zweigen, und bunte Bilder, wie sie in den Schaufenstern ausgestellt waren, sahen zu ihr herab. Die Kleine streckte beide Hände aus – da erlosch das Streichholz; die vielen Weihnachtslichter stiegen höher und höher, sie sah, dass sie jetzt die hellen Sterne am Himmel waren, ein Stern fiel nieder und bildete einen langen Feuerstreifen am Himmel.

„Jetzt stirbt jemand!", sagte das kleine Mädchen, denn die alte Großmutter, die Einzige, die gut gegen sie gewesen, die jetzt aber gestorben war, hatte ihr erzählt: Wenn ein Stern vom Himmel fällt, fliegt eine Seele zu Gott empor. Sie strich nochmals ein Hölzchen an der Wand an, es leuchtete ringsumher, und in dem Glanze stand die alte Großmutter so klar und schimmernd, so mild und liebevoll.

„Großmutter!", rief die Kleine, „ach, nimm mich mit! Ich weiß, du bist wieder weg, sobald das Streichholz erlischt, weg wie der warme Ofen, der schöne Gänsebraten und der große, schöne Weihnachtsbaum!", und schnell strich sie den ganzen Rest Streichhölzer an, die noch im Bund waren, sie wollte Großmutter so recht lange festhalten, und die Streichhölzer leuchteten mit einem solchen Glanz, dass es heller war als am hellen Tage. Die Großmutter war noch nie so schön und so groß gewesen. Sie nahm das kleine Mädchen auf ihre Arme, und sie flogen in Glanz und Freude so hoch, so hoch, und da oben war weder Kälte noch Hunger oder Angst – sie waren bei Gott.

Aber im Winkel am Hause saß in der kalten Morgenstunde das kleine Mädchen mit roten Wangen und mit einem Lächeln um den Mund – tot, erfroren am letzten Abend im alten Jahr. Die Neujahrssonne ging über der kleinen Leiche auf, sie saß mit den Streichhölzern da, von denen ein Bund fast abgebrannt war. „Sie hat sich erwärmen wollen", sagte man; niemand wusste, was sie Schönes gesehen hatte, in welchen Glanz sie mit der Großmutter zur Neujahrsfreude eingegangen war.

HANS CHRISTIAN ANDERSEN

Der Zulu-Mann

Hinführung: In diesen Tagen überlegen wir oft mühevoll, was wir schenken wollen. Dabei will Gott *uns* an Weihnachten beschenken.
Vorlesedauer: ca. 4 Minuten

Ein Zulu-Mann las in der Bibel von der Geburt des Gottessohnes. Da wurde ihm klar, er musste dem Gottessohn etwas schenken; er musste ihm etwas Wertvolles geben. Er saß lange in seiner Hütte und dachte nach, was er Wertvolles anzubieten habe. Da fiel ihm sein Stock ein: Es war ein schön geschnitzter Handstock, oben am Griff war der Kopf eines Zulukriegers eingeschnitzt, und er hatte ihn auf seinen Wegen durch die Berge des Zululandes immer bei sich. Schon manchmal hatte er damit eine Schlange totgeschlagen, die ihn mit ihren giftigen Zähnen bedrohte, und wenn er müde war, hatte er sich daraufgestützt. Er entschloss sich, sich von diesem kostbaren Besitz zu trennen. Jesus sollte ihn haben. Und so machte er sich auf, kniete vor Jesus nieder und wollte ihm den Stock geben. Jesus aber sagte: „Ich brauche deinen Stock nicht; mein Reich ist ein Friedensreich; da wird nicht geschlagen, sondern geliebt."

Der Mann kehrte enttäuscht zu seiner Hütte zurück, schürte sein offenes Feuer und sann weiter darüber nach, was er Jesus geben könnte. Aber es fiel ihm nichts Rechtes ein; so breitete er seine Grasmatte neben dem Feuer aus und legte sich schlafen. Weil Nächte auch in heißen Gegenden recht kalt sind, breitete er seine Decke über sich aus. Dabei kam ihm ein Gedanke: Die Decke ist dick und warm, nach Zuluart ist ein Muster in bunten Farben aufgedruckt. Das war's! Diese Decke sollte Jesus haben. Er stand wieder auf und wanderte in die Nacht hinaus, um sie ihm gleich zu bringen. Als er zu Jesus kam, wollte er auch diese schöne Decke nicht: „Mein Weg in dieser Welt ist Dienst, und dazu wäre mir deine schöne Decke nur hinderlich."

Wieder kehrte der Mann enttäuscht heim. Wenn Jesus weder seinen Stock noch seine Decke wollte, was war dann gut genug für ihn? Tagelang bewegte ihn die Frage. Plötzlich kam ihm die Erleuchtung: Jesus braucht

Kämpfer, die sich für ihn einsetzen! Er hatte sich in den Stammeskriegen seines Häuptlings als tapferer Soldat bewährt und war mit dem glänzenden Kopfring ausgezeichnet worden. Nun wollte er sein freies Leben ganz in den Dienst des größten Häuptlings stellen. Erneut machte er sich auf den Weg zu Jesus und sagte: „Ich will dein Kämpfer sein. Hier bin ich."

Jesus sah ihn freundlich an, aber sagte doch: „Ich bin nicht auf Kämpfer angewiesen; meinst du nicht, ich könnte meinen Vater bitten, dass er Tausende von Engeln senden sollte?"

Da rief der alte Zulu entrüstet aus: „Du willst weder meinen Stock noch meine Decke und nicht einmal meinen Dienst; etwas Besseres habe ich nicht mehr. Sag selbst: Was soll ich dir noch schenken?"

Jesus antwortete ihm: „Du willst mir etwas schenken? Dazu bin ich nicht gekommen. Ich will *dir* etwas schenken: mich selbst; du sollst mich als Geschenk annehmen. Das ist schwieriger, als mir etwas zu geben. Ich selbst möchte dein altes Leben verwandeln. Alles, was darin verkehrt ist, will ich auf mich nehmen und mit dem Kreuz wegtragen. Ich will dir ein neues Leben geben, die ganze Liebe Gottes; dein ganzes Leben will ich mit Freude und Frieden erfüllen; dann wirst du von selbst mit Freude deinen Stock, deine Decke und deinen Dienst herschenken – an meine Schwestern und Brüder, an die Menschen. Das kannst du aber erst, wenn du mich als Geschenk angenommen hast."

ISRAEL SOSIBO

Drei Könige lernen teilen

Hinführung: Nach ihrer Heimkehr lockt sie der große Stern am Himmel, noch einmal zusammenzukommen.
Vorlesedauer: ca. 7 Minuten

Die drei Könige waren lange beim Kind gesessen. Dankbar, voll von den Eindrücken am Ziel ihrer langen Reise. Jeder von den dreien hatte seine Geschenke neben die Krippe gelegt. Nun nahmen sie Abschied.

Doch jeder dachte bei sich: Ich will zur Erinnerung an das wunderbare Geschehen eine Kleinigkeit mitnehmen. Aber außer ihren Geschenken war wenig im Stall, und das Wenige wollten sie dem Kind und seinen Eltern lassen. So nahm der eine König etwas Erde vom Boden, füllte sie in einen Beutel und hängte ihn an seinen Mantel. Der andere König füllte etwas Wasser aus dem Trog in ein Fläschchen, verschloss es gut und legte es in seine Reisetasche. Der dritte König bat um einige Strohhalme aus der Krippe. An einem Halm war sogar noch eine ganze Ähre mit Körnern. Stroh und Ähre verwahrte er ganz sorgfältig in einem Kästchen.

Draußen war es schon fast wieder Tag. Der Himmel wurde heller, und die vielen Sterne verloren immer mehr an Kraft. Nur der große Stern, der ihnen den Weg gezeigt hatte, leuchtete noch kräftig, als wolle er das Wunder der Nacht in den Tag hineinstrahlen lassen.

Schweigend traten die Könige vor die Hütte. Schweigend umarmten sie sich und schweigend nahmen sie Abschied voneinander. Dann gingen sie auseinander, jeder in sein Land. Der eine nach Osten, der andere nach Süden und der dritte nach Westen. Sie waren erfüllt von dem, was sie gesehen und gehört hatten, und freuten sich darauf, zu Hause von allem erzählen zu können.

Der König des Ostens ritt auf einem schwarzen Pferd.
Der König des Südens ritt auf einem Kamel.
Und der König des Westens fuhr mit einem Schiff.

So kamen sie alle recht schnell zu Hause an. Wem immer unterwegs sie begegneten, erzählten sie von dem Wunder im Stall und zeigten ihre

Schätze. Der König des Ostens zeigte das Wasser, der König des Südens zeigte die Erde und der König des Westens die Ähre mit den Körnern.

Doch welch ein Erschrecken, als sie zu Hause ankamen. In allen Ländern weinten die Menschen, waren traurig und lebten in Angst. Das Land im Osten war nach einem großen Unwetter überschwemmt. Deiche waren gebrochen, Felder und Äcker überflutet, nichts konnte wachsen. Die Menschen hungerten und waren ohne Hoffnung. Ohne feste Erde und ohne Saatgut konnten sie nicht leben.

Das Land im Süden litt seit Jahren unter einer großen Dürre. Kein Regen war gefallen. Die Erde war verkrustet und trocken. Nichts konnte mehr wachsen. Die Menschen hungerten und verzweifelten. Ohne Wasser war alles aussichtslos.

Das Land im Westen war durch ein großes Erdbeben zerstört. Die Lebensmittel wurden immer knapper und die Menschen begannen schon, sich um ein Stück Brot zu schlagen. Ohne Hilfe von außen waren sie verloren.

Da waren also die drei Könige nach langer Zeit endlich wieder zu Hause, wollten erzählen von der Geburt des Erlösers, und nun dies. Verzweifelt saßen sie da, der König im Osten vor der Überschwemmung, der König im Süden vor der Dürre und der König im Westen vor den Trümmern in seinem Land. Geblieben war ein Beutel Erde, eine Ähre, ein Fläschchen mit Wasser. Mehr nicht. Kein Gott, keine Hilfe, kein Engel und kein Kind. Nicht einmal ein Stern am Himmel.

Fast gleichzeitig, als sie so traurig dasaßen, schauten sie zum Himmel. Da war er! Da war der große Stern! Der Stern, der ihnen schon einmal den Weg gezeigt hatte zum Kind und seinen Eltern. Das musste ein Zeichen sein, ein Zeichen Gottes, der ihnen helfen wollte.

Schnell packten sie ihre Reisetaschen und vergaßen nicht die Erde, das Wasser und die Ähre. Der König im Osten nahm das schnellste Pferd seines Landes, der König im Süden das schnellste Kamel, der König im Westen bestieg das schnellste Schiff. Und so war es kein Wunder, dass sie nach wenigen Tagen Reise mit der Hilfe des Sterns aufeinandertrafen. Aber da war kein Stall, kein Kind und keine Eltern. Da waren nur sie. Betreten schauten sie sich an. Jeder holte aus seiner Tasche, was er damals mitgenommen hatte im Stall von Betlehem. Der König des Ostens das Wasser, der König des Südens die Erde und der König des Westens die Ähre. Da lagen die Schätze nebeneinander: Erde, Wasser und Weizenkörner.

Jeder erzählte vom Unglück in seinem Land. Vom Wasser, von der Dürre, vom Erdbeben. Und jeder erzählte, was seinem Volk so dringend fehlte. Und als sie so zu dritt beisammensaßen um Erde, Wasser und Ähre, da gingen ihnen die Augen auf. Sie merkten: Wenn wir zusammenlegen, die Erde, das Wasser und die Körner, dann kann Weizen wachsen, Brot für unsere Menschen. Eigentlich müssen wir nur teilen, was wir haben. Eigentlich müssen wir nur die Grenzen öffnen, teilen und zusammenlegen. Wenn wir so teilen, dann reicht das Brot eines Tages für die ganze Welt. Sie umarmten sich und nahmen Abschied.

Zu Hause angekommen, gaben sie den Soldaten Befehl: „Öffnet die Grenzen! Teilt, was ihr habt! Gebt ab, was den anderen fehlt!" Und so teilten die Völker des Südens, des Westens und des Ostens, was sie hatten. Kein Mensch musste vor Hunger sterben. „Danke, lieber Gott", sagten alle Menschen im Osten, Süden und Westen, „danke, lieber Gott, dass das Kind in der Krippe unseren Königen einen Weg gezeigt hat aus dem Elend."

Und sie feierten alle miteinander ein großes Fest, kunterbunt, wie es auf der Erde bis dahin noch nie gefeiert worden war.

Und die Könige sandten Boten aus dem Land des Ostens, aus dem Land des Südens und aus dem Land des Westens zum König des Nordens. Und den Boten gaben sie als Zeichen des Wunders Erde, Wasser und eine Ähre mit.

Der Stern begleitete die Boten auch in das Land des Nordens. Die Boten erzählten auch im Land des Nordens vom Kind in der Krippe, vom Heiland der Welt, von den Engeln, vom Frieden und von dem Wunder, das sie selbst erlebt hatten. Und so erreichte die wunderbare Nachricht von der Geburt des Erlösers auch unser Land.

GERHARD ENGELSBERGER

Engel gibt es

Hinführung: Im Gespräch spüren Menschen nach, ob sie schon Engeln begegnet sind.
Vorlesedauer: ca. 5 Minuten

Weihnachten 2020. Die Familie Steiner hat sich um den Adventskranz, auf dem drei dicke rote Kerzen brennen, versammelt und hält eine Dämmerstunde ab. Man plaudert über das bevorstehende Fest, über das Festmahl, was sich der eine oder andere wünscht und auch über das Weihnachtsevangelium und die Engel, die den Hirten die frohe Botschaft von der Geburt des Erlösers verkündeten.

Plötzlich sagt Daniel, der jüngere der beiden Söhne: „Engel gibt es gar nicht, auch das Christkind und den Weihnachtsmann nicht."

Es herrscht einen Moment tiefen Schweigens in dem halbdunklen Raum. Dann sagt Vater Steiner mit überzeugter Stimme: „Oh doch! Ich habe sogar mehrere gesehen."

Jan, der Ältere, fragt verwundert: „Du hast einige gesehen?"

„Ja, und erlebt! Erinnert euch an den letzten Februar, als ich von einer Geschäftsreise aus Asien zurückgekommen bin. Ich durfte nicht nach Hause, musste gleich in Quarantäne, weil ich mit dem Corona-Virus infiziert war. Schwer betroffen von dieser Krankheit kämpften die Ärzte um mein Leben, die Pfleger taten ihr Bestes, die Schwestern arbeiteten an ihrem Limit. Das hört sich in den Nachrichten immer so harmlos an. Aber wenn man es selbst erlebt hat, weiß man, was sie gleistet haben."

Er machte eine Pause, schaut einen Moment in die flackernden Kerzen. Dann fährt er fort: „Ich war nicht der Einzige, der schwerkrank darnieder lag. Alle notwendigen Leistungen mussten an mehreren Patienten mehrfach am Tag vorgenommen werden. Das Personal hatte an einigen Tagen nicht einmal eine kurze Verschnaufpause für ein Butterbrot, für einen Schluck Wasser, ja nicht einmal für den Gang zur Toilette. Und die notwendigen Maßnahmen waren Knochenarbeit. Ich möchte sie nicht im Einzelnen aufzählen, um uns nicht die adventliche Stimmung zu verderben."

Alle sind still geworden, als sie den Vater mit dankbarer Stimme sagen hören: „Engel haben mir das Leben gerettet."

Nach einer Weile fragt Jan seinen kleinen Bruder: „Ist unsere Nachbarin Frau Gerland nicht auch ein Engel? Sie kümmert sich aufopferungsvoll als alleinerziehende Mutter um ihre drei Kinder, versorgt den Haushalt, hilft bei den Schularbeiten, geht viermal in der Woche putzen, um zu ihrer Stütze noch etwas hinzuzuverdienen, damit nicht sie, aber ihre Kinder sich etwas leisten können."

„Ich glaube", meinte die Mutter, „dein Bruder will dir sagen, sie ist eine Heldin des Alltags, ein Engel für ihre Kinder."

Alle sind sehr nachdenklich geworden ob dieses vorweihnachtlichen Gedankenaustausches, als die Mutter berichtet: „Meine französische Freundin Marie hat mir schon vor Jahren von einem Engel erzählt, den sie leibhaftig gespürt und erlebt hat. Sie war in Paris auf einer Veranstaltung der Rockband Eagles of Death, als Terroristen in den Konzertsaal eindrangen und mit Sturmgewehren in die Menge schossen, ein Blutbad anrichteten. Sie floh in die obere Etage. Doch die Täter machten alle um ihr Leben Zitternde dort ausfindig. Die Gotteskrieger bereiteten den Geiseln dort die Hölle auf Erden. Ein junger Mann warf sich auf sie und verhinderte ihr Schreien und ihren Befreiungsversuch. Er drückte das Blut aus seinen Wunden und meinte nur: ‚Stell dich tot!' Man hielt sie für tot. Das rettete ihr Leben, denn alle anderen wurden grausam umgebracht. Als das Massaker vorbei war, stand er auf, lächelte und ging. Sie schrieb mir: ‚Das war das Lächeln eines Engels.'"

Selbst Daniel sieht seine Mutter mit stummen Augen an. Sie erklärt: „Er ist sinnloser Gewalt mit selbstloser Hilfe begegnet. Wo unglaublicher Hass herrscht, hat er grenzenlose Liebe gelebt. Er hat meiner Freundin das Leben geschenkt, wo Tod wartete. Sie beendete ihren Brief mit den Worten: ‚Mehr Engel, mehr Weihnachten habe ich noch nie erlebt. Ich fühle mich wie neugeboren.'"

BERNHARD WACH

Der bucklige Josef

Hinführung: Josef kommt in den Weihnachtserzählungen meist zu kurz. Aber ihm wäre auch viel in den Mund zu legen.
Vorlesedauer: ca. 6 Minuten

Aquarelle, Ölbilder, Radierungen, Kleinplastiken – die Weihnachtsausstellung einer Künstlervereinigung. Man geht von Winterlandschaften zu italienischen Städten, von Blumenbildern zu verschlungenen Kreisen, farbigen Punkten, schwarzen Linien. „Sonderbare Auffassungen sind das heute", sagt ein Mann neben Georg und Elisabeth. „Da hat tatsächlich der heilige Josef einen Buckel." Das junge Paar beugt sich zu der kleinen Holzplastik nieder. Auf einem Schemel sitzt eine junge Frau, ein Kind auf dem Schoß. Dahinter steht ein kleiner, buckliger Mann und hat die Hand auf die Schulter der Frau gelegt. Georg liest den Zettel darunter: Die Heilige Familie. Von Robert Milwagner! Robert? Der alte Freund Robert Milwagner! Warum hat er …? Der Mann gibt auf ihre unausgesprochene Frage Antwort: „Er war immer ein ehrlicher Künstler. Aber wenn du heute eine Heilige Familie in einer Kunstausstellung unterbringen willst, musst du schon schockieren. Er fängt auch an, sich anzupassen."

Als die beiden heimkommen, lässt ihnen der Gedanke an den buckligen heiligen Josef keine Ruhe. Die drei Gestalten hatten einfache, klare Linien, ohne Lieblichkeit, aber auch ohne Verzerrungen. Nur der Höcker war da. Sollte wirklich Robert, der Redliche, seinen Tribut gezahlt haben, um „mitspielen" zu können?

Georg ruft an. Robert soll kommen! – Am nächsten Tag kommt er. Er ist so einfach und gerade wie immer. „Wir haben deine Holzplastik gesehen. Warum hat dein heiliger Josef einen Buckel?" Robert zieht noch einmal an seiner Pfeife und streckt die langen Beine aus, ehe er zu reden anfängt:

„Diese Familie hat mich mehr als zwanzig Jahre lang beschäftigt. Immer wieder hab ich die Arbeit daran zurückgedrängt. Ich dachte, ich könne es nicht. Jetzt hab ich mich doch daran gewagt. Ich habe diese drei nur einmal gesehen. Es war nach dem Krieg. Da bin ich in ein Bauernhaus gekommen im oberen Mühlviertel. Es war ein kleiner Hof und hat nicht nach vollen Kammern ausgesehen. Aber wir waren sehr hungrig; ich wollte versuchen, etwas zu essen zu bekommen. Als ich in die Stube trat, saß da eine junge Bäuerin mit einem freundlichen Gesicht und hatte ein Kind auf dem Schoß. Sie wurde ein wenig ängstlich, als ein Fremder zur Tür hereinkam. Da kam ein Mann aus der Ofenecke hervor, stellte sich hinter die Frau und legte beschützend seine Hand auf ihre Schulter. Er sagte kein Wort. Aber man merkte es, er würde die Frau und das Kind verteidigen gegen eine ganze Welt voll Gewalt und Bosheit. Ich entschuldigte mich, dass ich eingedrungen war, und fragte, ob sie mir etwas verkaufen könnten, Brot, Eier oder Fett? Der Mann strich beruhigend über die Schulter der Frau, ehe er einen halben Laib Brot holte und ein Stückchen Speck. Da erst merkte ich, dass er klein und bucklig war.

Nie ist mir die Verbundenheit zweier Menschen so deutlich geworden wie damals in diesem abgelegenen Mühlviertler Bauernhaus. Es war eine Zuneigung und ein Vertrauen zwischen den beiden, die mehr spürbar als sichtbar war. Dass der Mann klein und bucklig war, zählte nicht.

Ich wollte diese drei darstellen als Heilige Familie, eigentlich als das Heilige in der Familie. Ich habe sie zu zeichnen versucht, hab's in Farbe probiert, aber es ist nie so gelungen, wie ich's wollte. Jahrelang ist die Idee liegen geblieben, aber im vorigen Jahr bin ich doch wieder darangegangen. Holz schien mir am besten zu ihnen zu passen. An euch merke ich, dass es mir wieder nicht gelungen ist. Ihr habt nicht gesehen, worum es mir ging: um die Einheit der drei, um ihre unbedingte Zusammengehörigkeit, an der auch ihre Schwächen nichts ändern. Seelische Gebrechen kann man nicht sichtbar machen, darum war der Bucklige gerade das richtige Modell."

Am nächsten Tag sind die beiden wieder in die Ausstellung gegangen: Georg und Elisabeth. Vor der kleinen Holzplastik sind sie stehen geblieben. „Ich kaufe uns die Heilige Familie, Elisabeth. Wir sind eine schlechte Antenne gewesen, sonst hätten wir begriffen. Wenn ich wieder einmal einen Höcker habe aus schlechter Laune und Gereiztheit, dann schau dir den buckligen Josef an und denk daran, dass ich trotzdem immer die Hand auf deiner Schulter hab!"

BERTA STUMMER

Versöhnung ist möglich

Hinführung: Die folgende Geschichte ist wahr, nachprüfbar wahr. Unverständlicherweise ist sie in Amerika viel bekannter als bei uns.
Vorlesedauer: ca. 8 Minuten

Herbst 1944. Viele am Rhein dachten, der Krieg geht zu Ende. Kaum jemand fürchtete die alliierte Invasion: Je früher, desto besser. Darum holte der Bäckermeister Vincken seine ausgebombte Familie, seine Frau und den zwölfjährigen Sohn Fritz, in seine Nähe in die Ardennen, wo er dienstverpflichtet war, um für die Wehrmacht Brot zu backen.

Auf einem Kübelwagen brachte er die beiden nach stundenlanger Nachtfahrt den Amerikanern entgegen in eine leer stehende Baracke, die versteckt in einer Lichtung stand. Aber die Front versteifte sich. Im Dezember kam es sogar zu einer Gegenoffensive. Tief eingeschnitten, harrten die zwei nach wie vor in der Hütte aus. Dem Vater fiel es aber immer schwerer, seine Familie zu versorgen. So kam der Heilige Abend 1944. Sein Sohn Fritz hat später aufgeschrieben, was damals geschah:

Wir hörten den ganzen Tag das dumpfe Dröhnen alliierter Kampfflugzeuge. Es war bitterkalt. Mutter bereitete am Ofen im spärlichen Licht einer Kerze eine Hühnersuppe. Vater war unterwegs, um zu „organisieren".

Auf einmal klopfte es an die Tür. Erschrocken zuckte ich zusammen und sah, wie Mutter hastig die Kerze ausblies. Es klopfte wieder. Wir fassten uns ein Herz und machten auf. Draußen standen zwei Männer mit Stahlhelmen. Einer sprach in einer fremden Sprache und zeigte auf einen Dritten, der im Schnee lag. Wir begriffen: Diese Männer sind amerikanische Soldaten. Mutter stand regungslos neben mir. Sie waren bewaffnet und hätten ihr Eintreten erzwingen können, doch sie standen da und fragten mit den Augen. Der im Schnee Sitzende schien mehr tot als lebendig.

„Kommt rein!", sagte Mutter mit einer einladenden Geste. Einer von ihnen konnte sich mit meiner Mutter auf Französisch verständlich machen. Mutter kümmerte sich nun um den Verwundeten. Am Ofen sitzend, wich die Kälte von ihnen. Die Lebensgeister stellten sich wieder ein. Die drei waren Versprengte, hatten ihre Einheit verloren und waren seit Tagen im Wald umhergeirrt.

Mutter trug mir auf: „Geh, bring noch sechs Kartoffeln." Sie zündete eine zweite Kerze an und schnitt die gewaschenen, ungeschälten Erdäpfel in die Suppe hinein. Sie zu schälen, wäre damals Verschwendung gewesen. Der Verwundete hatte viel geblutet und lag teilnahmslos und still. Mutters Suppe verbreitete einen einladenden Duft. Ich war gerade dabei, den Tisch zu decken, da klopfte es wieder an die Tür. Ich erwartete weitere versprengte Amerikaner und öffnete ohne Zaudern.

Es waren Soldaten, vier Mann, und alle bis an die Zähne bewaffnet. Die Uniform war mir vertraut. Das waren *unsere* Soldaten der Wehrmacht. Ich war vor Schreck wie gelähmt. Obschon ein Kind, wusste ich: „Wer den Feind begünstigt, wird erschossen!" War das unser Ende?

Mutter trat heraus. Ihre gefasste Stimme beruhigte mich etwas: „Ihr bringt eisige Kälte mit, wollt ihr mit uns essen?", entfuhr es ihr.

Damit hatte sie den richtigen Ton gefunden. Die Soldaten grüßten freundlich und waren sichtlich froh, am Heiligabend im Grenzland der Ardennen zwischen den Fronten Landsleute gefunden zu haben.

„Dürfen wir uns etwas aufwärmen?", fragte der Rangälteste, ein Unteroffizier. „Vielleicht können wir bleiben bis zum Morgen?"

„Natürlich", antwortete Mutter herzlich und fügte dann mutig hinzu: „Es sind bereits drei Durchfrorene hier, um sich aufzuwärmen. Macht jetzt bitte am Heiligabend keinen Krawall!"

Der Unteroffizier hatte begriffen. Barsch verlangte er zu wissen: „Amis?"

Mutter sah jeden Einzelnen an und sagte langsam: „Ihr könntet meine Söhne sein und die da drinnen auch. Einer ist verwundet, gar nicht gut dran. Die anderen sind so hungrig und müde wie ihr." Dann sagte sie zum Unteroffizier: „Es ist Heiligabend; hier wird nicht geschossen!"

Der starrte sie an. Für zwei, drei endlose Sekunden; doch Mutter sagte entschlossen: „Legt das Schießzeug auf das Holz und kommt rein!"

„Tut, was sie sagt!", knurrte der Unteroffizier.

Wortlos legten sie ihre Waffen in den Schuppen, in dem wir unser Holz aufbewahrten: drei Karabiner, zwei Pistolen, ein leichtes Maschinengewehr und zwei Panzerfäuste. Den Amerikanern war der Feind nicht verborgen geblieben. Mit dem Mut der Verzweiflung waren sie willens, sich zur Wehr zu setzen. Als alle in der kleinen Stube waren, schienen sie ratlos. Mutter aber war in ihrem Element.

Lächelnd suchte sie für jeden eine Sitzgelegenheit. Wir hatten drei Stühle, aber Mutters Bett war groß. Man schwieg sich an, es lag eine Gespanntheit in der Luft. Mutter machte sich wieder ans Kochen.

Der Verwundete stöhnte laut auf. Einer der Deutschen beugte sich über ihn. „Sind Sie Sanitäter?", fragte Mutter.

Er erwiderte: „Nein, aber ich habe bis vor wenigen Monaten in Heidelberg Medizin studiert." Dann erklärte er den Amerikanern auf Englisch: „Die Wunde ist dank der Kälte nicht entzündet. Aber er hat Blut verloren und braucht Ruhe und kräftiges Essen."

Jetzt löste sich die Spannung. Der Unteroffizier nahm aus seinem Brotbeutel eine Flasche Rotwein, ein anderer legte ein Kommissbrot auf den Tisch. Mutter schnitt das Brot in Scheiben. Von dem Wein füllte sie etwas in den Becher: „Für den Kranken!" Der Rest wurde aufgeteilt.

Jetzt war alles für das Weihnachtsmahl bereitet. Zwei Kerzen flackerten auf dem Tisch. Am Kopfende saß Mutter auf einer improvisierten Sitzgelegenheit. Bei uns zu Hause war es nicht üblich, laut vor dem Essen zu beten. Doch nun war alles anders. Es war eine feierliche Stimmung.

Keinem wäre es eingefallen, sich ohne Weiteres über das Mahl herzumachen. Wir fassten einander an den Händen. Mutter sprach mit ergreifender Innigkeit, als ob sie Weihnachten verkündete: „Komm, Herr Jesus, und sei unser Gast..." Sie schloss mit den Worten: „Und bitte, mach endlich Schluss mit diesem Krieg."

Als ich mich in der Runde umsah, bemerkte ich Tränen in den Augen der Soldaten. Und niemand schämte sich.

Schließlich gingen wir schlafen. Ich fand noch in Mutters Bett Platz. Nach einem kargen Frühstück zeigte der Unteroffizier den Amerikanern den Weg zu den amerikanischen Linien. Ein deutscher Kompass wechselte den Besitzer. „Passt auf, wo ihr geht. Viele Wege sind vermint. Wenn ihr eure Jabos (= Jagdbomber) hört, winkt ihnen wie der Teufel." Der Mediziner übersetzte ins Englische. Dann bewaffneten sie sich wieder. Alle umarmten sich fröhlich; man versprach, sich wiederzusehen. „As soon as this damn war is over!" („Sobald dieser verdammte Krieg vorüber ist!")

In ganz Amerika ist diese Begebenheit bekannt, in der Feinde zusammentrafen und als Kameraden auseinandergingen. Der frühere amerikanische Präsident Ronald Reagan schrieb im Juli 1985 an Fritz Vincken: „Während meiner Reise nach Westdeutschland habe ich vom Mut Ihrer Mutter und von Ihrem Mitleid während des Krieges gesprochen.

Sie hat junge amerikanische und deutsche Soldaten gleichzeitig aufgenommen und das Mahl an Heiligabend mit ihnen geteilt. Ihre Geschichte muss immer wieder erzählt werden, weil keiner von uns zu viel über Frieden und Versöhnung hören kann.

Das vertrauensvolle Gebet Ihrer Mutter zum Fürst des Friedens: ‚Komm, Herr Jesus, sei mit uns' vor dem Essen am Heiligen Abend bleibt eine zeitlose Unterweisung für uns alle."

FRITZ VINCKEN

In der US-Fernsehserie „Ungelöste Geheimnisse" kam es im Januar 1996 zu einem Wiedersehen von Fritz Vincken mit den Amerikanern. Einer von ihnen besaß noch immer den deutschen Wehrmachtskompass, von dem er sich nie getrennt hat.

Die Klage der Christbäume

Hinführung: Immer nur jammern oder die rettenden Strohhalme sehen?
Vorlesedauer: ca. 3½ Minuten

Die Weihnachtszeit ging langsam zu Ende, und wie in jedem Jahr trafen sich die Christbäume zu ihrer Vollversammlung. Nachts, wenn die Menschen schliefen, konnten sie in Ruhe auf die Festtage zurückblicken und Bilanz ziehen. „Es wird immer trauriger", begann ein stämmiger Baum die Aussprache, „die meisten Leute wissen nicht mehr, warum sie uns aufstellen und schmücken. Sie singen zwar kräftig ‚Heut schließt er wieder auf die Tür zum schönen Paradeis', aber dass wir den Paradiesbaum, den Baum des Lebens, darstellen, daran denkt heute kaum noch jemand."

„Ganz richtig", ergänzte eine Christbaumkugel und kam sofort ins Rollen, „wer ahnt denn heute noch, dass unsere Vorfahren Äpfel waren und dass wir die Früchte am Baum des Lebens symbolisieren? Je kunstvoller und schöner wir werden, desto mehr gerät unsere eigentliche Bedeutung in Vergessenheit."

„Was sollen wir erst sagen", rief ein Lebkuchenherz und schüttete sich aus: „Wir sollen auf die Herzlichkeit und Menschenfreundlichkeit Gottes hinweisen, die Jesus uns gezeigt hat – aber wer uns sieht, interessiert sich nur dafür, wie er uns möglichst schnell vernaschen kann!"

Eine Kerze vergoss einige Wachstränen und klagte: „Auch wir wollen, dass die Menschen an Jesus denken, wenn sie uns anzünden. Wer sich an ihm orientiert, dem geht ein Licht auf; der entdeckt, was im Leben wirklich wichtig ist; der findet auch einen Weg durch die dunklen Stunden – aber wem leuchtet das heute noch ein?"

Schließlich meldete sich noch ein kleiner Strohstern zu Wort: „Wer mich in Ruhe betrachtet, könnte sich von mir sagen lassen: ‚Du wirst immer einen rettenden Strohhalm haben, weil Jesus – das Kindlein auf Heu und auf Stroh – die Not und Armut mit dir teilt.' Aber für die meisten ist Weihnachten nur ein Strohfeuer, das schnell verlischt."

So klagten die Christbäume noch eine ganze Weile, bis endlich einer kleinen Tannennadel eine Idee kam: „Es nützt doch nichts, wenn wir traurig und gekränkt in der Ecke stehen und die Zweige hängen lassen. Wir Nadeln könnten doch die Leute, die uns zum nächsten Weihnachtsfest schmücken, ganz vorsichtig sticheln und anstacheln. Vielleicht spüren sie dann, dass wir eine Botschaft haben, die unter die Haut gehen will. Vielleicht werden sie dankbarer für das Leben, das Jesus ihnen neu schenkt. Vielleicht lassen sie sich anstecken zu mehr Herzlichkeit, vielleicht sehen sie manches in einem anderen Licht, und vielleicht entdecken sie neu, wie wichtig der rettende Strohhalm des Glaubens für sie ist."

Wenn Sie also in Zukunft einmal von einer kleinen Tannennadel gestochen werden: Nicht ärgern, nur wundern, was Ihnen ein Christbaum so alles erzählen kann!

WOLFGANG RAIBLE

Flüsterpropaganda

Hinführung: Mit etwas mehr Licht und Wärme ließe sich einiges mehr bewegen.
Vorlesedauer: ca. 3 Minuten

„Achtung, jetzt geht's gleich wieder rund!", rief einer der Heiligen Drei Könige, als er die Hand mit dem brennenden Streichholz auf sich zukommen sah. Er hatte – zusammen mit seinen beiden Kollegen, einem Diener und einem voll bepackten Kamel, mit einem Hirten und ein paar Schafen – seinen festen Platz auf der Drehscheibe einer Weihnachtspyramide.

„Seit Tagen kommen wir aus dem Rotieren nicht mehr heraus", brummte der alte Hirte, als die Kerzen angezündet waren und sich die ganze Mannschaft langsam in Bewegung setzte.

„Immer derselbe Trott! Wie haltet ihr das bloß aus?"

„Ich versuche", erwiderte der König, „mit den Menschen, die uns zuschauen, ins Gespräch zu kommen. Wenn ich entdecke, dass einer still und nachdenklich wird, dann flüstere ich ihm zu: ‚Schau mal, wir haben unsere Mitte gefunden. Alles dreht sich um die Krippe und das Kind, um Jesus, die Menschenfreundlichkeit Gottes in Person. Lass deine Gedanken doch auch einmal um ihn kreisen! Mach den Menschen, der so war, wie Gott sich den wahren Menschen vorstellt, doch auch zum Dreh- und Angelpunkt deines Lebens!'"

Die Fahrt war schon ziemlich rasant geworden, da ergriff der zweite König das Wort: „Auch ich habe mir etwas vorgenommen für die kurze Zeit im Jahr, in der wir die Menschen mit unserer Anwesenheit erfreuen. Wenn einer aufmerksam ist, dann kann er mich bei jeder Runde sagen hören: ‚Sieh her, wie wir in Schwung gekommen sind! Lass dich doch auch durch die Freude dieser Tage in Bewegung bringen! Spring über den Schatten deiner Sturheit, geh aus dir heraus und offen auf andere zu! Vergiss wenigstens für ein paar Stunden das Festgefahrene in deinem Leben!'"

Der dritte König meinte: „Wenn jemand fasziniert ist von der unsichtbaren Kraft, die uns antreibt, dann sage ich ihm ganz leise: ‚Schau, es braucht nur ein bisschen Licht und ein wenig Wärme – und schon wird es bei uns lebendig. Unser Zug setzt sich in Gang, und die großen Flügel über uns zaubern die schönsten Schattenspiele an die Zimmerdecke. Ein bisschen Licht und Wärme, eine Atmosphäre der Ehrlichkeit und Herzlichkeit – das könnte auch bei euch einiges bewegen!'"

„Was diese drei bloß für Ideen haben", dachte der brummige, alte Hirte bei sich. Aber es blieb ihm gar nichts anderes übrig, als sich ihnen anzuschließen und sich von ihrem Schwung mitreißen zu lassen.

WOLFGANG RAIBLE

Der Nachweihnachtsengel

Hinführung: Wir hören von einer Freude, die auch nach Weihnachten möglich bleibt.
Vorlesedauer: ca. 3 Minuten

Als ich dieses Jahr meine Krippe und die fünf Weihnachtsengel wieder einpackte, behielt ich den letzten in der Hand. „Du bleibst", sagte ich. „Ich brauche ein bisschen Weihnachtsfreude für das ganze Jahr."

„Da hast du aber Glück gehabt", sagte er.

„Wieso?", fragte ich ihn.

„Na, ich bin doch der einzige Engel, der reden kann."

Stimmt! Jetzt erst fiel mir auf: ein Engel, der redet? Da hatte ich wirklich Glück gehabt. „Wieso kannst du eigentlich reden? Das gibt es doch gar nicht!"

„Doch, das ist so. Nur wenn jemand nach Weihnachten einen Engel zurückbehält, nicht aus Versehen, sondern wegen der Weihnachtsfreude – wie bei dir –, dann können wir reden. Aber es kommt ziemlich selten vor. Übrigens, ich heiße Heinrich."

Seitdem steht Heinrich in meinem Wohnzimmer im Regal. In den Händen trägt er seltsamerweise einen Müllkorb. Heinrich steht gewöhnlich still an seinem Platz, aber wenn ich mich über irgendetwas ärgere, hält er mir seinen Müllkorb hin und sagt: „Wirf rein!" Ich werfe meinen Ärger hinein – weg ist er! Manchmal ist es ein kleiner Ärger: wenn ich zum Beispiel meine Brille verlegt habe oder meinen Haustürschlüssel nicht finde. Es kann aber auch ein größerer Ärger sein oder eine Not, ein Schmerz, mit dem ich nicht fertig werde.

Eines Tages fiel mir auf, dass Heinrichs Müllkorb immer gleich leer war. Ich fragte ihn: „Wohin bringst du das alles?"

„In die Krippe", sagte er.

„Ist denn so viel Platz in der kleinen Krippe?"

Heinrich lachte. „Pass auf: In der Krippe liegt ein Kind, das ist noch kleiner als die Krippe. Und sein Herz ist noch viel kleiner. Deinen Kummer lege ich in Wahrheit gar nicht in die Krippe, sondern in das Herz des Kindes. Verstehst du das?"

Ich dachte lange nach. „Das ist schwer zu verstehen. Und trotzdem freue ich mich. Komisch, nicht?"

Heinrich runzelte die Stirn. „Das ist gar nicht komisch, sondern das ist die Weihnachtsfreude. Verstehst du?"

Auf einmal wollte ich Heinrich noch vieles fragen. Aber er legte den Finger auf den Mund. „Pst", sagte er, „nicht reden. Nur sich freuen!"

NACH DIETRICH MENDT

Joe, Mia und Josh

Hinführung: In der Regel hält Maria die Hand über ihr Kind. Können wir uns das auch umgekehrt vorstellen?
Vorlesedauer: ca. 5 Minuten

So klein liegt das Kind in der Wiege. Mia schaut es noch einmal genau an. Die winzigen Finger, die kleinen Hände, die schon greifen können. Füße, an denen sich die Zehen aufreihen wie winzige Perlen auf einer Schnur. Speckige Beinchen voller Falten.

Sie hat es nur in ein Windeltuch gewickelt, jetzt nach dem Bad, und es dann in die Wiege gelegt, um es eine Weile stumm zu betrachten. Es blickt aufmerksam zurück zu ihr. Es scheint zu lächeln.

„Einbildung", sagt Mia sich. So kleine Kinder können noch nicht lächeln. Sie verziehen nur das Gesicht. Sicher wird es gleich zu weinen beginnen, weil ihm kalt ist. Sie sieht schon, wie der winzige Flaum auf den Ärmchen sich aufstellt und sich kleine gleichmäßige Erhebungen einer Gänsehaut bilden. Der einzige Strampler ist noch nicht trocken. Gleich würde sie den Föhn nehmen müssen, um nachzuhelfen. Morgen würde sie im Sozialladen nach einem zweiten schauen. Beim letzten Mal waren die Regale wie leergefegt.

Aber das Baby schreit nicht. Es verhält sich unerwartet still, lässt sich anschauen. Mia nimmt dieses Bild in sich auf, prägt es sich ganz tief ein, als wolle sie es niemals vergessen. Sie hört Joes Schritte auf der Treppe. Schon steht er dicht hinter ihr und blickt in die Wiege hinein. Er legt ihr die Hand auf die Schulter, wundert sich nicht, dass sie vor dem Kind kniet. Mias Magen knurrt vernehmlich. Sie wendet sich zu ihrem Mann um. Ihm verdankte das Kind sein Leben – in zweifacher Hinsicht. Er hatte es haben wollen. Seine Weigerung, sie zur Abtreibung in die Klinik zu bringen, hatte sie fast um den Verstand gebracht. Als hätte sie diese Entscheidung leichten Herzens gefällt.

„Ich bin sein Vater und du kannst mein Kind nicht töten", hatte er argumentiert. Dabei hatten die Berater ihr doch versprochen, dass alles ganz sanft vonstattengehen würde. Der Embryo würde nichts spüren. Jedenfalls hatte sie das gehofft. Trotzdem hatte sie lange gewartet, zu lange. Und dann hatte Joe sie eingesperrt. Ein paar Tage lang, bis die Frist endgültig verstrichen war.

„Du musst zur Vernunft kommen, Mia", hatte er gesagt. „Du willst doch nicht zur Mörderin werden? Es ist unser Kind – es gehört zu uns, egal wie winzig es ist. Es muss wachsen dürfen und zur Welt kommen. Es ist ein Geschenk Gottes."

„Papperlapapp", hatte sie gedacht. „Über Geschenke freute man sich, oder etwa nicht?"

Mia konnte keine Freude empfinden. Mia kannte nur Angst vor der Zukunft. Eine Zukunft, die noch rauer werden würde als die Vergangenheit. Nicht einmal genug Platz gab es in der Zwei-Zimmer-Wohnung für das neue Baby. Der Vermieter hatte schon gedroht, ihnen zu kündigen. Täglich erwartete sie sein Schreiben. Wenn der Postbote klingelte, presste Mia die Hände auf die Ohren.

Josh hatten sie ihn genannt. Joe fand, das passte gut zu ihnen und zu dem Baby. Er glaubte daran, dass das Kind eine rosige Zukunft haben würde. Woher nahm er nur diese Zuversicht?

„Ein Engel hat es mir im Traum gesagt, Mia." Das war doch lachhaft. Wer konnte das glauben? Joe streicht dem Säugling mit dem Zeigefinger zärtlich über das Gesicht. Der Kleine greift nach seinem Finger, greift ganz fest zu und lacht nun doch.

„Vater und Sohn, Hand in Hand", blitzt ein Gedanke in Mia auf. Vielleicht wird doch alles gut.

ANJA OLLMERT

Das Wunder (Nikolaus)

Hinführung: Erst ohne Verkleidung vermag Nikolaus zu verzaubern.
Vorlesedauer: ca. 2 Minuten

Der Student rief sich noch einmal alles in Erinnerung, was man ihm beim Nikolaus-Verleihdienst eingeprägt hatte. Auf keinen Fall dürft ihr den Kinderschreck machen, hatte man ihnen gesagt. Auch dann nicht, wenn die Eltern es wünschten. Der Student hatte sich alle Mühe gegeben, den frommen und guten Nikolaus darzustellen. Aber es half nichts. Das Kind schrie wie am Spieß. Die Mutter machte eine resignierende Handbewegung und gab dem Studenten ein Zeichen, das Zimmer zu verlassen. Der aber tat, als habe er nicht verstanden. Ganz langsam nahm er die Bischofsmütze vom Kopf, zog die Brille ab und legte mit einer schnellen Handbewegung den weiten roten Mantel zur Seite. Das Kind sah dem Entkleidungsspiel mit großen Augen zu. Es vergaß zu weinen, hielt aber weiterhin die Hände auf dem Rücken verschränkt. Jetzt löste der Student den langen Bart. Ein junges, verlegenes Gesicht kam unter dem Bart hervor. Dieses Gesicht sah lächelnd das Kind an. Das Kind studierte das Gesicht. Die Hände kamen hinter dem Rücken hervor und streichelten vorsichtig das junge Gesicht.

„Schade", sagten die Erwachsenen, „der ganze Zauber ist dahin."

Der Student und das Kind hörten es nicht. Sie lachten miteinander. Und während sie miteinander lachten und erzählten, nahm das Kind den falschen Bart, streifte ihn dem Studenten über, versuchte mit ungeschickten Händen, ihm die Mitra aufzusetzen, und gab nicht eher Ruhe, als bis der Student auch wieder den roten Mantel trug. Der Student erzählte währenddessen die Geschichte vom Nikolaus: dass er schon lange tot und ein guter Mensch gewesen sei. Besonders zu den Kindern. Und er erzählte, dass seither junge Männer in die Rolle des Nikolaus schlüpften, um an ihn zu erinnern. Das Kind hörte mit großen Augen zu.

„Der Zauber ist dahin", sagten die Erwachsenen.

„Was uns bleibt, ist das Wunder", dachte der Student.

P. GERHARD EBERTS

Nächtliche Zusammenkunft

Hinführung: Maria und Josef begegnen sich in der traditionellen Darstellung oft ziemlich distanziert. Ein Autor sieht das ganz anders.
Vorlesedauer: ca. 4 Minuten

Der Küster löscht die Kerzen aus
und schließt die Kirchentüren zu.
Es wird ganz still im Gotteshaus.
Auch Gott braucht abends seine Ruh,
und nur noch, wie der Name sagt:
das ew'ge Licht brennt unverzagt.

Da plötzlich gibt es eine Regung.
Im Randbereich ist noch Bewegung.
Von beiden Seiten hört man Schritte.
Sie streben zu des Raumes Mitte:
Zwei Leute, scheinbar gut bekannt,
umarmen sich mit Gruß und Hand;
sie tuscheln, scherzen, eng vertraut,
als wär'n sie Bräutigam und Braut,
an diesem Ort, wo so was stört,
wo Liebeslust und Liebeslist
zum mindesten umstritten ist
und eigentlich nicht hingehört.
Jetzt sieht man wie von ungefähr:
Die Seitenaltäre stehen leer,
und so kapiert wohl jedes Kind,
dass dies hier Jesu Eltern sind.
Sie geben sich im Mondenschein
ein ganz intimes Stelldichein,
statt wie gewohnt, getrennt zu stehen
und stur geradeaus zu sehen.

„Weißt du", fragt Josef seine Frau,
„du weißt doch vieles so genau,
warum, um alles in der Welt,
man uns auf zwei Altäre stellt?
Im Leben war'n wir doch vereint."
Maria dachte nach: „Es scheint:
Die hierzuort das Sagen haben,
sind manchmal recht verklemmte Knaben.
Sie haben mit uns ein Problem.
Dass Mann und Frau nicht nur zwecks Kind
zusammen froh und zärtlich sind,
ist ihnen nicht sehr angenehm.
Sie mögen uns, ich weiß nicht wie,
nur als abstrakte Theorie."
Drauf Josef: „Das verwundert mich.
Ich glaube auch, da irrst du dich.
In Liedern und im Krippenspiel
schwärmt man doch ganz verzückt und viel
vom trauten und hochheil'gen Paar."

„Das mag schon sein, doch mach dir klar,
dort wo man schwärmt, ist man nicht wahr.
Der Klerus sieht uns als Gefahr:
Er weiß: Zur Liebe und zur Ehe
gehört auch körperliche Nähe.
Die ist dann zwar der Weg zum Kinde,
doch auch das Einfallstor der Sünde.
Da wird es schwierig und auch peinlich,
man hat es gern moralisch reinlich
und theologisch vorsortiert
und auseinanderdividiert.
Man will uns ungern echt und leiblich,
sieht uns nicht männlich oder weiblich,
und sicher nicht in Saft und Kraft,

nicht Körper, sondern ‚Körperschaft',
auch nur auf Weihnachten beschränkt,
mit Kitsch und Süße eingeengt."

Worauf Sankt Josef nickt: „Nicht schlecht.
Du hast wie üblich wieder recht.
Das klärt ja dann und macht auch Sinn,
dass ich sehr bald aus den Berichten
und Evangeliumsgeschichten
verschwunden bin.
Für sie bin ich ein Biedermann,
der höchstens Bretter hobeln kann,
ganz nett und tümlich, aber nur
als überflüss'ge Randfigur,
stets brav, gehorsam und bescheiden.
So stellt man mich auf den Altar,
und jeder darf und kann mich leiden
wie man mich will, nicht wie ich war.

Dabei hab ich in jener Nacht,
als du das Kind zur Welt gebracht,
mit Schmerzen, Stöhnen, Schrei und Blut,
getan, was sonst kaum einer tut.
Ich hab das Kind doch ungelogen
mit dieser Hand ans Licht gezogen,
die Nabelschnur zurechtgefrickelt
und es gewaschen und gewickelt.
Man sollte wissen: Solche Sachen
sind nicht per Theorie zu machen.
Da ist man auch nicht zimperlich.
Man ist konkret und körperlich."

„Weiß Gott!" Maria stimmt ihm zu:
„Mein Mann war niemand sonst als du.
Geliebt hab ich, dass du es weißt,
nur dich – und nicht den Heil'gen Geist.
Du hast in unserem harten Leben
mir immer Trost und Halt gegeben,
auch bei so mancher Schreckenskunde
und in der dunkelsten der Stunde.
Ich war die Frau. Du warst der Mann.
Was geht uns denn der Klerus an!"

Sie nimmt ihn sanft in ihren Arm.
Er spürt: Sie ist ganz stark und warm.
Weit draußen summt der Winterwind.
Sie wiegen sich in Harmonie
zu seiner zarten Melodie
wie Liebesleute tun und sind,
in sich verschränkt, versunken ganz
in einem liebevollen Tanz.
Vom Hauptaltar die Engel singen,
und David lässt die Harfe klingen.
Gewölbe, Säulen, Pfeiler schwingen.
Die beiden lassen sich nicht stören.
Fast meinen sie, wie einst zu hören
der Hirten Spiel in jenem Stall,
ganz nah und gar nicht sehr sakral,
als Gott in seiner Schöpfung Reigen
behutsam wagte, sich zu zeigen
mit seinem menschlichsten Gesicht …

Hier flackert auch das ew'ge Licht.
Der Morgen naht. Das Spiel der Zwei
ist leider kurz darauf vorbei.
Der Küster kommt. Das traute Glück
verfliegt im gleichen Augenblick.
Die beiden – noch ein schneller Kuss –
sie huschen flink mit leichtem Fuß
auf ihren Altarsplatz zurück.
Und schau'n geradeaus ins Leere,
als ob da nichts gewesen wäre.
Und auch das graue Gotteshaus
sieht wieder so wie immer aus.
Zwar fühlt es sich leicht melancholisch,
doch wieder ordentlich katholisch.

ULRICH HARBEKE

Kapitel 5:
Geschichten für ältere Erwachsene

Poster mit Schleifchen

Hinführung: Ein Kind verändert eine Familie. Besonders Großmütter lassen sich anstecken.
Vorlesedauer: ca. 2 Minuten

Grippegrau und nasskalt waren die Tage kurz vor Weihnachten. Genauso war Susannes Stimmung. Seit mehr als einer Woche lag sie im Wohnzimmer auf der Couch. Sie wollte kaum essen, konnte nicht schlafen und trotzdem fanden die Ärzte kein organisches Leiden. Während sie noch lustlos in einem Buch blätterte, ging die Tür auf, und Antje, ihre Tochter, stürmte unerwartet herein, unter dem Arm eine ausladend große Rolle. „Ich habe dir etwas mitgebracht", lächelte sie gut gelaunt, „Hier." Sie streckte ihrer Mutter die Rolle entgegen. „Mach auf." Ohne großes Interesse löste Susanne die Schleife und entrollte das Poster. Verständnislos schaute sie darauf. Antje griff helfend zu und breitete das Bild auf dem Couchtisch aus. Als sie den fragenden Blick ihrer Mutter sah, lächelte sie glücklich: „Das ist das erste Foto deines zukünftigen Enkelkindes. Wir haben die kleine Ultraschallaufnahme für dich vergrößern lassen."

Augenblicklich reckte sich Susanne. „Ach, wie wunderbar. Wie fühlst du dich? Kann ich etwas für dich tun?" – „Ich fühle mich großartig und habe alles, was ich brauche. Aber diesem kleinen Wesen hier fehlt etwas." – „Was denn?" – „Eine Großmutter, die so heiter und vergnügt ist, wie sie es mit ihren Kindern war, und die dem neuen Erdenbürger die Welt in so prächtigen, lebensbejahenden Farben schildert, wie sie es für uns gemacht hat."

Susanne lächelte zaghaft. „Ich werde mich nach Kräften bemühen." Dann atmete sie mehrmals tief durch und strich liebevoll über das Bild. „Jetzt wird es auch für mich Weihnachten. Die ganze Zeit hatte ich das Gefühl, einen Eispanzer um mich zu haben. Dann fällt unerwartet ein winzig kleiner Sonnenstrahl auf meine Seele und mit einem Mal fängt das Eis an zu schmelzen."

URSULA BERG

Das Adventslicht

Hinführung: Wer sich nicht immer nur verkriecht, kann erwarten, dass etwas vom Glanz der Vorfreude auf Weihnachten auch sein Herz erreicht.
Vorlesedauer: ca. 4 Minuten

Ob sie das vielleicht mit nach Hause nehmen dürfte, fragte sie, und hielt den kleinen Kerzenständer aus Stanniol, der auf ihrem Tisch gestanden hatte, in ihren alten zittrigen Händen. Die Kinder hatten die Kerzenständer für die Altenfeier im Pfarrsaal gebastelt, und die Kerze darin war fast heruntergebrannt. Frau Heldmann nickte ihr freundlich zu. Dann wandte sie sich wieder der Arbeit zu, die sie mit anderen Frauen heute Nachmittag übernommen hatte. Sie legte die übrig gebliebenen Kuchenstücke zusammen auf einen Teller und stellte dann die Kaffeetassen ineinander. Eine Stunde würden sie noch brauchen, bis alles wieder gespült und aufgeräumt war.

Die alte Frau verpackte den Stanniolständer mit dem winzigen Kerzenrest sorgsam in ihrer Handtasche und ging dann mit müden Schritten dem Ausgang zu. Man hatte ein Taxi für sie bestellt, damit sie sicher und bequem nach Hause käme.

Später stellte sie das kleine Licht dort zu dem Platz, an dem sie nun seit über drei Monaten allein ihr Essen einnahm. Sie kochte sich einen Tee und zündete die kleine Kerze wieder an, bevor sie sich davorsetzte.

Eigentlich hatte sie in diesem Jahr im Advent und Weihnachten nichts im Sinn gehabt. Seitdem ihr Mann im Herbst gestorben war, war ihr ihre Einsamkeit von Tag zu Tag schmerzlicher bewusst geworden. Die Kinder waren weit weg. Sicher würden sie sie zu Weihnachten einladen. Aber sie war sich nicht sicher, ob sie diese Einladung annehmen würde.

Sie war Weihnachten noch nie von zu Hause fort gewesen. Der Schmerz war noch zu groß. Damit wollte sie Weihnachten niemanden belasten. Hier zu Hause hatte sie die Einladung der Kirchengemeinde zur Altenfeier angenommen. Und das auch erst, nachdem sie zweimal bei ihr gewesen waren und sogar das Taxi versprochen hatten. Jetzt blickte die alte Frau in die fast ausgebrannte Kerze und erinnerte sich daran, wie schön der Nachmittag doch gewesen war.

Seit langer Zeit hatte sie wieder einmal gelacht, als die Kinder das Spiel von der verlorenen Nikolausmütze spielten. Sie hatte sich an Zeiten erinnert gefühlt, als ihre eigenen Kinder noch klein waren, als sie noch eine richtige Familie waren. Als ihr bewusst wurde, dass die Kerze am Ausbrennen war, stand sie schnell auf und suchte in einer Schublade nach einer anderen. Und als sie sie in den kleinen Ständer steckte und anzündete, da spürte sie deutlich, dass dieser Tag anders war als all die Tage vorher. Ein bisschen freudiger, hoffnungsvoller.

Später rief sie ihre Tochter in Hamburg an. Sie erzählte von der Adventsfeier, berichtete von dem Spiel der Kinder und von dem kleinen Kerzenständer, den sie mit nach Hause genommen hatte. Und als ihre Tochter sie fragte, ob sie nicht doch an Weihnachten zu ihnen kommen wolle, da wehrte sie nicht mehr ab, sondern fragte: „Wird es nicht zu eng bei euch, wenn ich komme?"

AUTOR UNBEKANNT

Gehäkelte Topflappen

Hinführung: Die Anbieter auf einem Weihnachtsmarkt haben ihre Würde. Beachten wir sie?
Vorlesedauer: ca. 5 Minuten

Der Gedanke an Weihnachtsmärkte zauberte bei Helga augenblicklich ein Lächeln in ihre Augen. Jedes Jahr im Advent nahm sich ihre Tochter Zeit und bummelte einige Stunden mit ihr über einen Weihnachtsmarkt. Und das schon seit Evas Studentenzeit. Viele Märkte strahlten eine angenehme, vorweihnachtliche Stimmung aus. Helga empfand die gemeinsamen Stunden wie eine Phalanx gegen den Rest der Welt.

Doch dieses Jahr verlief alles anders. Sicher, Eva war inzwischen eine erwachsene junge Frau. Doch dass sie ihre neuen Ansichten mit solcher Beharrlichkeit vertrat, bereitete Helga eine gewisse unbequeme Nachdenklichkeit.

Eine Stunde schon schlenderten beide Frauen durch die vorweihnachtlichen Auslagen. Es war bitterkalt, und so entschlossen sie sich, an einem der Stände einen Glühwein zu trinken. Sie beobachteten die Menschen ringsum. Plötzlich deutete Helga auf eine Gestalt, die zwischen zwei Holzhäuschen mit einer Decke um die Schultern auf einer schmalen Holzkiste saß und erbärmlich zu frieren schien. Vor sich hatte die alte Frau einen winzigen Klapptisch aufgestellt mit einer Anzahl gehäkelter Topflappen. Niemand schien sie zu beachten, keiner kaufte ihr etwas ab.

In ihrer überschwänglich freudigen Laune eilte Helga spontan zu der Frau und drückte ihr etwas Geld in die Hand. Als diese ihr einen der Topflappen anbot, winkte sie lässig ab und eilte im Wohlgefühl ihrer Mildtätigkeit zurück zu ihrer Tochter. „Mir geht es heute so gut, da wollte ich unbedingt einem anderen auch eine Freude machen", erklärte Helga frohgemut. Die steile Falte auf der Stirn ihrer Tochter deutete sie völlig falsch. „Nun mach nicht so ein Gesicht. Es war ja kein Vermögen. Dir kaufe ich trotzdem etwas."

„Das war ziemlich gedankenlos von dir", konterte ihre Tochter. „Ich glaube, dein Seelenleben muss dringend zum TÜV, denn es knarrt gewaltig." Helga war wie vom Donner gerührt. „Was meinst du damit?"

„Nun, diese Frau hat sicher eine sehr kleine Rente und ein ziemlich durchlöchertes Selbstbewusstsein. Sie will aber nicht betteln, sondern sich ihren Unterhalt verdienen. Wahrscheinlich verbringt sie viele Nachmittage damit, diese Topflappen zu häkeln. Sie spart für das Garn in der Hoffnung auf einen kleinen Gewinn. Du aber gibst ihr Geld, ohne ihre Arbeit zu würdigen."

Helga starrte ihre Tochter an. „Was ist falsch an Mildtätigkeit?"

„Nichts, wenn es dem Beschenkten seine Würde lässt."

Helga schaute ihre Tochter verblüfft und etwas ärgerlich an. Kurz entschlossen griff sie in die Tasche: „Hier hast du Geld. Dann zeig mal, ob du es besser kannst als deine Mutter. Ich bin sehr gespannt."

Ohne Antwort steuerte ihre Tochter schnurstracks auf die alte Frau zu, die noch immer unbeweglich unter ihrer Decke kauerte. Interessiert betrachtete Eva die verschiedenen Topflappen. „Die sind aber hübsch. Sie müssen eine Menge Geschick haben, um solch außergewöhnliche Formen häkeln zu können."

Die Frau schaute ihr junges Gegenüber an, streifte die Decke von ihren Schultern und stand auf. „Ja, es ist viel Arbeit, aber es macht auch Spaß und verkürzt die Zeit." Sie hob einen Topflappen, der wie ein Puppenkleidchen aussah. „Den habe ich gestern erst fertiggestellt."

„Er ist wunderschön. Darf ich ein Foto davon machen?" Die Frau nickte und lächelte geschmeichelt.

„Und diese beiden möchte ich gerne kaufen. Sie sind so passend für meine neue Küche. Viel zu schade als Topflappen. Ich werde sie lieber an die Wand hängen und mich gerne an Sie erinnern." Eva gab der Frau das Geld, ließ sich die Topflappen einwickeln, winkte noch einmal und kehrte zu ihrer Mutter zurück. Helga hatte die Szene von Weitem beobachtet. Sie konnte nur das Gesicht der Frau sehen. Aber das Strahlen in deren Augen und das zaghaft sich ausbreitende Lächeln zeigten ihr, wie viel wärmende Hoffnung Eva ihr gegeben hatte.

Als ihre Tochter zurückkam, nickte sie nur: „Ich gebe zu, du verstehst mehr von Menschen als deine Mutter."

„Nein, ich interessiere mich nur mehr für sie."

Etwas unsicher schaute Helga ihre Tochter an: „Und was nun?"

„Jetzt", lachte Eva versöhnlich und hängte sich ein „jetzt gehen wir noch einmal zusammen über den Markt und üben ein bisschen. Denn nur im Lexikon steht Mildtätigkeit vor Nächstenliebe."

URSULA BERG

Ich schenke dir eine Stunde meiner Zeit

Hinführung: Die schönsten und wichtigsten Geschenke nicht nur zur Weihnachtszeit: Zeit schenken.
Vorlesedauer: ca. 4 Minuten

Bericht einer Tageszeitung

Einen Tag vor Heiligabend brannte es im Altenheim aufgrund eines nicht beaufsichtigten Adventskranzes. Schnell breiteten sich Feuer, Rauch und Qualm aus. Ein Stockwerk musste vollständig geräumt werden. Angst machte sich breit, vor allem bei den älteren Menschen, die ohne fremde Hilfe nicht aus ihren Betten aufstehen konnten.

Feuerwehr und Rettungsdienste waren jedoch schnell zur Stelle. Im gegenüberliegenden Krankenhaus wurden eiligst Betten bereitgestellt. Niemand wurde ernsthaft verletzt. Aber es gab Rauchvergiftungen und überall große Verwirrung und Hektik und manch älterer Heimbewohner musste zufrieden sein, dass er in dieser kalten Winternacht ein Bett auf einem der Korridore fand.

Rundfunk und Fernsehen berichteten ausführlich über die weiteren Ereignisse, und eine ungeahnte Welle der Hilfsbereitschaft rollte an. Sach- und Geldspenden trafen ein, über die die Leitung des Altenheimes sehr froh war. Denn viele der älteren Menschen besaßen für den Augenblick nur das, was sie angehabt hatten.

Reporter brauchen immer wieder neue Geschichten. Und so belagerten sie das Krankenhaus von früh bis spät, stets auf der Suche und in der Hoffnung auf eine sensationelle oder rührselige Story, die sich gut verkaufen lässt.

Der Seelsorger des Krankenhauses machte sich diesen Umstand kurzerhand zunutze. In Begleitung einer Schwester trat er vor Kameras und Mikrofone und startete einen Aufruf: „Liebe Mitbürgerinnen und Mitbürger, ich möchte Ihnen herzlich danken für Ihre große Hilfsbereitschaft. Viele Probleme können nun rasch und unbürokratisch gelöst werden. Nun bitte ich Sie noch einmal um Ihre Hilfe. Nein, nicht um Geld. Ich erbitte von Ihnen etwas viel Wertvolleres – Ihre Zeit! Viele der alten Menschen hier bekommen keinen Besuch. Manche haben einen Schock und werden mit ihren Ängsten und Sorgen nicht fertig. Ärzte und Schwestern haben alle Hände voll zu tun und können den einzelnen Patienten nicht so viel Zeit widmen, wie sie gerne möchten. Auch kleine Besorgungen sind zu erledigen. Am dringendsten aber brauchen wir Mitmenschen, die einfach zuhören können. Sie brauchen keine Geschenke mitzubringen. Schwester Hildegard hat mit einigen Jugendlichen Papierblumen gebastelt. Sie stehen in einer Vase in der Eingangshalle des Krankenhauses. Nehmen Sie eine Blume aus der Vase und gehen Sie damit auf eine Station. Jede Krankenschwester weiß Bescheid und führt Sie zu einem Patienten oder einer Patientin, die Ihre Hilfe braucht. Ich danke Ihnen."

Das Echo auf diese ungewöhnliche Aktion und Bitte war überwältigend. Sicher, einige Besucher kamen nur einmal, andere aber fühlten, wie sehr sie gebraucht wurden, und setzten ihre Besuche fort. Manch freundschaftliche Verbundenheit ist dadurch entstanden und besteht noch heute. Längst sind alle Wunden geheilt, alle Schäden repariert, die das Feuer geschlagen hat. Eine schöne Gepflogenheit ist geblieben seit diesem aufregenden Weihnachtsabend. In der Eingangshalle des Altenheims steht eine große Vase, in der gebastelte Blumen warten. Wenn Sie eine herausnehmen und den Mann an der Pforte fragen, dann sagt er Ihnen gerne, wo ein älterer Bewohner sich über Ihren Besuch freuen wird. Und auf den Blumen steht: Ich schenke dir eine Stunde meiner Zeit.

URSULA BERG

Il Panettone

Hinführung: Der alte Luigi wartet noch jedes Jahr auf den Panettone-Kuchen, den der knauserige Direktor nach dem frühen Konkurs immer noch an die damals verbliebenen Arbeiter zu Weihnachten bringen lässt. Dann stirbt der Direttore. Was nun? Der sterbenskranke Luigi wartet.
Vorlesedauer: ca. 8 Minuten

„Keine Post für dich!", sagte sie. Luigi schaute seine Schwiegertochter misstrauisch an. Anita lachte. Es fiel ihr schwer, die Schadenfreude zu verbergen.

„Nichts!", sagte sie noch einmal. Sie würde sich hüten, das Paket an seiner Stelle in Empfang zu nehmen. Vor einem Jahr hatte der Alte deswegen zwei Tage lang nicht mehr mit ihr gesprochen. Luigi wurde von Monat zu Monat merkwürdiger. Seine Marotten waren kaum noch zu ertragen. Er gehörte in ein Altersheim. Doch Franco zeigte kein Verständnis für ihre Klagen. Er hatte gut reden. Er brauchte nicht von morgens bis abends mit seinem Vater zusammen zu sein.

Es war fünf Tage vor Weihnachten. Das Paket, das Luigi so ungeduldig erwartete, war ein Panettone, ein Geschenk der Fabrik an ihre pensionierten Arbeiter. Vierundfünfzig Jahre hatte Luigi in der Spinnerei gearbeitet. Eigentlich genau von dem Tag an, an dem er aus der Schule kam. Als der Besitzer der Fabrik in den dreißiger Jahren Konkurs gemacht hatte und beinahe die ganze Belegschaft entlassen musste, hatte Luigi ihm sein Erspartes angeboten. Der Direttore hatte es zurückgewiesen, Tränen in den Augen. Ja, der alte Direttore war ein Herr, ein richtiger Herr.

Seit seinem Schlaganfall zeigte er sich selten im Dorf, aber seine alten Arbeiter grüßte er auf der Straße noch jeden bei seinem Namen. Er war 85 Jahre alt, genau wie Luigi. Damals, in jenem traurigen Jahr, hatte er den wenigen im Betrieb verbliebenen Arbeitern zu Weihnachten zum ersten Mal einen Panettone geschenkt.

„Die verdammten Pakete!", fluchte der junge Briefträger vor sich hin. In der Nacht war Schnee gefallen. Es war unmöglich, den Handwagen in den engen Gassen hinauf- und hinunterzustoßen, darum ließ er ihn auf der Brücke stehen. Missmutig stapfte Remo durch den Schnee. Viele der alten Leute unterließen es, ihn von den Treppen und vor den Türen ihrer ineinander verschachtelten Häuser wegzufegen. Sie blieben einfach vor dem Kamin hocken und warteten, bis die Sonne wiederkam und der Schnee dahinschmolz. Und ausgerechnet heute musste er nun die unförmigen Panettone-Schachteln austragen. Auch wenn es jedes Jahr weniger wurden, waren es immer noch zu viele.

Als Remo den voll beladenen Wagen über die steinerne Brücke weiterzog, hätte er ihn am liebsten in den Fluss gekippt. Was lag den alten Männern und Frauen denn an diesen billigen Kuchen? Die konnten sie sich heute doch selber kaufen, wenn sie Lust darauf hatten. Die verdammten Kuchen waren nichts anderes als ein Almosen, ein Trostpflaster, ein Relikt. Ausgenützt hatte man sie jahrzehntelang! Der alte Direttore war ein Halsabschneider. Remo dachte an seine riesige, von einem Park und einer hohen Mauer umgebene Villa, Badezimmer mit vergoldeten Wasserhähnen, Stukkaturen an den Decken … Zum Glück hatten sich die Zeiten geändert. Und sie würden sich weiter ändern. Als Mitglied der Arbeiterpartei würde auch er dazu beitragen.

Remo war vor Luigis Haus angekommen. Obwohl es immer noch schneite und ein scharfer Wind wehte, stand der Alte vor der Tür und erwartete ihn. „Endlich!", brummte er, als er das Paket entgegennahm.

„Wirst du ihn noch beißen können?", fragte Remo. Luigi spürte den Spott in Remos Stimme nicht.

„In Kaffee getunkt schmeckt er prima."

„Was liegt dir eigentlich an dem alten Zopf?", bohrte Remo weiter.

Luigi hielt das Paket in den Händen und musterte die Adresse. Sie stimmte. Sie kannten ihn also noch, sie hatten ihn nicht vergessen …

„Es wäre gescheiter, sie würden euch einen Hunderter schicken", fuhr Remo fort. Er versuchte den Alten zu ärgern und in Rage zu bringen. „Ich werde mit denen da unten einmal reden", sagte er und zeigte mit dem Finger auf die am Fluss in der Talsohle gelegene Fabrik. Von den Gebäulichkeiten, in denen Luigi gearbeitet hatte, war nur ein Teil übrig geblieben.

Seit die beiden Söhne des Direttore die Leitung übernommen hatten, war alles anders geworden. In der Trattoria erzählten die jungen Arbeiter von Computern, neuen Maschinen, der modernen Kantine, von der Mitbestimmung und Gewerkschaftsverträgen. Luigi hörte ihnen zu, wusste nichts zu sagen, trank seinen Kaffee und nippte an seinem Grappa. War das überhaupt noch seine Fabrik?

Ja, solange Weihnachten der Panettone kam! Er klaubte einen Franken aus seiner Westentasche und reichte ihn dem Briefträger. „Für dich!", sagte er.

Remo steckte das Geldstück ein. Lieber hätte er es dem Alten vor die Füße geworfen. Dieser Trottel! Luigi war sicher der Einzige, dem an diesem verdammten Kuchen noch etwas lag.

Im Jahr darauf lag Luigi mit einer Lungenentzündung im Bett. Die Asthmaanfälle folgten einander in immer kürzeren Abständen, und auch mit seinem Herzen stand es nicht zum besten. Er war so schwach geworden, dass er das Bett kaum mehr verlassen konnte. Doch den Panettone hatte er nicht vergessen. Schon zwei Wochen vor Weihnachten begann er, seine Schwiegertochter damit zu quälen. Er musste einsehen, dass er nun den Empfang des Paketes wohl oder übel Anita überlassen musste.

Ob sie in der Fabrik daran dachten? Im Herbst war der Direttore gestorben. Obwohl Luigi damals an einer schweren Bronchitis litt, hatte er sich weder von seinem Sohn noch von seiner Schwiegertochter abhalten lassen, am Begräbnis teilzunehmen. Von weit her waren die Leute gekommen, neben der Familie und den Mitgliedern der Behörden viele ehemalige Arbeiter und Arbeiterinnen. Luigi hatte alte Freunde getroffen. Und nicht nur Luigi hatte ein Glas zu viel getrunken. Es war ein Fest geworden, sein letztes.

Seither hatte man ihn in der Trattoria nicht mehr gesehen.

„Er ist viel erträglicher geworden, seit er im Bett liegt", sagte Anita zu Franco. Luigis Hilflosigkeit rührte sie.

„Nur nicht ins Krankenhaus!", bat er. Seine Frau war im Krankenhaus gestorben, und er hatte Angst davor.

„Wir behalten dich zu Hause, solange es geht", versprach Franco.

Es war sein Haus, Luigis Haus. Er hatte es mühsam von dem Geld zusammengespart, das er damals aus seinem Verdienst erübrigen konnte. Die Jungen schienen das vergessen zu haben. Sie hatten von dem Haus Besitz ergriffen, umgebaut, ein Badezimmer eingerichtet, einen Raum unter dem Dach, als ob es ihnen schon gehörte. Luigi ließ sie gewähren. Das Einzige, was ihn in diesem Augenblick zu beschäftigen schien, war sein Panettone.

„Als ob sein Leben nur noch an diesem Kuchen hinge", sagte Anita zu Franco.

Drei Tage vor Weihnachten erhielt Luigi seinen Panettone. Anita wunderte sich und sah den Briefträger fragend an. Nicht nur Remo, sondern auch sie hatte gehört, das Geschenk sei endlich als Überbleibsel von früher abgeschafft worden. Aber weder sie noch Franco hatten gewagt, es dem Vater zu sagen. Insgeheim hofften sie, er werde das Fest nicht überleben.

„Ich möchte ihm das Paket persönlich überreichen", sagte Remo. Als er die Kammer Luigis betrat, erkannte er ihn kaum wieder. Abgemagert und mit großen Augen lag er da.

„Hier, dein Panettone", sagte Remo heiser, durch den Anblick des Kranken eingeschüchtert.

Luigi versuchte sich aufzurichten. Es gelang ihm nicht. Aber als ihm Remo das Paket auf die Bettdecke legte, prüfte er wie früher zuerst die Adresse. Sie stimmte. Er schaute Anita triumphierend an. „Gib ihm einen Franken!", flüsterte er. Remo nahm ihn entgegen. Zum ersten Mal brauchte er sich nicht zu überwinden, danke zu sagen.

„Woher hast du den Panettone?", fragte Anita, als sie Remo vor die Haustüre begleitete.

Remo zögerte mit der Antwort. Sollte er ihr erzählen, dass er eigens dafür zum richtigen Bäcker in die Stadt gefahren war, dass er sich in der Fabrik eine Klebeadresse erbeten und das Paket selber geschnürt hatte? Nein! Wozu auch! Er fühlte sich plötzlich in seine Kindertage zurückversetzt und erinnerte sich daran, wie wunderbar es gewesen war, ein Geheimnis zu haben. „Vom Christkind!", lächelte er und machte sich mit seiner schweren Briefträgertasche auf den Weg.

MAX BOLLIGER

Mit Mann und Wagen

Hinführung: Liebe zündet, besonders kurz vor Weihnachten.
Vorlesedauer: ca. 2 Minuten

Am Heiligen Abend ist das Parkhaus im Einkaufszentrum bis auf den letzten Platz belegt. Bepackt mit Taschen und Päckchen hasten die Menschen aneinander vorbei. Im vollen Aufzug steht recht hilf- und orientierungslos eine ältere Frau. „Entschuldigen Sie", sagt sie laut, „ich suche meinen Mann. Wir wollten uns beim Auto treffen, aber alles ist so groß und verwirrend hier. Ich weiß nicht mehr, wo der Wagen steht. Bitte helfen Sie mir."

Die Angesprochenen schauen sich gegenseitig unsicher an. Eine junge Frau mit einem Kleinkind am Arm fragt spontan nach Farbe und Autonummer und nach dem Namen des Mannes. Ein älterer Herr bietet darauf seine Hilfe beim Suchen an. Jemand sagt: „Ich fahre noch einmal nach oben, vielleicht kann man eine Nachricht über den Lautsprecher durchgeben." Ein Ehepaar will auf dem nächsten und übernächsten Parkdeck nachsehen.

Im Nu sind alle Leute bereit, mitzuhelfen und zu suchen. Sie schwärmen aus, während die alte Dame keuchend die Stufen im Treppenhaus raufsteigt und in jedes Parkdeck hineinschaut. Endlich, auf der obersten Ebene, findet sie ihren Mann.

Als er wenig später das Auto Richtung Ausfahrt steuert, sagt sie: „Das geht nicht. In diesem Parkhaus sind viele hilfsbereite Menschen unterwegs, um dich zu suchen, obwohl sie alle heute in Eile sind."

So fährt der Mann langsam mit heruntergekurbelten Scheiben von Parkdeck zu Parkdeck. Auf jeder Etage treffen sie auf ein erkennendes Gesicht, ein Lächeln, ein Zurufen, das Kleinkind und seine Mutter winken dem Paar lächelnd zu. Die Frau ruft den Menschen zu: „Ich habe meinen Mann gefunden. Vielen Dank für die Hilfe."

Und überall rufen die Menschen dem Paar zu: „Frohes Fest, alles Gute."

URSULA BERG

Erinnerungen an Lydia

Hinführung: Der Augenschein kann trügen.
Vorlesedauer: ca. 6 Minuten

Am 24. Dezember im D-Zug zu sitzen ist nicht dasselbe wie an einem anderen Tag. Ein bisschen peinlich ist es immer – mir jedenfalls –, weil alle Welt von diesem Tag etwas Besonderes erwartet.

Leider hatte ich ein Nichtraucherabteil gewählt. Zwar mag ich keine Zigaretten, aber sagen Sie doch selbst: In Raucherabteilen findet man das nettere Publikum. Woran das liegt, frage ich mich manchmal. Vielleicht daran, dass Askese so anstrengend ist.

Nichts gegen meine Mitreisenden. Zwei Ehepaare waren es, um die Sechzig, brav und gesittet. Ländlich das eine, prall in pastellfarbene Strickwaren wie nach dem Katalog gekleidet; die anderen beiden hager, mit Brille; die Frau sammelte unentwegt Flusen von ihrem Rock. Lehrerehepaar, entschied ich bei mir, über ihnen im Gepäcknetz türmten sich diverse Päckchen und Pakete. Ein Reformhauskarton – der gehörte sicher dem Lehrer. In zwei länglichen Pergamentrollen vermutete ich hausgebackene Stuten. Sicher fuhren diese Leute zu Kindern und Enkeln. Ein Platz blieb frei. Jetzt wurde die Geschwindigkeit des Zuges spürbar gedrosselt, hohe Häuser glitten durch das Sichtfeld des Fensters.

„Wo sind wir?", fragte die rundliche Dame ihren Mann.

„Hannover."

Der Zug kam in einer unfreundlichen Halle zum Stehen. Verworren hallten Ansagen herein. Lauthals schoben sich Menschen durch den Gang, und unsere Tür wurde aufgeschoben.

Eine hereinschwebende Duftwolke veranlasste mich, von meinem Buch aufzublicken. Ein Mädchen? Eine Frau? Ihr Haar war von einem undefinierbaren Rot. Überdimensionale Ohrringe, Jahrmarktplunder, baumelten rechts und links neben allzu sonnengebräunten Wangen. Die Umgebung der Augen strahlte gletscherblau, die Wimpern waren lang wie Schmetterlingsbeine und nach oben gekrümmt. Um es kurz zu machen: An dem, was das lila Kleid, das Fähnchen, freigab, fehlte nichts an kosmetischen Scheußlichkeiten.

Als dieses Wesen auf den freien Platz niedersank, rückte die Lehrersfrau rasch ein Stück zur Seite, als könne etwa ein Virus, wie es bestimmte Gewerbe mit sich bringen, zu ihr hinüberhüpfen. Das Gespräch zwischen den Ehepaaren brach schlagartig ab. Alle saßen aufrecht und schwiegen anhaltend.

Kurz darauf betrat der Schaffner das Abteil. Ich fragte ihn nach einem Speisewagen, sehnsüchtig – er bedauerte. Da entfuhr mir ein Seufzer, abgrundtief, ich konnte ihn nicht zurückhalten: „Und ich habe solchen Hunger!"

Der Schaffner zog sich diskret zurück. Die rundliche Frau räusperte sich und tauschte einen Blick mit ihrem Mann. Das Schweigen wurde noch um einige Grade kühler.

Da erhob sich die duftende Dame und reckte sich nach ihrer ledernen Tasche, öffnete sie. Mit entschlossenem Griff drückte sie mir zwei pergamentverpackte Brötchen auf den Schoß. „Bitte schön!", sagte sie mit dem bezauberndsten Lächeln.

„Aber das kann ich doch nicht annehmen", stammelte ich, „Ihr Reisebrot! Zumindest nicht beide."

Aber sie nickte mir aufmunternd zu, setzte sich wieder und beobachtete mit sichtlichem Vergnügen, wie ich ihre Brötchen verspeiste.

In Bremen wartete ich eine Stunde später im Bahnhofsrestaurant auf meinen Anschlusszug. Plötzlich schnuppert meine Nase einen bekannten süßlichen Duft, jemand setzt sich neben mich. Sie ist es, die rothaarige Dame! Sie lächelt, als wären wir alte Bekannte, und beginnt zu plaudern, ganz unbefangen: von ihrer schönen Kindheit auf dem Lande. Sie habe am Wald gewohnt. Und wie wild sie gewesen sei! Kein Baum sei ihr zu hoch, keine Hecke zu dornig gewesen. Eichkatz habe ihr Vater sie genannt. „Dabei heiße ich Lydia."

Der Kellner erschien. Lydia bestellte sich einen Kaffee, ich bat um die Rechnung. Er knurrte etwas Unhöfliches in sich hinein, als er meinen großen Geldschein bemerkte, und beharrte darauf, ich müsse in kleiner Münze zahlen. Was nun? Ich musste zum Zug.

Da zieht Lydia wahrhaftig ihre Börse und zahlt alles für mich. Beschämt will ich abwehren, aber mit dem liebenswürdigsten Lächeln der Welt schüttelt sie den Kopf. „Ein anderes Mal tut's vielleicht jemand für mich."

So trennten wir uns.

An diesem Vorweihnachtsabend habe ich eine Menge vom Christentum begriffen, von Jesus und seinen rauen Gefährten, von Zöllnern und Dirnen, die freudiger glaubten und gewiss höher ins Himmelreich kamen als die braven Gesetzesfrommen.

KATHARINA SEIDEL

Heilig Abend im Straflager

Hinführung: Es gibt Wunder, denn sie sind das Geheimnis von Weihnachten.
Vorlesedauer: ca. 8 Minuten

Die Stimmung an diesem 24. Dezember 1947 war trübe wie immer, nicht die geringste Spur von weihnachtlich – kein Wunder bei Temperaturen unter minus 40 Grad und Knochenarbeit unter Tage: von 14 bis 22 Uhr ab ins Kohlebergwerk. Aber vielleicht war's gerade diese erbarmungslose Hoffnungslosigkeit in einer erbarmungslosen Welt, die mir keine Ruhe und mich immer wieder grübeln ließ, wie ich meinen 29 Stubenkameraden eine Weihnachtsfreude bereiten könnte.

Mir schwebte vor, den Lagerkommandanten zu bitten, mir nur ein Mal, ein einziges Mal im Jahr, heute, am Heiligabend, den Gang ins Bergwerk zu erlassen. Doch wie das anstellen?

Vor den Kommandanten, einen Oberst, kam ein Gefangener nur, wenn er zu ihm befohlen wurde. Und das musste noch vor 14 Uhr geschehen. Aussichtslos, dachte ich. Und doch ist es mir gelungen. Wie, das weiß ich nicht mehr. Aber was danach kam, das werde ich nie vergessen:

Noch nicht in seinem Büro, hörte ich diesen Hünen in Uniform mit ordengespickter Brust schon auf Deutsch etwas von „Sabotage!" und „Hund, Germanski!" brüllen. Als ich vor ihm stand, knurrte er grimmig, aber eine Nuance milder: „Was willst du, Hitlersoldat!" – „Herr Oberst, ich möchte meinen Kameraden, wenn sie von der Arbeit zurück sind, eine Weihnachtsfreude bereiten." – „Womit, du Narr? Du haben nur Essgeschirr und Löffel, oder sein vielleicht Zauberer?"

„Nein, Herr Oberst, ich bin kein Zauberer." – „Richtig, du Kohlenhauer, deine Brigade dich brauchen." Dabei sah er mich fast mitleidig an, diktierte seiner Sekretärin ein paar Worte, die sie auf ein Blatt Papier schrieb. Der Oberst reichte mir den Zettel und brüllte wieder: „Gib Brigadeführer und raus!"

Mir schlug das Herz bis zum Hals, als ich dem Brigadeführer den Zettel gab. Der fragte ganz erstaunt: „Du nicht Arbeit?" und schüttelte nur den Kopf.

Ich hatte den Nachmittag frei. Allerdings hatte ich noch keine Ahnung, wie ich meinen Kameraden anlässlich der Geburt von Jesus eine besondere Freude bereiten könnte.

Deshalb wandte ich mich mit leeren Händen an den Sohn Gottes, der als Kind in der Krippe zur Welt kam, um uns die Liebe Gottes zu bringen. Ich betete zu Jesus, weil ich erlebt hatte, dass er uns in jedem Augenblick ganz nahe ist und wir auch heute noch mit ihm leben und mit seinem Beistand rechnen dürfen. Wir haben es ja nicht mehr mit dem Kind in der Krippe zu tun, sondern mit dem lebendigen, auferstandenen Sohn Gottes, der uns liebt und uns ernst nimmt, wenn wir mit offenem Herzen und leeren Händen zu ihm kommen. So flehte ich damals inständig: „Bitte, Herr Jesus, hilf mir."

Im riesigen Lagergelände fiel zufällig mein Blick auf eine etwa 60 Zentimeter hohe christbaumähnliche Staude, und ich wusste augenblicklich, was zu tun sei für einen deutschen Heiligabend im fernen Russland.

Und plötzlich lief alles wie am Schnürchen. Wieder schlug mir das Herz bis zum Hals, als mich ein Arzt im Majorsrang mit drohender Gebärde vor der Sanitätsbaracke fragte, was ich hier täte und mit dem Unkraut machte. Ich fasste Mut, erklärte ihm alles und bat ihn um Watte, Papier, einen Kuli und eine Schere. Ein ungeheuerliches Ansinnen. Der Major sah mich aus seltsam prüfenden Augen an und sagte: „Das alles verboten." – „Jawohl, Herr Majorarzt, aber heute ist Weihnachten, und ich möchte dazu etwas machen." Er ließ mich stehen und verschwand in der Sanitätsbaracke. Zurück kam er mit einer Rolle rosa Karton unterm Arm und allen von mir gewünschten Sachen. Zitternd vor Aufregung und Freude lief ich auf unsere Bude und ging sofort an die Arbeit.

Aus dem rosa Karton schnitt ich 30 Doppelkärtchen und beschrieb sie mit weihnachtlichen Versen und Bibelsprüchen. In unserer Bude stand ein langer Tisch, der ein Astloch hatte. Da hinein steckte ich meine Unkrautstaude, das Ersatzstück für den Weihnachtsbaum. Zuvor hatte ich sie mit Watteflöckchen weihnachtlich getrimmt.

Während ich die Kärtchen beschrieb, ging plötzlich die Tür auf und zwei Wachtposten standen auf der Schwelle. Entgeistert starrten sie auf den Tisch, drehten sich um und stiefelten davon. Kurze Zeit später waren sie wieder da und warfen eine Rolle weißes Papier, 30 Wachskerzen und eine Schachtel Streichhölzer auf die Tischplatte. Aus dem Papier schnitt ich eine Tischdecke, auf der ich die 30 Weihnachtskerzen anbrachte. Während ich so werkelte, ging die Tür wieder auf, und zwei andere Wachtposten schleppten einen Waschkorb mit 30 russischen Weihnachtsstollen an. Sie verteilten sie auf die 30 Plätze. Das war aber noch nicht alles, denn bald danach kam einer mit einem mir wohl bekannten Karton aus früheren Zeiten. Drinnen lagen, was ich kaum zu hoffen wagte, 30 Tafeln deutscher Schokolade, eingewickelt in silberglänzendes Stanniolpapier.

Kaum hatte ich aus dem Stanniolpapier Lametta fürs Weihnachtsbäumchen geschnitten, kam wieder ein Wachsoldat mit 30 Schachteln russischer Zigaretten unterm Arm.

Ich weiß nicht mehr, wie mir damals zumute war. Nur eines weiß ich noch: Die Welt um mich herum stand Kopf. Ich kam mir wie im Traum vor. Hilflos und mit leeren Händen hatte ich noch am Nachmittag vor dem Oberst gestanden, und jetzt, in den frühen Abendstunden, hatte sich vor mir ein überreicher Gabentisch aufgetürmt. Was würden meine Kameraden sagen, wenn sie gegen Mitternacht bei klirrendem Frost ins Lager kamen? Sicherlich hingen sie auf ihrem Weg durch die eiskalte Winternacht ihren Gedanken an Weihnachten in der Heimat nach.

Ich hörte sie den langen Flur entlangstampfen – müde, hungrig, verärgert, durchgefroren, kaputt. Die Tür hatte ich von innen verriegelt, weil ich das Weihnachtszimmer im strahlenden Kerzenlicht für alle auf einmal öffnen wollte.

An der Tür begann ein wüstes Poltern, Klopfen, Fluchen und Schimpfen: „Aufmachen!", brüllten die Kameraden und: „Was ist los?"

Jetzt war es höchste Zeit, den Ahnungslosen die Doppeltür weit zu öffnen. Nie mehr in meinem Leben ist mir der Sinn der Worte „Macht hoch die Tür, die Tor macht weit" so bewusst geworden wie an diesem Abend. Als ich den Riegel zurückgeschoben hatte, stürzten die Kameraden in die

Stube und blieben wie angewurzelt stehen. Die 30 Kerzen erhellten die kohlengeschwärzten Gesichter, dass man die Tränen wie Perlen über die Stoppelwangen rollen sah. Überwältigt von dem Anblick begannen viele zu schluchzen und fielen sich gegenseitig in die Arme. Kaum einer brachte ein Wort heraus. Nur fragendes Staunen war ihren Gesichtern abzulesen: Was ist hier geschehen? Wie ist so etwas möglich? Es muss für sie gewesen sein wie ein Sprung aus finsterer Nacht in helles Tageslicht. Später sagten einige, es sei wie eine Fata Morgana gewesen, eine Luftspiegelung, die gleich wieder verweht.

Die freudig entsetzten Kameraden konnten nur schwerlich begreifen, dass sich unser Straflager-Wachpersonal, sonst so unnachgiebig, hart und herzlos, innerhalb weniger Stunden geradezu in Engel verwandelt hatte. Die Männer waren so überwältigt, dass sie sich weder waschen noch umziehen wollten. Sie wollten sich nur hinsetzen und staunen, ausgiebig staunen, mit großen, schimmernden Augen.

Nachdem ich das Weihnachtsevangelium gelesen und wir deutsche Weihnachtslieder gesungen hatten, las jeder seinen Weihnachtsspruch vom Tischkärtchen. Erst dann wurde der russische Stollen angeschnitten, alles andere vorsichtig, beinah liebkosend betastet und dann „Feuer frei!" für die Zigaretten gegeben.

Danach gestanden mir meine Kameraden, dass sie böse auf mich gewesen seien, weil sie gedacht hätten, ich wollte mich vor der Arbeit drücken. Sie entschuldigten sich für ihre Verdächtigungen.

Damals war ich mir sicher und bin es heute noch: Es gibt Wunder. Es gibt das Geheimnis der Weihnacht. Und es beginnt auch heute noch mit Jesus. Wer ihn findet, nicht als Kind in der Krippe, aber wie damals als Heiland und Retter, wird dieses Wunder erleben.

WALTER STUMPF

Wer glaubt denn schon an Engel?

Hinführung: Wir hören von einer Weihnachtsüberraschung.
Vorlesedauer: ca. 7 Minuten

Als Petra an diesem kalten Dezembermorgen mit ihren beiden kleinen Kindern das Haus verließ, ahnte sie nicht, was für außergewöhnliche Ereignisse vor ihr lagen. Das Herz war Petra schwer. Sie musste noch einmal zur Bank, um das Äußerste zu versuchen. Klein-Julia trug sie schützend auf dem Arm und Natalie fasste sie fest an der Hand.

Die Schlange vor dem Bankschalter war lang, und Petra wartete geduldig mit den Kindern. „Bitte", hauchte sie leise, als sie an der Reihe war, „ist das Geld gekommen?" Die Angestellte kannte Petra bereits. Seit Tagen kam die junge Frau und jedes Mal musste die Angestellte bedauernd den Kopf schütteln. „Kann ich denn noch etwas Geld als Kredit bekommen?"

„Tut mir leid. Sie wissen selbst, dass Ihr Konto längst überzogen ist."

„Aber wovon sollen wir denn leben? Der Vermieter wollte schon am 15. seine Miete, die ich auch nicht bezahlen kann. Mein Mann hat seit zwei Monaten kein Geld für die Kinder geschickt. Ich kann nur abends arbeiten, weil ich tagsüber niemanden für die Kinder habe. Das Geld, das ich verdiene, reicht aber nicht. Heute konnte ich nur jedem Kind ein Glas Milch geben. Ich weiß wirklich nicht, wie es weitergehen soll." Petras Stimme vibrierte vor Aufregung und hatte einen verzweifelt flehenden Unterton. Die Angestellte fühlte sich sehr unbehaglich. Gerne würde sie helfen, vor allem jetzt, so kurz vor Weihnachten. Aber ihr Chef hatte es strikt verboten. Keine Ausnahme. Nur eine Tüte Gummibärchen konnte sie jedem Kind schenken.

Bedrückt verließ Petra die Bank. Jetzt wusste sie endgültig, dass sie vor Weihnachten kein Geld mehr zu erwarten hatte. Morgen war Heiliger Abend. Wie ein hungriger Tiger sprang sie die Angst an. Wie sollte sie diese kommenden schrecklichen Feiertage überstehen und was ihrem Vermieter sagen, der ihr schon zweimal mit Kündigung gedroht hatte? Petra fror entsetzlich. Sie war so in Gedanken, dass sie nicht bemerkte, dass ihr ein Mann in großem Abstand folgte.

Der nächste Tag war zementgrau und nieselfeucht. Am Nachmittag saß Petra mit ihren beiden Kindern um den runden Tisch, der mit einem Tannenzweig und einer kleinen Kerze geschmückt war. Was sollte sie ihren Kindern erzählen? Weihnachten ist das Fest der Liebe? Da beschenken sich Menschen aus Freude über die Geburt eines Kindes? Sollte sie vom Stern, von den Hirten und Engeln berichten? Aber wer glaubte heute noch an Engel? Nein, dann sollte sie doch lieber von der Hartherzigkeit der Menschen in Betlehem und der Armut des Kindes im Stall sprechen. Aber andererseits wollte sie auch nicht zulassen, dass sich Bitterkeit in den Herzen ihrer Kinder ansetzte. Also erzählte sie einfach von früher und von zu Hause. Manch heitere Episode fiel ihr ein. So versuchte sie, die trüben Gedankenfetzen ihrer aufgescheuchten Seele zu verdrängen.

In ihre Erzählungen drängte sich plötzlich und hartnäckig das wiederholte Klingeln der Türglocke. Der Hausbesitzer – er will die Miete, durchzuckte es Petra. Zuerst rührte sie sich nicht. Doch das Klingeln wurde länger und fordernder. Zögernd öffnete Petra die Tür einen Spalt. Draußen stand ein älterer Mann.

„Ja, bitte?", fragte Petra mit ängstlichem Blick.

„Ich möchte das hier abgeben", sagte die ruhige Stimme.

„Bei uns? Das muss ein Irrtum sein."

„Kein Irrtum. Das ist für die Kinder." Die beiden Mädchen drängten neugierig zur Tür und griffen begierig nach den dargebotenen, kleinen Päckchen. „Hier, für Sie." Der Mann reichte Petra zwei hübsch verpackte Geschenke. „Und wo soll ich den Weihnachtsbaum hinstellen?"

Jetzt erst sah Petra in der Ecke neben der Tür den kleinen Baum stehen. Sie schüttelte verwundert immer wieder den Kopf. „Wer sind Sie?"

„Eine Weihnachtsüberraschung", lächelte der Fremde vertrauenerweckend. „Gestatten Sie, dass ich mich vorstelle – Engel ist mein Name, Eduard Engel. Ich will Ihnen gerne alles erklären." Noch etwas unschlüssig gab Petra die Tür frei.

„Verzeihen Sie", sagte der Besucher, „dass ich mich so ungefragt in Ihr Leben einmische. Ich war gestern auf der Bank und stand zufällig hinter Ihnen." Eduard Engel machte eine anrührend ungelenke Schulterbewegung. „Unfreiwillig wurde ich Zeuge Ihres Gesprächs. Und da begriff ich, dass jeder von uns einen Rucksack durchs Leben schleppt. Ihrer scheint im Augenblick mit bedrückend großen Steinen gefüllt zu sein. Meiner übrigens auch." Der Mann machte eine Pause und fuhr dann fort: „Ich habe dieses Jahr meine Frau verloren und es wird bestimmt ein erinnerungsgeprägtes, trauriges Fest für mich werden. Also, dachte ich, mache ich wenigstens einem anderen Menschen eine Freude."

Petra konnte ihr Glück gar nicht fassen. Sie betrachtete all die ausgebreiteten Geschenke für sich und vor allem für die Kinder. Mit zu Herzen gehender Überschwänglichkeit bedankte sie sich. Dann schmückten sie alle gemeinsam den Weihnachtsbaum und sangen: Ihr Kinderlein kommet. Wie leicht fand Petra jetzt Worte, um ihren Kindern vom Fest der Liebe und von der Geburt des Kindes im Stall von Betlehem zu erzählen. Sie setzte sie auf ihren Schoß und nahm sie liebevoll in die Arme. Eduard Engel sah und hörte still zu. Dass dieses Weihnachtsfest so schön werden könnte, hatte er nicht für möglich gehalten.

„Sie sind ein Engel", sagte Petra. Eduard Engel lächelte. „Nein, nicht weil Sie Engel heißen; sondern weil Sie die Verkörperung aller guten Mächte sind und weil Sie es Menschen leicht machen, wieder an Engel zu glauben."

URSULA BERG

Das richtige Wort

Hinführung: Manchmal fällt uns das richtige Wort, das Türen öffnen kann, einen Augenblick zu spät ein. Wir hören eine Geschichte, in der das Wort goldrichtig kam.
Vorlesedauer: ca. 2½ Minuten

Es war am 23. Dezember 1928. Der unvergessliche Berliner Studenten- und Armenseelsorger und Verfasser der „Weltstadtbetrachtungen", Dr. Carl Sonnenschein, stand am Kassenschalter seiner Bank und holte Geld ab. Vor ihm besprach sich eine alte Frau mit dem Kassierer wegen eines kleinen Kredits. „Morgen ist Heiliger Abend, meine Enkelin kommt zu Besuch, und ich habe kaum noch eine Mark im Haus." Der Kassierer verwies die Frau an die Kreditabteilung. „Von dort komme ich ja", sagte die alte Frau seufzend. Um Sonnenschein Platz zu machen, trat sie zur Seite.

Die Frau stand noch neben dem Schalter, als Sonnenschein das erhaltene Geld nachzählte. Dabei bemerkte er, wie die Frau ihn beobachtete. Kurz entschlossen ging er zu ihr und schob ihr einen zusammengefalteten Schein in die Hand. Die Frau betrachtete den Schein überrascht, faltete ihn auseinander und sagte errötend: „Nein, nein! Das kann ich nicht annehmen!"

Sonnenschein durchschaute, dass die Frau gewiss einst bessere Tage gesehen hatte und wahrscheinlich in der großen Inflation (1923) verarmt war. Die Frau zitterte vor Erregung. Wie sollte sie sich verhalten? Das Geld doch annehmen? Sah sie wie eine Almosenempfängerin aus? Der Mann vor ihr war Priester. Durfte sie das Geld zurückweisen?

Sie brauchte es ja dringend. Außerdem würde sie den hilfsbereiten Geistlichen beleidigen.

Sonnenschein empfand, was die Frau bewegte. „Lieber Himmel, ein Wort!", durchfuhr es ihn, „das richtige Wort – die goldene Brücke, auf der wir uns begegnen können!" Da fiel ihm auch schon dieses richtige Wort ein. Als die Frau nochmals stammelte: „Ich kann das Geld nicht annehmen. Auch nicht von Ihnen, Hochwürden!", antwortete Sonnenschein:

„Aber vom Christkind!" Jetzt lächelte die Frau wie erlöst und stopfte den Geldschein in ihr Handtäschchen. Und Sonnenschein freute sich über den innigen Händedruck der Beschenkten.

ANDREAS VOGT-LEPPLA

Ein Kind bringt es fertig

Hinführung: Eine wahre Begebenheit möchte ich vorlesen. Wer hat nicht schon Tränen gespürt, wenn das Enkelkind in aller Unbekümmertheit Wahres feststellt?
Vorlesedauer: ca. 5 Minuten

Der Pfarrer lässt seinen Blick noch einmal über die Gemeinde schweifen. Tatsächlich, das ist er: Ernst Herbst. Der unbelehrbare Gotteslästerer und verbissene Atheist besucht den Gottesdienst. Zum ersten Mal seit zehn Jahren.

Der Adventsgesang „Mit Ernst, o Menschenkinder" ist verklungen. Der Pfarrer steht auf der Kanzel. Von hier kann er noch besser die Reihen der Kirchenbesucher übersehen. Nun ist er ganz sicher, dass der Mann, der geduckt im Schatten eines Pfeilers sitzt, kein anderer ist als der, der ihm das Leben in dieser Gemeinde auf Schritt und Tritt zu erschweren sucht. Was führt ihn hierher? Und was hat er da vor sich? Es sieht aus wie eine Zeitung. Liest der Kerl die etwa im Gottesdienst? Zuzutrauen wäre es ihm.

Der Pfarrer lässt ihn nicht aus den Augen. Die Predigt müsste dem Mann hinter dem Pfeiler unerträglich im Gewissen brennen, wenn er noch eins besitzt. Doch sein Gesicht ist nicht zu erkennen. Regungslos sitzt er und starrt auf sein Papier.

In der Sakristei erwartet Küster Schröder ungeduldig den Pfarrer: „Es geschehen noch Wunder! Heute ist eins geschehen: Der Herbst, der Sie, Herr Pfarrer, dauernd ärgert ... Nein, es ist nicht zu fassen ...!"

Natürlich war auch dem Küster aufgefallen, dass der unerwartete Kirchgänger eine Zeitung vor sich hatte. Und wer Küster Schröder kennt, wird wissen, dass er so etwas nicht duldet. „Hereingelassen wird hier jeder, auch der größte Sünder", sagte er. „Das halten wir wie Jesus. Aber zu benehmen hat er sich so, wie sich das in einem Gotteshaus gehört. Dafür sorge ich." Deshalb war er gleich während des ersten Gesangs auf Ernst Herbst zugegangen, um ihm zu sagen: „Steck bitte die Zeitung weg ..."

Aber da sah er, dass der Mann gebrochen auf seinem Platz hockte und schluchzte. „Um zu schnüffeln, ist er also nicht gekommen. Das steht fest", berichtete er dem Pfarrer.

„Dieses Kind hat es fertiggebracht." Ernst Herbst zeigte auf das Bild seiner Enkelin, als der Pfarrer ihn am Montagabend besuchte.

„Nie werden Sie mich wieder in eine Kirche kriegen, hatte ich mir geschworen. Nie! Aber dieses Kind hat es fertiggebracht."

Er entfaltete die Zeitung, die er mit in der Kirche hatte, ein illustriertes Wochenblatt. Da ist sein kleiner Liebling abgebildet. In einer Umfrage „Was Kinder sich vom Christkind wünschen", hat die Fünfjährige dem Reporter geantwortet: „Einen anderen Großvater. Einen, der auch einmal mit mir in die Kirche geht. Meiner ist so stur. Der tut das nie, und ich habe ihn schon so sehr darum gebeten."

„Aber sie hatten die Kleine doch gar nicht mit", bemerkte der Pfarrer.

„Noch nicht", erwiderte Ernst Herbst. „Das war für mich sozusagen erst die Hauptprobe, damit ich mich nicht vor dem Kind blamiere."

„Sie wussten, dass es Sie hart ankommen würde, nicht wahr? Und wollten das dem Kind nicht zeigen. Ich verstehe das."

Verlegen sieht der bisherige „Gottesleugner" den Pfarrer an. „Ich hätte nicht gedacht, dass ein Kind solche Macht hat."

„Ja, dass ein Kind solche Macht hat, unseren Sinn zu ändern, das wollen wir immer nicht glauben", wiederholt der Pfarrer sehr nachdenklich, und Ernst Herbst merkt, dass er das Kind in der Krippe meint.

RUDOLF HEMPEL

Geburtsstunde

Hinführung: Wir hören von einem, der wieder den Glauben an sich selbst fand.
Vorlesedauer: ca. 5 ½ Minuten

Mein Name ist Walburga Weingarten. Man sagt: Nomen est omen. Stimmt! Mein Mann und ich, wir haben gerne ein Gläschen getrunken. Er lieber Bier, ich eher Wein. Wir unterschieden uns nicht von den meisten Deutschen. Zu Festen mit der Familie oder Freunden gehörte bei uns – wie fast überall in unserer Gesellschaft – der Alkohol. Oft auch zu einem schönen Essen zu zweit oder einem gemütlichen Abend nach einem anstrengenden Tag. Ein Schlückchen entspannt, hebt die Stimmung, verbreitet Fröhlichkeit. Oft bot ein Gastgeber nach dem Mahl ein Pinnchen, ein „Verteilerli" an. Obwohl er wusste, dass kein Schnaps irgendetwas verteilt. Alle wussten es und tranken aus Geselligkeit mit, auch den zweiten, weil „man auf einem Bein nicht stehen kann". Stimmt auch nicht! Man wollte den zweiten. Vielleicht auch den dritten.

Alles änderte sich, als unsere Ehe in Schieflage geriet, die Streitereien zunahmen, die bösen Worte mehr wurden, Unfriede an der Tagesordnung war. Ich griff jetzt auch tagsüber zur Flasche, um meinen Kummer herunterzuspülen, mein Leid zu ertränken. Erst versuchte ich, das Trinken zu verbergen, vor meinem Mann, vor den Verwandten, besonders vor den Arbeitskollegen. Irgendwann kann es doch heraus, weil ich Fehler machte. Arbeitslos, vor den Scherben einer Ehe, allein zu Hause mit Kummer und Gram – ich trank jetzt regelmäßig. Der nächste Tiefpunkt in meinem Leben folgte, die Scheidung, die Trennung von vielen Freunden und Bekannten, die Isolation in einer kleinen Wohnung, eher einer Abstellkammer. Die Gedanken kreisten jetzt nur noch um den Alkohol, er sollte Ängste vertreiben, Glücksgefühle erzeugen. Alkohol wurde mein Lebensmittelpunkt, mein Lebensinhalt. Als ich nicht mehr im Bett, nur noch auf dem Boden lag, riefen Nachbarn den Notdienst. Die Einlieferung in ein Krankenhaus für seelisch Kranke folgte; in ein Therapiezentrum. Gekoppelt mit ärztlicher und psychologischer Betreuung.

Die schlimmste Zeit meines Lebens erlebte ich jetzt, den Entzug. Der ganze Körper schmerzte, alles tat weh, der Kopf, der Magen, die Glieder. Die Hände zitterten, ich konnte keinen Löffel mehr halten, nicht einmal eine Suppe schlürfen. Man musste mich füttern. Keinen Tropfen Alkohol zu haben, war, als würde man mir das Herz aus dem Leibe reißen, bei lebendigem Leibe.

Nach Wochen des Entzugs folgte der erste Ausgang. Es war Heiligabend. Wir gingen zur Kirche. Wir, das waren vierundzwanzig Patienten aus dem Therapiezentrum. Jeder im Dorf wusste, woher wir kamen. Sie tuschelten, zeigten mit dem Finger auf uns. Sie sollten wissen, wenn man mit einem Finger auf jemanden zeigt, weisen drei auf einen selbst. Was uns passierte, kann auch ihnen geschehen. Der Schritt in den Abgrund ist ein kleiner, sehr kleiner. Der Grat zwischen Genuss und Gefahr ist schmal, sehr schmal. Man macht ihn zu leicht und zu schnell, wenn Unvorhergesehenes einen trifft. Einmal auf der schiefen Bahn wird die Sucht immer größer, der Körper gewöhnt sich an die Droge und verlangt nach mehr, ständig.

In der Kirche saßen wir nebeneinander. Wir gaben uns gegenseitig Halt. Vielleicht habe ich diese Worte schon öfter gehört. Aber heute beeindruckten sie mich zutiefst. Gott ist Mensch geworden für uns. Auch für mich, dachte ich, ein Stück Dreck. Der Abschaum der Menschheit saß hier vierundzwanzig Mal. Matthias, der neben mir kauerte, fasste meine Hand. Es war keine zärtliche Berührung, nicht der Versuch, mich anzumachen. Es war die Suche nach Halt, Solidarität, Gemeinsamkeit. In diesem Gottesdienst habe ich etwas wiedergefunden, ich habe meinen Glauben wiedergefunden, nicht den Glauben an den Gesalbten, nicht den Glauben an Gott – nein, den Glauben an mich selbst. Weihnachten ist ein tiefer Einschnitt für die ganze Menschheit, dieses Weihnachten war ein tiefer Einschnitt in meinem Leben.

Heute sind wir beide, Matthias und ich, verheiratet. Getrunken haben wir nie wieder, weil wir an uns glauben. Wir sind „trocken" geblieben. Seitdem weiß ich, Weihnachten heißt Neubeginn, der Beginn einer neuen Religion. Dieses Weihnachten war ein Neubeginn für mich, für jeden von uns.

BERNHARD WACH

Tante Rosemarie

Hinführung: Im Alter denkt man gerne an Bräuche zurück, die noch das Herz des Advents trafen.
Vorlesedauer: ca. 4½ Minuten

Damals sagten wir noch selbstverständlich Tante. Wir Kinder verehrten Tante Rosemarie. Vermutlich ist es heute noch so, dass die Kleinen ihre Erzieherinnen im Kindergarten fraglos mögen. Tante Anne war auch nett. Aber Tante Rosemarie war spitze. Wir liebten sie alle. Manche Jungen wollten sie, dann, wenn sie selbst groß sein würden, heiraten. Tante Rosemarie wusste einfach, wie sie mit uns Kindern umzugehen hatte. Zu ihr hatten alle Vertrauen. Das war die Brücke, über die – so würde man heute sagen – Werte in die Kinderherzen wuchsen.

Klar, dass in einem Kindergarten im Westerwald in den fünfziger Jahren das Kirchenjahr eine große Rolle spielte, so wie es eben im Leben aller Menschen im Dorf eine Rolle spielte. Die Feste, die „geprägten Zeiten", das Brauchtum gaben dem Ablauf der Tage und Monate Form und Farbe.

Vor Weihnachten erinnere ich mich immer wieder an die Krippe im Kindergarten. Die einfache Krippe aus Holz war am ersten Tag des Advents noch leer. Daneben lag ein Bündel fein geschnittener Strohhalme. Wie sie es uns damals erklärt hat, weiß ich nicht mehr.

Aber wenn ein Kind etwas Gutes getan hatte, daheim oder eben auch im Kindergarten, auch wenn es einen Verzicht auf sich genommen hatte – sagen wir, ein Bonbon oder ein Stück Schokolade am Werktag zur Seite gelegt und für den Sonntag aufgehoben hatte –, dann erzählte das Mädchen oder der Bub seine „gute Tat" Tante Rosemarie. Sie war die Instanz, deren Urteil klaglos angenommen wurde. Wenn sie entschied, dass die gute Tat wirklich eine war, dann durfte das Kind vor den Augen aller einen Strohhalm in die Krippe legen.

So entstand ein heiliger Wettbewerb. Natürlich versuchten wir Kinder, im Advent viel Gutes zu tun, um einen Strohhalm in die Krippe legen zu können. Aber ich denke, wir waren damals nicht allein beseelt von dem

Gedanken, uns vor den anderen als gute Kinder erweisen zu wollen. So einfach machte es uns Tante Rosemarie nicht, und so vordergründig gestaltete sie ihre Erziehung auch nicht. Wir wussten, worum es wirklich ging. Das Jesuskind sollte an Weihnachten weich liegen. Dafür brauchte es eben viel Stroh. Es brauchte viele gute Taten der Menschen.

So erfuhren wir spielerisch, dass unser Leben etwas mit Jesus Christus zu tun hat. Dass die Vorbereitung auf Weihnachten nicht allein etwas Äußerliches bleiben durfte, sondern mit unserem Innern, mit unserer Seele.

Kurz vor dem Fest fand im Kindergarten ein Krippenspiel statt; manchmal führten wir es auch auf dem Altennachmittag des Dorfes auf. Wer würde diesmal Josef sein dürfen, wer Maria, wer Engel, wer Hirte? Spannende Fragen für uns Kinder. Tante Rosemarie teilte ein und verteilte die Texte, die auswendig zu lernen waren. Und wenn wir ihre Freude sahen, wie voll die Krippe mit Strohhalmen geworden war, und wenn wir ihr strahlendes Gesicht sahen, wenn sie behutsam das Jesuskind in die Krippe legte, dann ahnten wir etwas von der Freude Gottes im Himmel über unser Gutsein. Dann wurde die Vorfreude auf Weihnachten noch größer und tiefer.

Die Zeiten haben sich geändert. Der Advent ist keine „geprägte Zeit" mehr. Verzicht ist kaum noch angesagt. Im Gegenteil. Uns Heutigen ist das Erleben von Gemeinschaft mit Glühwein oder Tee und Gebäck wichtig geworden. Der Gedanke, Gutes zu tun, ist aber glücklicherweise immer noch stark – gerade in den Tagen vor und um Weihnachten.

ALEXANDER HOLZBACH

Nachdenken Josefs

> **Hinführung:** Wir meinen immer, bei Maria und Josef seien alle Schwierigkeiten durch einen unerschütterlichen Glauben überwunden worden. Wir hören am Beispiel Josefs, dass sie nur Menschen waren und darum auch manchmal voller Zweifel – wie wir.
> **Vorlesedauer:** ca. 5 Minuten

„Ich geh ein wenig vor die Tür", sagte Josef.
Und Maria sagte: „Ja."
„Wenn du etwas willst, brauchst du nur zu rufen", sagte Josef.
Und Maria sagte: „Ja."
„Ich will nur ein bisschen Luft schnappen."
Maria sagte: „Ja, Josef, geh nur. Ich brauche nichts. Es ist alles gut."
Josef schaute über die linke Schulter zurück. Verlegen ein wenig und verworren sah er, wie sie sich über das Kind beugte; sah, wie sie mit der Hand versuchte, es zu streicheln. Sie flüsterte etwas, aber er konnte es nicht verstehen. Er wusste nicht, was sie zu dem Kind sagte: Nur, dass er die beiden jetzt allein lassen musste, das wusste er. Dass er jetzt hier rausmusste, das wusste er. Es ging über seinen Verstand. –
Nicht, dass die plötzliche Geburt ihn überrascht hatte. Das nicht. Das war kein Wunder. Die neun Monate waren um. Dazu kam die Anstrengung der letzten Tage. Und seit wann nahmen die Behörden Rücksicht auf die Leute?
Ja, ich hätte es mir damals überlegen sollen! Und Josef dachte an den Engel, der ihn aus dem Schlafe geschreckt hatte; erinnerte sich seiner Worte, dieser unglaublichen Botschaft: „Sie wird ein Kind haben ohne dich!"
„Ein Kind von einem anderen also!"
„Ja, von einem anderen. Aber nicht so, wie du denkst. Nicht von einem Manne, Josef."
„Das soll ich verstehen? Ich bin ein Zimmermann, Engel! Ich kann nicht einmal lesen. Das ist doch kein Grund, mich zu verspotten!"

Und er quälte sich. Und er dachte: Ich träume! Biss sich in den Finger; schrie auf vor Schmerz, so biss er zu; und schwieg, als er die Stimme des Engels wieder hörte: „... die Leute werden ihn Immanuel nennen. Verstehst du jetzt, Zimmermann? Immanuel!"

Doch Josef hörte ihn nur; verstehen konnte er ihn nicht. Nicht um alles in der Welt. Tat nur, was der Engel ihm sagte. Verließ das Haus, ging zu ihr und sagte: „Komm zu mir, Maria!" Und nahm sie schüchtern bei der Hand – Was ist sie nur für eine Frau? – und vertraute auf den Spruch des Engels. Der Herr hat gesprochen. Der Herr weiß, was er tut. Der Herr wird seine Hand über uns halten.

Lange stand Josef draußen vor der Tür. Von den Bergen her kam kalter Wind. Er kühlte seine heißen Schläfen, das heftig pochende Herz. Seine zitternden Hände beruhigten sich nur langsam. Immer wieder war er versucht, die Tür einen Spaltbreit zu öffnen, um zu sehen, ob da drinnen nicht doch noch das große Wunder geschah, auf das er wartete. Das Wunder, das diesen miserablen Stall verwandelte. In eine Wohnung für Immanuel. „Wo bist du, Engel, wo ist dein Versprechen?"

Aber es gab keinen Engel, gab keine Antwort – nur den Wind. Einen kalten Wind, der kalkigen Staub mitbrachte von den Bergen, Schafsgeruch von den Herden, Hundegebell.

„Ich bin nur ein einfacher Mann, Engel!", stöhnte Josef. „Zimperlich bin ich auch nicht. Auch zu Hause hätten wir uns einen Arzt nicht leisten können. Sicher nicht. Aber zu Hause, da wären die Nachbarn da gewesen. Und vielleicht wäre auch Elisabet für ein paar Tage herübergekommen. Aber so, wie soll ich hier, vor dieser elenden Tür, dein Versprechen deuten? Das meine halten? Ich schäme mich, Engel! Nicht einmal eine Bank in einer billigen Kneipe habe ich auftreiben können. Eine Bank neben dem Fenster, neben dem Herd. Kein Tropfen heißes Wasser – weißt du überhaupt, was das heißt, Engel?" Josef schlug seinen Kopf gegen das Gatter und flüsterte: „Nichts als ein paar brüchige Bretterwände, die kaum die ärgste Kälte abhalten, eine Laterne mit einem Kerzenstummel, ein Ochse und ein Esel – für deinen Immanuel!"

Er spürte die Tränen nicht, die ihm übers Gesicht liefen. Er spürte den Frost nicht, der ihn schüttelte. Er fürchtete sich vor morgen und übermorgen. Maß ja alles an der Elle von heute.

Da hörte er Stimmen. Stimmen von Männern und Kindern. Und einer rief: „Dort drüben in der Hütte, dort muss es sein. Ich sehe Licht!"

Da glaubte er wieder.

KURTMARTIN MAGIERA

Den Glanz des Sterns weiterschenken

Hinführung: Wir können nicht die ganze Lichtfülle von Weihnachten in unser Herz holen – aber ein paar Strahlen!
Vorlesedauer: ca. 7 Minuten

Dunkel war die Dezembernacht. Ein eisiger Wind trieb die Wetterwolken über den Häusern der Stadt zusammen. Ab und zu riss er ein Loch in die dunklen Wolken. Dann blitzte ein Stück Sternenhimmel auf, freundlich glänzend. Ein kleiner Stern ganz am Rand der Deichsel des großen Wagens versuchte, durch das Wolkenloch zu blinzeln. Aber was er da unten bei den Menschen sah, machte ihn so traurig, dass er immer wieder schnell die Augen schloss.

„Nur noch wenige Tage bis Weihnachten!", dachte der kleine Stern. „Überall in der Welt sollten die Menschen doch frohe Gesichter haben! Wenn ich noch an das erste Weihnachten damals in Betlehem denke! Wie da die grauen Gesichter der Hirten geleuchtet haben vor Freude, als sie an der Krippe knieten. Und die Weisen aus dem Morgenland! Müde waren sie gewesen nach der langen Reise, aber ihre Augen glänzten, als sie dem Kind in der Krippe ihre Geschenke brachten. Und die Kinder in Betlehem! Jubelnd sind sie mit den Hirten ins Dorf zurückgelaufen und haben es den Menschen zugerufen: „Das Christkind ist geboren! Gott hat aller Welt eine große Freude geschenkt!"

Und ich habe damals gefunkelt und gestrahlt, dass die Sterne auf dem Hirtenfeld und die Blätter der Olivenbäume silbrig schimmerten in der dunklen Nacht. Aber was ist aus der Weihnachtsfreude geworden? Wenn ich doch hinunterschweben und den Menschen in der Dunkelheit neue Hoffnung schenken könnte!

Eigentlich meine ich ja nicht die Dunkelheit in den Straßen da unten, dachte das Sternchen. Nein, da sind überall Lichterketten aufgespannt und funkelnde Sterne an den Kaufhäusern angebracht. Aber die Menschen in der Stadt! Die haben so dunkle, gehetzte Gesichter, so ohne Freude. Die Einkaufstaschen sind bis obenhin vollgepackt, die Verkäuferinnen haben geschwollene Füße vom langen Stehen; die Mütter können gar nicht mehr schlafen, weil sie so viel Arbeit haben vor den Feiertagen. Keiner, keiner hat mehr wirklich Zeit; ganz dunkel ist es tief in ihren Herzen. Und wenn sie dann am Heiligabend die Kerzen am Baum anzünden wollen, sind sie alle so müde, dass sie sich gar nicht mehr richtig freuen können.

„Ich muss hinunter", seufzte das Sternchen, „wenn ich doch wenigstens einem Menschen ein Weihnachtslicht anzünden könnte! Ein Licht, das Hoffnung gibt, an dem sich auch andere Menschen wärmen können."

Das Sternchen rückte und rüttelte an der Deichsel des großen Wagens, und wirklich – als leuchtend helle Bahn zog es über den Nachthimmel. Es schaute in viele Fenster hinein. Die Menschen schliefen einen traumlosen, erschöpften Schlaf. Da war niemand, der den kleinen Stern erwartete und ihn hereinlassen konnte.

In einem Fenster des großen Krankenhauses brannte noch Licht. Ein alter Mann konnte nicht schlafen. Er schaute in die Dunkelheit hinaus und erblickte die leuchtende Sternschnuppe am Nachthimmel.

„Einen Wunsch aussprechen!", dachte er. „Und daran glauben, wie ich es als Kind auch getan habe."

„Warum sprichst du ihn nicht aus?", flüsterte der kleine Stern ganz nahe an seinem Ohr. „Bald ist Weihnachten. Da ist das Kind in Betlehem geboren. Es will Freude in die Herzen der Menschen tragen. Hoffnung will es schenken und Trost."

„Ich bin sehr allein und traurig", sagte der alte Mann. „Gewiss, meine Kinder und Enkelkinder haben mich oft hier besucht im Krankenhaus. Eigentlich hat es mich gewundert, dass sie immer wieder kamen, obwohl ich so brummig bin. Ich mag auch nichts abgeben von meinem Geld. Wenn man im Leben so gespart hat, dann fällt es einem schwer, sich zu ändern, wenn man alt und krank ist. Mit den Krankenschwestern und Ärzten meckere ich auch immer herum. Ich glaube, mich kann hier so keiner recht leiden."

„Hab doch Vertrauen!", sagte der kleine Stern. „Bald ist Weihnachten. Das Christkind ist auch für dich geboren. Sag deinen Wunsch!"

„Ich möchte noch einmal gesund werden", flüsterte der alte Mann, „zu Weihnachten möchte ich nach Hause kommen. Wenn meine Tochter sich so abhetzt, möchte ich ihr helfen. Mit den Enkelkindern möchte ich basteln und spielen und ihnen Geschichten vorlesen. Und einen großen Baukasten werde ich ihnen kaufen und den Weihnachtsbaum ausschmücken mit all den silbernen kleinen Engeln und glitzernden Vögeln. Sie sind seit Jahren verpackt in der Kiste oben auf dem Boden. Weil sie so kostbar sind, habe ich sie nie herausgerückt. Und ich werde kein böses Wort zu dem Schwiegersohn sagen. Und hier im Krankenhaus will ich auch nicht mehr nörgeln und meckern."

„Du hast dir etwas Schönes gewünscht", sagte der kleine Stern. „In den Weihnachtsnächten gehen die Wünsche in Erfüllung, die wir nicht nur für uns selber wünschen. Hab Vertrauen, auch bei dir wird es hell werden. Denn du willst das Licht weitergeben, das das Kind in der Krippe für uns alle angezündet hat."

Mit einem leuchtenden Schweif zog der kleine Stern fort über den Nachthimmel. Als er wieder am äußersten Rand der Deichsel des großen Wagens stand, strahlte er noch eine Weile ganz besonders hell. Der alte Mann schaute hinauf und dachte: „Die Nacht ist gar nicht mehr so dunkel. Mein Herz ist ganz warm und hell vor Freude, vor richtiger Weihnachtsfreude."

BARBARA CRATZIUS

Heute ist die Heilige Nacht

Hinführung: Im Zweiten Weltkrieg gab es trotz aller Brutalität auch viele Begebenheiten zwischen Feinden, die Hoffnung machten, dass das Menschliche in ihnen nicht ganz verloren ging. So kann auch Jesus eine Chance bekommen.
Vorlesedauer: ca. 4 Minuten

Beim Dorf Schibnowo brach die weite russische Steppe ab und stürzte zur Worja hinunter – dem kleinen Fluss, der unvergessen bleiben wird. Scheinwerfer tasteten den Himmel ab. Leuchtkugeln schossen hoch; hin und wieder bellte einsam eine Pak (Panzerabwehrkanone).

Schweigend stampften zwei deutsche Wachtposten ihre Runde. Sie hörten die Stimme des Krieges und lauschten auf die Stimme des Herzens, die im lärmenden Hass schweigen musste: „Friede auf Erden und den Menschen ein Wohlgefallen!"

Plötzlich zuckten sie zusammen. Ein schwaches Geräusch drang aus der Tiefe des Worjatales herauf. Unten sprachen russische Frauen, dazwischen tönte ein jämmerliches Stöhnen wie das eines wunden Tieres. Dann war es wieder still.

Was weiter geschah, kam den beiden Soldaten, wenn sie es später durchdachten, wie ein Märchen vor und war doch ein Stück ihres Lebens gewesen: Aus einem Schneeloch zogen sie eine alte russische Frau und brachten sie zum Feldwebel, weil sie die Frau nicht verstanden. Es stellte sich nun heraus, dass ihre Tochter Maria im Tal vor Schwäche zusammengebrochen war, weil ihre Stunde nahe sei. Schnell stiegen drei Soldaten den Flusshang hinunter, wickelten das arme Geschöpf in eine Decke und trugen es in den Bunker auf eine Pritsche.

Neben ihr kauerte die alte Frau, und in beider Augen spiegelten sich die Lichter des kleinen Weihnachtsbaumes wider, den die Männer mit Kerzen von daheim geschmückt hatten.

Die Soldaten hatten sich auf die andere Seite des Bunkers zurückgezogen. Ihre Gedanken waren geteilt, sie galten ihren Angehörigen in der Heimat, aber auch dem Seltsamen dieser Stunde in diesem Raum.

Ein junger Bursche, der durch den Krieg frühzeitig zum Mann geworden war, hatte allen Spott verloren, der ihn sonst auszeichnete. Unentschlossen drehte er ein Päckchen zwischen den Händen. Dann aber erhob er sich jäh, ging zu Maria und schob ihr den Karton zu.

„Da, kannst essen, ist von meiner Mutter", sagte er stockend. Die junge Frau schaute ihn an, als habe sie ihn verstanden, sie nickte dankbar. Die alte Frau murmelte russische Gebete, bekreuzigte sich und schlug auch über ihre Tochter das Kreuzzeichen.

Der Sanitätsfeldwebel vom Nachbarbunker war geholt und in das Geheimnis eingeweiht worden. Er richtete alles notdürftig her. Und während jetzt im linken Abschnitt die Stalinorgel losdröhnte und die deutsche Artillerie Antwort sandte – schenkte Maria, die kleine russische Frau, einem Sohn das Leben, und der Sanitäter wickelte ihn in keimfreie Mullbinden. Einer von den Soldaten sagte: „Kameraden, heute ist wirklich Heilige Nacht!" Da sangen die Männer, die den Tod kannten und das Leben liebten: „Stille Nacht, heilige Nacht ..." Maria aber, die kleine russische Mutter, lächelte verklärt und lauschte dem Lied der fremden Soldaten.

P. LÖFFLER

Der Ochs von Betlehem

Hinführung: Ein Ochse mit einfachem Gemüt erfährt eine Erleuchtung.
Vorlesedauer: ca. 8 Minuten

Sternstunde einer Randfigur

Als damals in der Heiligen Nacht
Gott seinen Sohn zur Welt gebracht,
mit Engelsang und Kindsgeschrei,
mit Hirtenflöte und Schalmei,
da war der Ochse auch dabei
und hat dem heiligen Gescheh'n
nicht ohne Rührung zugeseh'n …

Nun ist die Nacht schon fast vorbei.
Die Engel haben ausgesungen,
der Schritt der Hirten ist verklungen.
Längst schläft das Kind in tiefer Ruh.
Maria deckt es sorgsam zu,
legt müde selbst die Hand ins Kinn,
auch Josef schnarcht schon vor sich hin.
Der Wind weht leise um den Stall,
hoch oben steht der Stern im All.
Und nur der Ochse ist noch wach,
denkt über alles gründlich nach.
Jedoch, wie sehr er sinnt und denkt
und tief sich in sich selbst versenkt,
vergeblich: Hinter seiner Stirn
ist leider nur ein Ochsenhirn,
das sich in kleinsten Kreisen dreht
und nur das Nötigste versteht.
So resigniert er auch schon bald
und seufzt: „Nun ja, so ist das halt."

Da meint er, dass im Krippenbette
das kleine Kind gelächelt hätte,
und plötzlich wird ihm wie noch nie
ganz warm und leicht, er weiß nicht, wie.
Aus der Gedanken dunklen Streifen
steigt ein gewaltiges Begreifen.
Ganz plötzlich ist ihm alles klar,
in voller Schärfe offenbar,
dass hier und jetzt mit diesem Kind
ein völlig neuer Weg beginnt.
Wenn Gott so tief herniedersteigt
und sich als Kind den Menschen zeigt,
wenn er sich in die Schöpfung stellt,
vertrauensvoll, verletzlich, klein,
um ihr so innig nah zu sein,
wie wundergroß ist dann die Welt!
Dann gilt nicht mehr für alle Zeit
die irdische Gerechtigkeit.
Vorbei das kleinlich böse Zählen,
vorbei das Rechnen, Wiegen, Wählen.
Ob eine Meile oder zwei,
das ist in Zukunft einerlei.
Ob alt, ob jung, ob groß, ob klein,
wird künftig nicht mehr wichtig sein.
Ob krank, ob fit, ob Frau, ob Mann,
auch darauf kommt es nicht mehr an.
Ob schwarz die Haut, rot oder bunt,
da sagt man künftig nur: „Na und?"
Die vielen kleinen Unterschiede
versinken tief in Gottes Liebe.
Vielleicht wird man in fernen Tagen
nicht einmal mehr die Ochsen schlagen.
Will einer nur ein Bündel Stroh,

so gibt man ihm von Herzen froh
ein zweites unbeseh'n dazu.
Das Ich vollendet sich im Du.
Man kann sogar mit sehr viel Üben
am Ende seine Feinde lieben.
Und nimmt es einer ganz genau,
liebt er sogar die eigne Frau.
Und selig sind die geistig Armen,
und wirklich groß ist nur Erbarmen.
Und selig, die Verfolgung leiden,
und selig, die die Nackten kleiden
und die bei Einsamen verweilen,
die Kranken pflegen oder heilen,
mit Hungernden die Brote teilen.
Man wird trotz aller Menschenziele
sich stets als Teil der Schöpfung fühlen,
mit Vorsicht auf der Erde wandeln,
mit Sorgfalt planen, zögernd handeln,
damit die Lebenskraft der Erde
durch Raubbau nicht verkümmert werde.
Der Globus, wo wir alle wohnen,
den wird man lieben, pflegen, schonen
und wird sich stets und standhaft weigern,
ihn an die Reichsten zu versteigern.
Und selig sind, die ohne Waffen
mit Mut und Umsicht Frieden schaffen,
die weit und klug nach vorne schauen,
den Knoten lösen, nicht zerhauen,
auf Glanz und rasche Tat verzichten,
stattdessen Kampf und Feindschaft schlichten,
mit Fantasie, Geduld und Mut,
nicht immer schnell, doch dafür gut.
Sie zeigen auch dem starken Mann,

wie er den Schwachen helfen kann.
Sie laden ihn ganz einfach ein,
mit ihnen nichts als Mensch zu sein.
Man wird sogar den Reichen wecken,
lockt ihn aus Schlössern und Verstecken,
erklärt ihm, bis er es kapiert,
dass er durch Teilen nichts verliert,
sogar sich einen Schatz erwirbt,
der ständig wächst und nie verdirbt,
denn sinnlos ist die Macht der Welt,
weil letztlich nur die Liebe zählt. –

Der Ochse hält den Atem an.
Sein Geist bricht auf wie ein Vulkan.
Er spürt das Blut mit Sturmesbrausen
durch alle seine Adern sausen.
Es reißt ihn fort in neue Zonen
mit unerhörten Visionen.

Und Lahme werden wieder gehen,
und Blinde werden wieder sehen.
Und wer sich schon am Ende glaubt,
weil ihm das Leben viel geraubt,
wer sich im Elend niederbückt,
weil Qual und Schuld ihn schwer bedrückt,
der darf sich völlig neu besinnen
und immer wieder neu beginnen.
Und niemand muss schon hier auf Erden
mit allen Träumen fertig werden.
Und sorgt euch nicht um Gut und Geld!
Seid wie die Lilie auf dem Feld
und wie des Himmels Vögel sind
und werdet wieder wie ein Kind!

Und Angst und Not, sie sind nicht mehr,
sogar der Tod wiegt nicht mehr schwer.
Und welche Anarchie der Herzen!
Und welche Leichtigkeit der Schmerzen!
Von Mund zu Mund, von Hand zu Hand,
von Dorf zu Stadt, von Land zu Land
wird sich das neue Licht verbreiten
und Herz und Geist und Seele weiten.
Und aus der Zeiten langem Lauf
wächst sacht das Gottesreich herauf.

Und wo auch immer in der Welt
das Wort auf guten Boden fällt,
dort fangen Wunden an zu heilen,
dort fangen Menschen an zu teilen
und reißen alte Mauern ein
und sagen, wo es nottut, „Nein!"
und sagen, wo es nottut, „Ja!"
und sind stets füreinander da.
Und kommen Fremde dort in Not,
und ist das Menschenrecht bedroht,
so machen sie sogar mobil
in Sachen Flüchtling und Asyl.
Katholisch oder EKD?
(Konfessionelles Frikassee!)
Geschwisterlich will man auf Erden
und einst dort oben selig werden.
Ob Messe oder Abendmahl,
der Weg ist relativ egal.
Gemeinsam wird man demonstrieren
und die Behörden drangsalieren,
gemeinsam wird man musizieren
und beten oder meditieren,

gemeinsam leere Mäuler stopfen,
den Mächt'gen auf die Finger klopfen,
egal ob in Berlin, in Rom,
in Bank, Kaserne oder Dom.
Und was getrennt der Väter Sünden,
die Enkel werden's wieder binden.
Sogar der Papst, kommt Rat, kommt Zeit,
wird eines Tags in jenem Land
von allen wieder anerkannt.
Geteiltes Leid ist halbes Leid …

Hier aber, glaubt es oder nicht,
hier endet jäh sein Traumgesicht.
Der Ochse schaut sich bebend, stumm
im nächtlich kalten Stalle um.
Und da wird ihm noch etwas klar:
Wo Gnade ist, ist auch Gefahr.
Er weiß ja, wie es immer war:
Dass alle Mächtigen der Erden
dies Kind mit Hass verfolgen werden.
Hätt' es mit Ochsen nur zu tun,
es könnte ganz in Frieden ruh'n,
doch so wird über seinem Leben
ein furchtbares Verhängnis schweben.

Doch ahnt er, dass Gewalt und List
am Ende nicht das Ende ist,
dass Gottes Liebe Hass und Nacht
zuletzt um Längen überragt.
Warum, wieso ist ihm nicht klar.
Er weiß nur: Es ist wunderbar.
Er steht im Ewigkeitenwind
vor diesem rätselvollen Kind,

von heißer Sehnsucht ganz beklommen,
doch von Gewissheit wie benommen.
Er steht und staunt zutiefst erregt,
und von des Geistes Macht bewegt
will er nun allen, die da leben,
von dieser Botschaft Zeugnis geben.
Tief holt er Luft und hebt das Haupt
und hofft und liebt und glaubt und glaubt
und fasst die visionären Flammen
in einem einz'gen Wort zusammen
und ruft ein geistbeseeltes – „Muuuh!".

Doch leider hörte niemand zu …

ULRICH HARBECKE

Weihnachtsleuchten

Hinführung: Seit Jahren geht der verbitterte alte Schäfer nicht mehr zur Christmette. Bis er Besuch bekommt.
Vorlesedauer: ca. 8 Minuten

Der Wind wirbelte die Schneeflocken wild umher. Peter schlug seinen Mantelkragen höher und stapfte noch verbissener durch den Schnee. Es war kalt, sehr kalt, aber das kümmerte den Jungen nicht. Was er vorhatte, musste getan werden. Der Mond schenkte sein schönstes Licht, und die Sterne funkelten hell und klar vom Himmel herab.

Peter hatte sein Ziel erreicht. Er ging in die alte Kapelle hinein und nahm vom Altar eine der dicken Kerzen. Wenn ihn jetzt der Messner erwischte, dann gute Nacht.

Vorsichtig schlich sich der Junge noch an die aufgebaute Krippe und nahm nach einigem Überlegen einen Hirten mit, der ein kleines Lamm trug. Sein Fehlen würde nicht sofort auffallen, da es sich ja nicht um eine der Hauptfiguren handelte. Vorsichtig legte er den Hirten und die Kerze auf seinen Schlitten, legte die Decke darüber und band das Ganze fest. Er schlug nicht den Heimweg ein, sondern ging den Waldweg weiter und hatte nach einer Viertelstunde die Hütte des alten Schäfers erreicht. Er klopfte.

„Herein", rief eine brummige Stimme. Peter ging hinein. Es umfing ihn eine eisige Kälte. Das Feuer im Ofen war schon vor Stunden erloschen. Die Tür zur Kammer stand auf, und Peter erkannte im Bett die Gestalt des alten Schäfers Stoffel.

„N'Abend, Stoffel, ich bin es, der Peter!"

„Ah, der Peter, was willst du? Hau ab, hier ist nichts zu holen!"

„Doch, dich!", erwiderte Peter und ging weiter zum Bett.

„Was willst du? Mich holen? Bist du der Tod persönlich? Seit wann?"

„Rede keinen Unsinn, Stoffel. Ich bin nicht der Tod. Sehe ich so aus? Ich bin gekommen, um dich mitzunehmen. Du kannst dich doch nicht jedes Jahr zu Weihnachten ins Bett legen und warten, dass Weihnachten vorüber ist. Schau mal, was ich dir mitgebracht habe. Kennst du die Dinge?"

„Mag nicht, lass mich in Ruhe. Habe dich nicht gerufen!"

„Schau, das ist eine Kerze vom Altar der alten Kapelle. Du weißt, jedes Jahr findet dort die Mette statt. Nicht in der Dorfkirche. Und du bist nie da, obwohl dein Ururgroßvater diese Kapelle erbaut hat. Und die Figuren, ich habe eine dabei, stammen auch aus seiner Hand. Aber du, du würdigst das nicht und legst dich einfach ins Bett!"

„Will nichts hören von dieser Gefühlsduselei. Alles Kinderkram!"

„Kinderkram nennst du diese geweihte Nacht? Denk doch einmal darüber nach. Vor vielen Jahren wurde uns ein Kind geboren. Ein Kind, das uns Gott, unser Vater, gesandt hat, damit Frieden wird auf Erden!"

„Frieden auf Erden, dass ich nicht lache. Wo ist Frieden? Sieh dir mal die Welt an."

„Gemeint ist der Friede, den nur die Liebe geben kann. Jesus Christus ist der Weg, die Wahrheit und das Leben. Dein Vorfahre hat das erkannt und in Dankbarkeit die Kapelle errichtet unter der Bedingung, dass jedes Jahr die Weihnachtsmette darin stattfinden soll. Alles geschieht, weil es geschehen muss, nur du wendest dich ab! Sieh dir mal den Hirten und das Lamm an. Es erinnert mich an dich. Nur dass du nicht der Hirte bist, sondern das Lamm!"

„Wieso das Lamm?" Der alte Schäfer setzte sich im Bett auf und betrachtete die Figur. Irgendwie war es schon komisch. Eigentlich wollte er ja nicht in diesem blöden Bett liegen, sondern wollte heuer in die Kapelle gehen, aber dann hatte ihn der Mut verlassen. „Was denken die Leute, wenn ich plötzlich mitkomme", antwortete er aus seinen Gedanken heraus.

Peter, der inzwischen die mitgebrachte Kerze angezündet und deren Licht die Kammer sehr friedlich aussehen ließ, sah ihn an und erwiderte: „Was sollen sie denken? Gott sei Dank ist er wieder da, unser guter Stoffel. Sie vermissen dich jedes Jahr, und du, du bleibst im Bett, warum eigentlich?"

„Das weißt du doch, wegen meiner Frau und meinem Sohn. Gott hat sie mir genommen, am Weihnachtsabend, als die Lawine ins Tal kam und unsere Hütte begrub. Ich war draußen bei meiner Herde!"

Tränen schimmerten in den Augen des Schäfers. Peter setzte sich aufs Bett und legte den Arm um die Schulter des alten Mannes.

„Sieh mal, Stoffel. Was damals geschah, dafür kann doch Gott nichts. Auf unserer Welt geschehen Dinge, von denen wir nicht wissen, warum sie geschehen. Du darfst aber nicht glauben, dass Gott dich bestrafen wollte. Du bist so ein lieber, guter Hirte!"

„Aber warum sind sie mir genommen worden?"

„Darauf weiß ich keine Antwort, aber eines sollst du wissen: Sie sind nun bei Gott und sehen auf dich herunter, glaube mir. Deine Frau und dein Sohn würden sich freuen, wenn du heute in die Kapelle gingest, um Frieden zu schließen mit dir und Gott. Ich bin bei dir. Du bist nicht allein. Gott ist die Liebe. Und diese Liebe spüren wir, wenn wir hinaus in die Welt gehen und unseren Nächsten in Liebe und Achtung begegnen. Nur, wie sollen die Nächsten dir begegnen, wenn du dich im Bett versteckst? Also, steh auf, ziehe dich an, und dann auf geht's mit dem Schlitten zur Kapelle." Peter stand auf und ging zum Ofen. Er wollte das Feuer entzünden.

Stoffel sagte nichts. Er sah auf das Licht der Kerze. Je länger er darauf sah, umso stärker spürte er den Wunsch aufzustehen. Schließlich hielt er es nicht mehr aus. Er schlug die Bettdecke zurück und stieg aus dem Bett, schlüpfte in seine Kleider und Schuhe und ging zu Peter.

„Und nun? Bist du zufrieden?"

„Ja", erwiderte Peter und schloss die Ofentür. Das Feuer prasselte. Beide verließen die Hütte.

„Eine Frage habe ich noch: Wieso bin ich das Lamm und nicht der Hirte, wie im Leben?"

„Ganz einfach. Du kennst doch die Geschichte aus der Bibel. Jesus erzählte sie seinen Jüngern. Der Hirte verließ die 99 Schafe, um das eine zu suchen. Du bist das eine, und Gott hat dich wiedergefunden heute, in dieser wundersamen Nacht!"

Stoffel erwiderte nichts. Er setzte sich zu Peter auf den Schlitten, und los ging die Fahrt. Kurze Zeit später hatten sie die kleine festlich erleuchtete Kapelle erreicht. Und als beide eintraten, fing die Gemeinde gerade an zu singen. Und der Friede der Weihnacht machte sich breit in den Herzen von Stoffel, Peter und all den anderen Menschen.

AGNES MARX

Die schönste Nacht der Rose

Hinführung: Eine Rose steht als Symbol für das Leben und die Liebe. Wir hören dazu eine geheimnisvolle Geschichte.
Vorlesedauer: ca. 6 Minuten

„Oh, tut das noch weh!", sagte der Zweig neben mir. Schluchzen und Schweigen. Kleine Tränen tropften von seiner Wunde auf den Boden. Ein harter Boden. Wie überhaupt das Leben hart war. Hinter uns dieser Berg aus Steinen. Aufgehäuft. Steine, die man in der Erde fand. Die störten das Wachstum der Weinstöcke. Das war ihm wichtig. Die Weinstöcke und der Verdienst. Und wir?

Der Zweig neben mir war wieder verstummt. Er würde nie mehr so sein. Vielleicht ein neuer Trieb. Vielleicht braun nach dem Winter. Wisst ihr, wir fürchten uns vor den Schnitten der Menschen. Sie töten uns mit einem einzigen Schnitt. Aus Liebe, sagen sie.

Wenn nur der Rest des Zweiges neben mir aufhören würde zu weinen. Dann könnte ich besser erzählen. Man muss wirklich vorsichtig sein heute. Sie sind schnell mit dem Messer und flink mit der Schere. Ein Dorn zu viel oder etwas schräg gewachsen oder ein wilder Trieb. Furchtbar muss sie das treffen. Und deshalb schneiden sie uns. Schnell und glatt. Das haben sie gelernt. Auch die Messer sind besser als früher. Es geht einfach alles schneller. Aber das ändert nichts.

Ja, ich weiß, ich komme ins Plaudern. Das ist nicht gut. Ich hab nicht viel Zeit.

Jedenfalls war es in jener Nacht wie ein Wunder. Damit ich zum Thema komme. Menschen, Menschen, Menschen. Wie soll ich einfache Rose unterscheiden? Mann, Weib, Greis oder Kind – sie schneiden uns alle, töten uns alle, biegen uns grad, düngen und kreuzen, versetzen und stechen. Jedenfalls irgendwas machen sie immer. Und wenn sie fertig sind, sind wir tot und sie stolz. Sie nennen das veredeln. Vielleicht haben sie recht. Aber wir sehen das anders.

Jedenfalls war es in dieser Nacht wie ein Wunder. Nicht nur, dass da ein Riesenklotz von Stern am Himmel hing. Fast so, als wolle er die Nacht zum Tag machen. Nicht nur, dass da Menschengetrampel und Menschengerede auf und ab gingen den ganzen Tag. Unsere Schwestern, die Gräser, schrien um Erbarmen, doch keiner hörte sie. Und – Gott sei's gedankt – wurde es doch Abend. Trotz der Helligkeit des Sterns. Und trotz dieses wichtigen Durcheinanders.

Da geschah es. Und nur, weil es geschah oder besser: nicht geschah, kann ich überhaupt noch erzählen. Da kamen fünf Menschen, weiß ich's, ob Mann ob Frau, ob Kind ob Greis. Sie waren aufgeregt. Sie rochen aufgeregt. Sehr müde und abgespannt. So riecht keiner aus der Stadt. „Wohin die jetzt noch gehen?", dachte ich bei mir und erschrak, als einer den anderen fragte: „Und wenn die Engel recht haben? Und wenn der Erlöser kommt in dieser Nacht? Und wenn wir ihn da drin finden – was können wir ihm schenken? Was bringen wir ihm mit?" Und ein anderer sagte: „Nichts hab ich. Nichts hab ich, wenn der Erlöser kommt und die Engel recht haben. Nichts hab ich. Schneid mir wenigstens die Rose da drüben ab."

Da drüben die Rose. Kennt ihr das Gefühl? So kurz vor dem Schnitt, wenn du den Menschen schon riechst, das Metall schon ahnst, so kurz vor dem Entsichern der Gartenschere? Kurz davor der Schweißausbruch, den keiner sieht. Ihr redet von Duft. Oh je. Ihr habt nie eine Rose gerochen, ungeschnitten, in Freiheit. Zwischen Bruderzweig und Schwesterzweig. Zwischen Erde und Himmel.

Doch es kam alles anders. Nicht so, wie meine Zweigväter und -mütter erzählten. Nicht kurz und kalt und schnell und dann die wenigen Tränen, Tropfen auf Stein und Boden, und das braune Absterben.

Schneid mir wenigstens die Rose da drüben ab!

Ich weiß, das bin ich. Mitten in der Nacht. Ohne diesen Stern hätten sie mich nicht einmal gesehen. „Ach nein", höre ich eine Stimme. „Du hast immer noch nicht begriffen", sagt da Mensch zu Mensch. „Willst du Gott beschenken mit einer Rose aus seinem Garten? Willst du wirklich Gott beschenken mit einer Rose, die er wachsen ließ in seinem Garten?"

Und dann wurden die Schritte leichter und die Stimmen leiser.

Eine Rose aus seinem Garten, dachte ich. Wessen Garten? Es muss ein wundervoller Mensch sein, um dessentwillen man die Rosen schont. Es muss etwas Großartiges sein. Ich versteh das nicht. Ich weiß nur: Mich hat keiner geschnitten in dieser Nacht. Sonst könnte ich nicht erzählen.

Es muss ein wundervoller Mensch sein, um dessentwillen man die Rosen schont.

GERHARD ENGELSBERGER

„Stille Nacht" im Mai

Hinführung: Ein Soldat befiehlt einem jungen Mädchen, eine bestimmte Platte aufzulegen, die nach der Plünderung auf dem Boden liegt. Das Lied „Stille Nacht" ertönt. Was geschieht nun?
Vorlesedauer: ca. 5 Minuten

Am Morgen nach ihrer wüsten Siegesfeier waren die Kampftruppen weitergezogen, um der Besatzung Platz zu machen. Aber noch wagte sich niemand in seine Wohnung zurück. Die Haustür stand angelweit offen, und man roch bis auf die Straße den Alkoholdunst. In der Unbekümmertheit meiner siebzehn Jahre traute ich mich als Erste hinein, huschte die Treppen hinauf, vermied es, in Pfützen, Speisereste und Erbrochenes zu treten, und stand dann fassungslos vor der Verwüstung: die Möbel besudelt, die Schränke gewaltsam geöffnet und alles, wofür die Soldaten keine Verwendung gehabt hatten – Wäsche, Bücher, Papier – übereinandergeworfen, durchtränkt von Flüssigkeiten und Farben. Den Flaschen hatten sie einfach den Hals abgeschlagen, den Wein halb leer getrunken oder vergossen; überall lagen Scherben herum. Fort war meine geliebte Gitarre. Aber den Grammofonschrank hatten sie dagelassen, er war zu mächtig und sperrig und schwer; die Schallplatten lagen im Zimmer verstreut.

Während ich mich aufs Geratewohl nach einer der Schallplatten bückte, war mir plötzlich, als wäre da jemand im Raum und beobachtete mich. Schreckhaft fuhr ich herum und erblickte einen Soldaten, einen langen, schlaksigen Mann, der am Türpfosten lehnte und mich fixierte.

Die eine Hand in der Tasche, vollführte er mit der anderen eine kurbelnde Bewegung, die mir befahl, ich solle die Platte, die ich gerade in der Hand hielt, auf das Grammofon legen. Die Arroganz des Soldaten ärgerte mich, aber mir fiel nichts Besseres ein, als dem Wink zu gehorchen. Der Plattenspieler war noch eins jener alten Geräte, die man mit einer Handkurbel aufziehen musste. Ich legte also die Platte auf, bediente den Griff und fasste den Tonarm. Ein kratzendes Geräusch zeigte an, dass der Mechanismus noch funktionierte. Orgelmusik brauste auf, und dann erklang, von einem

Knabenchor gesungen, das Lied „Stille Nacht". Stille Nacht, heilige Nacht – während draußen bei heller Sonne der Kastanienbaum kurz vor der Blüte stand.

Ich habe – ehrlich gesagt – dieses Lied nie gemocht. Es war mir zu sentimental, und noch vergangene Weihnachten hatte ich unsere Familie mit meinem Spott brüskiert: „Holder Knabe im lockigen Haar ..."

Du heiliger Schrecken! Jetzt aber, so unverhofft, mitten im Frühling und vor den Spuren der Feindseligkeit, klang mir das Lied mit einem Mal lieblich und schön, fast überirdisch entrückt. Es wirkte entwaffnend, ein Lied, um Eis zu zerschmelzen und Mauern zu sprengen.

Auch mit dem Soldaten ging eine Wandlung vor. Er hob zwei Stühle vom Boden auf, schob mir den einen hin und setzte sich selbst auf den andern, niedergebeugt, das Gesicht in die Hände vergraben.

Skeptisch betrachtete ich ihn aus halb geschlossenen Augen; was würde er tun? Lagen nicht Rührseligkeit und Brutalität oft nah beieinander? Die letzten Verse, der jubelnde Chor: „... da uns schlägt die rettende Stund, Christ, in deiner Geburt."

Ich erinnerte mich, dieses Lied sei in alle Kultursprachen übersetzt, in mehr Sprachen als irgendein anderes. Ist nicht ein Lied, das man in hundert Sprachen singt, ein Band um hundert Völker? Man vergisst, dass es Sieger und Besiegte gibt, Schuldige, Mitschuldige und Gerechte.

Das Nachspiel folgte dem Chor, die Orgel ließ die Melodie ausklingen und verstummte. Lange noch verharrte der Soldat gebeugt und mit verdecktem Gesicht. Was würde er tun?

Er erhob sich und blickte verstört auf die Verwüstung im Zimmer. Plötzlich kauerte er nieder und begann, die Scherben aus dem Chaos zusammenzulesen. Gemeinsam gingen wir beide daran, Ordnung zu schaffen: den Beginn allen Friedens.

KATHARINA SEIDEL

Heute ist euch der Retter geboren

Hinführung: Gibt es das: Ein Jesuskind mit Dornenkrone?
Vorlesedauer: ca. 2 Minuten

Der Pfarrgemeinderat hat beschlossen, eine neue Krippe anzuschaffen. Nach ausgiebiger Diskussion einigt man sich darauf, den Auftrag dem hiesigen Künstler Franz Oberhofer zu erteilen.

„Haben Sie besondere Wünsche?", fragt dieser, als man ihn informiert.

„Die Figuren sollen aus Holz geschnitzt sein und dürfen nicht zu bunt bemalt werden. Alles andere überlassen wir Ihnen, dem Künstler", sagt der Pfarrer.

Franz Oberhofer begibt sich an die Arbeit, schließlich soll die neue Krippe Weihnachten in der Kirche stehen. Zwei Monate schafft er an den Figuren von morgens bis abends. Am dritten Adventssonntag liefert er sein Werk ab. Erst zeigt er die Schafe, einige liegen, andere grasen.

„Naturgetreu getroffen", sagt der Pfarrer und die anderen nicken, sie verstehen etwas von Tieren, denn sie haben selbst welche. Ebenso bewundern sie den Ochsen und die Esel, die der Überlieferung nach mit in dem Stall weilten. Danach werden die Hirten vorgeführt, die als Erste zur Krippe kamen, um das Kind anzubeten. Kräftige Männer, manche gehen, einige knien. Die meisten tragen weite Mäntel und breite Hüte. Auch die Geschenke, die sie in den Händen halten, hat der Künstler nicht vergessen.

Nun präsentiert er die Heiligen Drei Könige: Caspar mit langem Gewand, Melchior mit schwarzem Gesicht und Balthasar mit festlicher Robe. Alle drei bringen ihre Gaben mit. Jeder hält ein Kamel am Zügel. Diese Tere fertigte Herr Oberhofer nach einer Vorlage.

Dann zeigt er Maria und Josef, das heilige Paar. Maria senkt liebevoll ihren Blick, während Josef mit stolzer Miene auf das Kind schaut, das der Künstler als letzte Figur hervorholt.

Als er sie hochhebt, geht ein Raunen durch den Saal. Die Anwesenden sind überrascht, die meisten entsetzt: Das Gesicht des Kindes ist das Antlitz eines Mannes mit leidvollem Gesicht, auf dessen Kopf die Dornenkrone drückt und über dessen Wangen Blut und Schweiß laufen.

HERIBERT HABERHAUSEN

Quellennachweis

Wilhelm Bartmann, *Engelsdienst* © Karl-Ernst Bartmann
Wilhelm Bartmann, „Engelsdienst", aus: Kalender „Der andere Advent" 2014/15, Verein
Andere Zeiten, Hamburg, www.anderezeiten.de

Ursula Berg, *Poster mit Schleifchen, Gehäkelte Topflappen, Ich schenke dir eine Stunde meiner Zeit*
© bei der Autorin
Mit Mann und Wagen, Wer glaubt denn schon an Engel, aus: Ursula Berg, Wunder der Weihnacht. Kleine Geschichten, Brunnen Verlag, 2. Aufl. Gießen 2015. www.brunnenverlag.de

Nikolaus und der Kaufmann (Die goldenen Äpfel), Albert Biesinger, Barbara Berger, Marlies Mittler-Holzern, Aus: Diesel., Abend-Oasen
© 2002 Kösel-Verlag, München in der Verlagsgruppe Random House GmbH

Detlev Block, *Marvin sucht das Christkind*
© beim Autor

Max Bolliger, *Il Panettone*, aus: ders.; Wunder geschehen ganz leise. © 2017 Verlag am Eschbach in der Verlagsgruppe Patmos der Schwabenverlag AG, www.verlag-ameschbach.de
ISBN 978-3-86917-566-9

Hermann J. Coenen, *Zu etwas nütze sein*
© Annegret Rotthoff, Oer-Erkenschwick

Barbara Cratzius, *Ein kleiner Engel machte sich große Sorgen, Den Glanz des Sterns weiterschenken*
© Michael Cratzius

P. Gerhard Eberts, *Das Wunder (Nikolaus)*
© beim Autor

Monika Endres, *Geschichte vom kleinen Stern, Der alte Baum war doch zu etwas nütze*
© Monika Endres, Heidenfeld

Gerhard Engelsberger, *Die schönste Nacht der Rosen, Drei Könige lernen teilen*
© beim Autor

Trudi Gerster, *Die Legende vom Weihnachtsbaum*,
© Mundartfassung Trudi Gerster/ Hochdeutsche Fassung Verena Jenny

Heribert Haberhausen, *Der Sprayer, Das Schnuckeltuch, Mutprobe bestanden, Herzlos (Nikolaus), Weihnachten ist überall, Heute ist euch der Retter geboren, Das Unsichtbare sehen*
© Heribert Haberhausen

Ulrich Harbecke, *Der Ochs von Betlehem*, Aus: Der Ochs von Betlehem
© Grupello Verlag, Düsseldorf 2010, S. 45–51
Nächtliche Zusammenkunft, Ulrich Harbecke
© beim Autor

Rudolf Hempel, *Ein Kind bringt es fertig*, Aus: Ders., Die Welt ist voller Engel
© Ludwig Bechauf Verlag, Steinhagen

P. Alexander Holzbach, *Tante Rosemarie*, in KA + Das Zeichen, Dez. 2004, S. 404 f.
Christoph Höttges, *Der kleinste Engel*
© Provinzialat der Deutschen Franziskanerprovinz, München

Hanns Dieter Hüsch, *Die Ritterburg mit der Zugbrücke*, aus: Hanns Dieter Hüsch/ Marc Chagall, Das kleine Weihnachtsbuch, Seite 16 ff., 2019/21
© tvd-Verlag Düsseldorf, 1997

Lisa Kraft, *Der Schlüssel, 1954*
aus: Unvergessene Weihnachten. Band 12, Zeitgut Verlag, Berlin 2016

Tilmann Kugler, *Warum das schwarze Schaf bei der Krippe blieb*
© beim Autor. Mit freundlicher Genehmigung der Stiftung Marburger Medien, www.marburger-medien.de

Maria Lorentz, *Schuster Konrad*, Nach einer russischen Legende
© Maria Lorentz, Hildesheim

Kurtmartin Magiera, *Nachdenken Josefs* (Geschichten von Josef, Vor der Tür), Kurtmartin Magiera, Aus: Ders., Die Nacht im Dezember, Texte zur Geburt des Herrn
© Butzon & Bercker GmbH, Kevelaer 1968, S. 54 ff.

Agnes Marx, *Weihnachtsleuchten*
© bei der Autorin

Jürgen Mette, *Die Geschichte vom roten Bagger*
© beim Autor. Mit freundlicher Genehmigung der Stiftung Marburger Medien, www.marburger-medien.de

Susanne Niemeyer, *Der Leuchtturmwärter*, aus: Das Weihnachtsschaf
© Verlag Herder GmbH 2017
Das Licht im Fenster, aus:
Frohe Weihnachten: Jesus klingelt
© Verlag Herder GmbH 2014
Vera Novelli, *Echt Weihnachten*, Aus: KA+ Das Zeichen, Dez 2016, S. 18 f.

Günter Nuth, *Falsch geparkt*
Aus: Günter Nuth, Schwebendes Verfahren
© Gnu-Verlag, Meerbusch 2000, S. 93

Anja Ollmert, *Jakob, der kleine Hirtenjunge, Joe, Mia und Josh*
© bei der Autorin,
www.anjaollmert.jimdofree.com

Jutta Fellner-Pickl, *Der übermütige Komet*
© Jutta Fellner-Pickl, Rimsting

Norbert Possmann, *Die beiden Portale, Wie ich zu meinem Stern kam*
© beim Autor

Wolfgang Raible, *Die Klage der Christbäume*, Aus: Wolfgang Raible/Reinhard Abeln, Pausenzeiten für jeden Tag
© 2003 Butzon & Bercker GmbH, Kevelaer
S. 22 ff., www.bube.de

Wolfgang Raible/Reinhard Abeln, *Flüsterpropaganda*, Aus: Wolfgang Raible/Reinhard Abeln, Pausenzeiten für jeden Tag
© Butzon & Bercker GmbH, Kevelaer
S. 27 f.

Anton Schaller, *Unerwarteter Besuch, Der Bettler*
© beim Autor

Andrea Schwarz, *Das Fest der Mistkäfer*, aus: Eigentlich ist Weihnachten ganz anders © Verlag Herder GmbH 2007

Katharina Seidel „Stille Nacht" im Mai, *Erinnerungen an Lydia*
© bei der Autorin

Uwe Seidel, *Das schwarze Schaf unter den Hirten*, aus: Uwe Seidel, Fällt ein Stern aus der Bahn, Seite 105, 108 f.
© tvd-Verlag Düsseldorf, 1988

Christa Spilling-Nöker, *Alles wird gut, Der Dieb*
© bei der Autorin

Jakob Streit, *Bachstelze und Kreuzspinne*,
Aus: „Kindheitslegenden" von Jakob Streit
© 1980 Verlag Freies Geistesleben, Stuttgart (11. Auflage 2015)

Walter Stumpf, *Heiligabend im Straflager*
© Herbert Stumpf. Mit freundlicher Genehmigung der Stiftung Marburger Medien, www.marburger-medien.de

Fritz Vincken, *Versöhnung ist möglich*,
Aus: Leben in Fülle, Kalender 2001
© Provinzialat der Herz Jesu Priester

Isabella Vogl, *Die Tiere feiern Advent*
© Isabella Vogl, Wien/Österreich

Joseph Weissmann, *Der Engel mit den leeren Händen*
© beim Autor

Bernhard Wach, *Geburtsstunde, Geburtstag eines Kindes, Engel gibt es, Erlebte Predigt, Mehr als ein Geschenk, Weihnachten und Ostern gehören zusammen, Eine ganz besondere Weihnachtskrippe*
© Heribert Haberhausen

Trotz intensiven Bemühens konnten wir nicht zu jeder Geschichte den Rechtsträger ausfindig machen. Für Hinweise sind Herausgeber und Verlag dankbar.